대한민국 영어 구문 학습의 표준

천일문

4단계 훈련으로 문장이 쉽게 통암기 되는 놀라운 경험!

Mobile & PC 동시 학습이 가능한
쎄듀런 온라인 구문 트레이닝 서비스

학생용

❶ 직독직해(끊어읽기+해석하기)

❷ 문장 구조분석

❸ 스크램블링

❹ 영작

천일문 입문 온라인 학습 50% 할인 쿠폰

할인 쿠폰 번호	**LF7G2UWAZNAT**
쿠폰 사용기간	**쿠폰 등록일로부터 90일**

PC 쿠폰 등록 방법

1 쎄듀런에 학생 아이디로 회원가입 후 로그인해 주세요.
2 [결제내역→쿠폰내역]에서 쿠폰 번호를 등록하여 주세요.
3 쿠폰 등록 후 홈페이지 최상단의 [상품소개→(학생전용) 쎄듀캠퍼스]에서
   할인 쿠폰을 적용하여 상품을 결제해주세요.
4 [마이캠퍼스→쎄듀캠퍼스→천일문 입문 클래스]에서 학습을
   시작해주세요.

유의사항

- 본 할인 쿠폰과 이용권은 학생 아이디로만 사용 가능합니다.
- 쎄듀캠퍼스 상품은 PC에서만 결제할 수 있습니다.
- 해당 서비스는 내부 사정으로 인해 조기 종료되거나 내용이 변경될 수 있습니다.

천일문 입문 맛보기 클래스 무료 체험권 (챕터 1개)

무료 체험권 번호	**TGBK6PQ7GCEY**
클래스 이용기간	**체험권 등록일로부터 30일**

Mobile 쿠폰 등록 방법

1 쎄듀런 앱을 다운로드해 주세요.
2 쎄듀런에 학생 아이디로 회원가입 후 로그인해 주세요.
3 마이캠퍼스에서 [쿠폰등록]을 클릭하여 번호를 입력해주세요.
4 쿠폰 등록 후 [마이캠퍼스→쎄듀캠퍼스→<맛보기> 천일문 입문 INTRO]에서
   학습을 바로 시작해주세요.

PC 쿠폰 등록 방법

1 쎄듀런에 학생 아이디로 회원가입 후 로그인해 주세요.
2 [결제내역→쿠폰내역]에서 쿠폰 번호를 등록하여 주세요.
3 쿠폰 등록 후 [마이캠퍼스→쎄듀캠퍼스→<맛보기> 천일문 입문 INTRO]에서
   학습을 바로 시작해주세요.

쎄듀런 모바일앱 설치

쎄듀런 홈페이지
www.cedulearn.com

쎄듀런 카페
cafe.naver.com/cedulearnteacher

500 SENTENCES
INTRO

천일문 입문

저자

김기훈

現 ㈜쎄듀 대표이사
現 메가스터디 영어영역 대표강사
前 서울특별시 교육청 외국어 교육정책자문위원회 위원
저서 | 천일문 / 천일문 Training Book / 천일문 GRAMMAR
　　　첫단추 BASIC / 어법끝 / 문법의 골든룰 101 / Grammar Q
　　　어휘끝 / 쎄듀 본영어 / 절대평가 PLAN A / 독해가 된다
　　　The 리딩플레이어 / 빈칸백서 / 오답백서 / 거침없이 Writing
　　　첫단추 / 파워업 / ALL쏨 서술형 / 수능영어 절대유형 / 수능실감 등

쎄듀 영어교육연구센터

쎄듀 영어교육센터는 영어 콘텐츠에 대한 전문지식과 경험을 바탕으로 최고의 교육 콘텐츠를 만들고자 최선의 노력을 다하는 전문가 집단입니다.

오혜정 수석연구원 · 장정문 선임연구원 · 이혜경 전임연구원

검토에 도움을 주신 분들

한재혁 선생님(현수학영어학원) · 이헌승 선생님(스탠다드학원) · 이선재 선생님(경기 용인 E-Clinic)
김지연 선생님(송도탑영어학원) · 김정원 선생님(MP영어) · 김지나 선생님(킴스영어)
심소미 선생님(봉담 쎈수학영어) · 황승휘 선생님(에버스쿨 영어학원) · 오보람 선생님(서울시 강서구 ASTE) · 아이린 선생님(광주광역시 서구)

마케팅	콘텐츠 마케팅 사업본부
영업	문병구
제작	정승호
인디자인 편집	올댓에디팅
디자인	유은아
영문교열	Stephen Daniel White

펴낸이	김기훈 김진희
펴낸곳	㈜쎄듀/서울시 강남구 논현로 305 (역삼동)
발행일	2021년 10월 18일 제1개정판 1쇄
내용 문의	www.cedubook.com
구입 문의	콘텐츠 마케팅 사업본부
	Tel. 02-6241-2007
	Fax. 02-2058-0209
등록번호	제22-2472호
ISBN	978-89-6806-225-4
	978-89-6806-224-7(세트)

FOREWORD

천일문 시리즈는 2004년 첫 발간된 이래 지금까지 베스트셀러를 기록하며 전체 시리즈의 누적 판매 부수가 어느덧 430만 부를 훌쩍 넘어섰습니다. 2014년 개정판이 나온 지도 7년이 지나, 쎄듀의 그동안 축적된 모든 역량을 한데 모아 더욱 진화된 내용과 구성으로 새로이 개정판을 내게 되었습니다.

진정한 영어 학습의 출발, 천일문

한문 공부의 입문서인 천자문(千字文)을 배우고 나면 웬만한 한문은 죽죽 읽는다는데, 영문을 공부할 때는 그런 책이 없을까? 천일문(千一文)은 이런 의문에서 출발했습니다. 영문의 기본 원리를 터득하여, 길고 복잡한 문장이 나오더라도 앞에서부터 차례대로 이해하는 올바른 해석 능력을 길러드리고자 하였습니다. 동시에, 삶의 모토로 삼고 싶은, 그래서 저절로 외우고 싶은 생각이 드는 좋은 글로 학습의 즐거움을 드리고자 하였습니다.

문장이 학습의 주가 되는 천일문

천일문은 우리말 설명보다는 문장이 학습의 주가 됩니다. 모든 문장은 원어민들이 실제로 사용하는가 (authenticity), 자주 쓸 수 있는 표현인가(real-life usability), 내용이 흥미롭고 참신한 정보나 삶의 지혜를 담고 있는가(educational values)의 기준으로 엄선하여 체계적으로 재구성한 것입니다. 이들 문장을 중요한 구문별로 집중학습할 수 있도록 설계했습니다.

무엇이 개정되었는가

1 문장 교체: 시대 흐름에 맞도록 문장의 참신성을 더하고 최신 기출을 포함시켰습니다.

2 종합학습서: 어법과 영작을 늘려 능동적으로 구문을 적용할 수 있는 기회를 제공함과 동시에, 독해와 내신을 아우르는 종합학습서로의 역할을 할 수 있도록 하였습니다.

3 전략적 구성: 입문-기본-핵심-완성이 기본적으로는 구문과 문장의 난이도가 점차적으로 높아지면서도 각기 고유한 학습 목표를 가지도록 하였습니다. 이는 독해의 기초부터 실전까지 단계별로 학습자들에게 필요한 능력을 효과적으로 기를 수 있도록 한 것입니다.

4 천일비급(별책해설집): 내용을 대폭 보강하여 자기주도적 학습과 복습이 더 수월해졌습니다.

5 학습 부담 경감: 예문의 집중성을 높여, 보다 적은 양으로 학습이 가능하도록 했습니다.

6 천일문 입문 문제집 Training Book: 구문 이해를 정착시키고 적용 훈련을 할 수 있는 충분한 양의 연습 문제를 담았습니다. (별도 판매)

7 무료 부가서비스(www.cedubook.com): 어휘리스트, 어휘테스트, 본문 해석/영작 연습지, MP3 파일, 딕테이션 sheet 등 막강한 부가서비스도 마련하였습니다.

천일문의 새로운 도약을 위해 '대한민국 영어교과서'라는 별칭이 부끄럽지 않도록 1년여간의 연구와 많은 토론으로 최대한의 노력을 기울였습니다. 이 교재와의 만남을 통해 대한민국의 많은 영어 학습자들이 영어를 영어답게 공부할 수 있기를 희망합니다.

저자

SERIES OVERVIEW

기본

입문

기본편이 어려운
학생들에게 권해요.

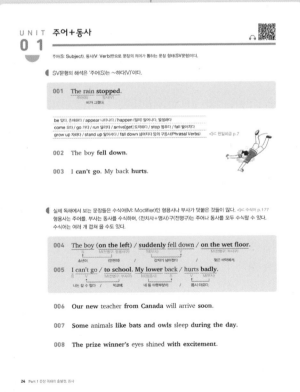

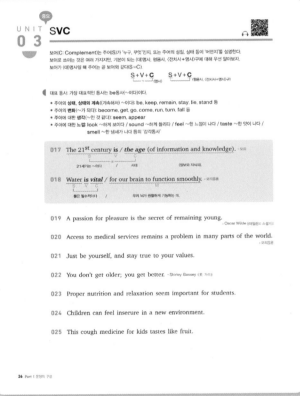

시작은 우선순위 빈출 구문으로

● 독해에 자주 등장하는 구문만 쏙쏙!
● 단시간 학습으로 최대 효과!
● 500개 알짜배기 예문으로 구문의 기초를 잡으세요!

3대(기본/빈출/중요) 구문 총망라

● 빈틈없이 탄탄한 구문 실력 완성!
● 1001개의 예문으로 영어 문장 구조와 규칙의 시스템을 완벽히 파악한다!
● 영문을 어구 단위로 끊어 앞에서부터 차례대로 이해하는 해결 능력이
생겨요!

핵심

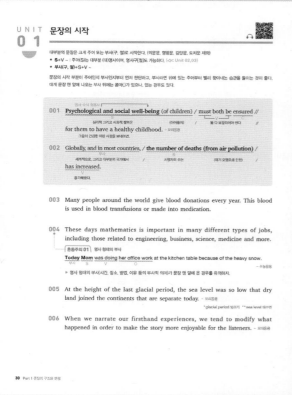

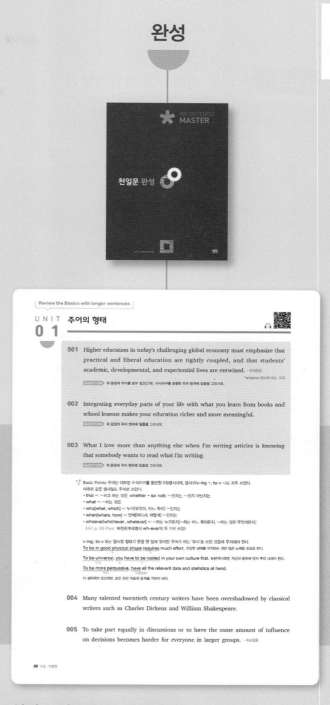

완성

혼동 구문까지 완벽 해결

- 독해에 적용할 때 혼동, 혼란을 줄 수 있는 구문의 집중 해결!
- 비슷한 모양의 구문을 정확히 판별해내는 가장 쉬운 방법 제시!
- 기본편보다 길고 어려운 500개 예문으로 구문의 독해 적용력과 실전 자신감 UP!

실전 고난도 문장 뛰어넘기

- 구문의 단순한 적용으로는 해결이 안 되는 고난도 포인트와 오역 포인트 집중 공략!
- 길고 복잡한 문장은 대부분 독해 문제 해결의 핵심 포인트! 이를 전략적으로 쉽고 빠르게 해결하는 대처법 총망라!
- 500개의 엄선된 예문으로 정확한 구문 분석력과 문장의 핵심을 간파하는, 구문 학습의 궁극적인 목표를 완성해요!

ROAD MAP

STEP 1 구문 이해하고 적용해보기

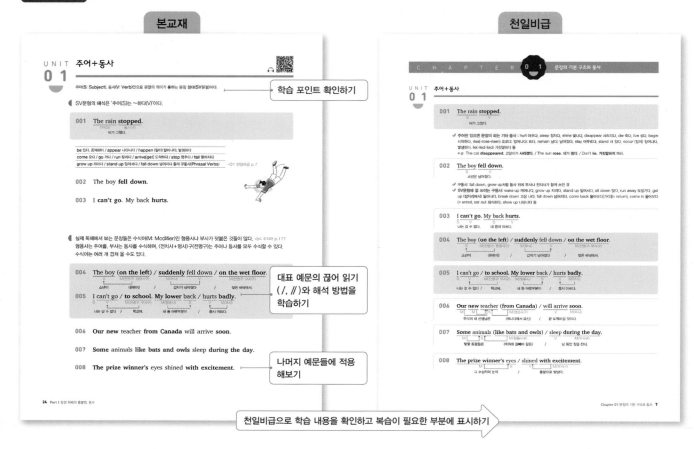

본교재 · 천일비급

- 학습 포인트 확인하기
- 대표 예문의 끊어 읽기 (/, //)와 해석 방법을 학습하기
- 나머지 예문들에 적용해보기

천일비급으로 학습 내용을 확인하고 복습이 필요한 부분에 표시하기

복습과 반복 학습을 돕는 **부가서비스** (무료로 다운로드) www.cedubook.com

본문 해석 연습지

영문에 /, // 등의 표시를 하고 해석한 뒤, 천일비급과 대조, 점검한다.

본문 영작 연습지

'빈칸 채우기, 순서 배열하기, 직독직해 뜻을 보며 영작하기'의 세 가지 버전으로 구성되어 있다. 이 중 적절한 것을 골라 우리말을 보고 영문으로 바꿔 써본다.

문장 암기하고 확인하기

천일문은 구문의 역할별로 문장이 모여 있기 때문에 구문을 체계적으로 집중 학습할 수 있다.
그러나 실전에서는 여러 구문들이 마구 섞여서 등장하기 때문에 학습한 개념들을 적용하여
올바로 해석해내기 위해서는 구문을 완전히 자기 것으로 만드는 과정이 필수적이다.
가장 좋은 방법은 문장을 통째로 암기하고 여러 다른 문장에 적용하는 것이다.

〈천일문〉은 이들 과정을 돕기 위해 다음과 같은 장치들이 마련되어 있다.

1 암기를 돕는 두 가지 버전의 MP3 파일

QR 코드 스캔

Unit 제목 옆의 큐알코드를 스캔해 두 가지 버전의 MP3
파일을 재생한다.

www.cedubook.com에서 무료로 다운로드

1 청크 학습: 어구 단위로 끊어 약간 느린 속도로 녹음된 버전.
들으면서 의미를 떠올리고 익숙해질 때까지 반복해서 따라
말한다.

2 문장 학습: 문장 전체를 좀 더 자연스러운 속도로 녹음한
버전. 같은 속도로 따라 말하면서 익힌다.

2 적용을 돕는 〈천일문 입문 문제집 Training Book〉 (별도 판매: 정가 11,000원)

〈입문편〉 본책과는 다른 문장으로 구성되어 있어 구문이 확실하게 학습이 되었는지를 확인/점검해볼 수 있다.
어법, 영작, 해석, 문장전환 등 다양한 유형으로 구성되어 있다. (자세한 정보는 책 뒷면을 참조하세요.)

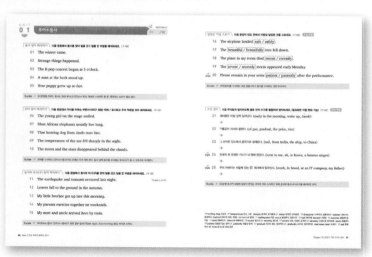

PREVIEW

1 본책

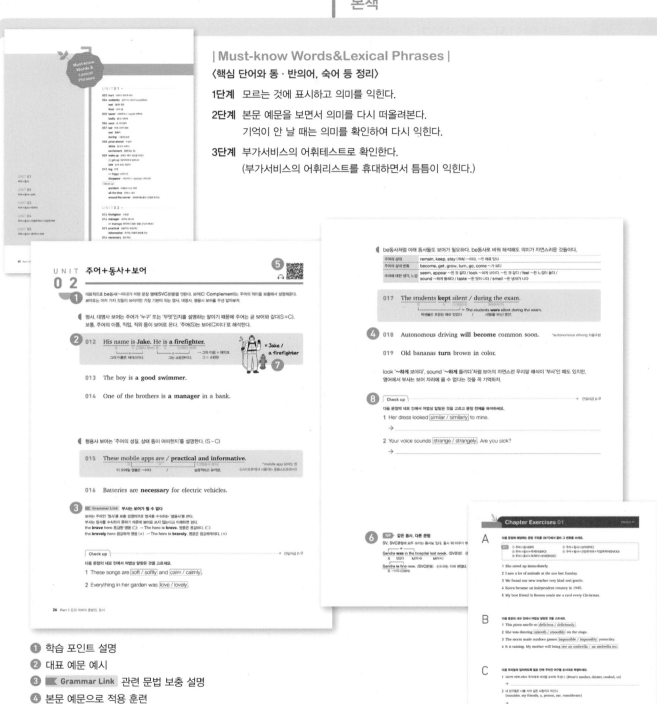

| Must-know Words&Lexical Phrases |

〈핵심 단어와 동·반의어, 숙어 등 정리〉

1단계 모르는 것에 표시하고 의미를 익힌다.

2단계 본문 예문을 보면서 의미를 다시 떠올려본다.
기억이 안 날 때는 의미를 확인하여 다시 익힌다.

3단계 부가서비스의 어휘테스트로 확인한다.
(부가서비스의 어휘리스트를 휴대하면서 틈틈이 익힌다.)

❶ 학습 포인트 설명
❷ 대표 예문 예시
❸ Grammar Link 관련 문법 보충 설명
❹ 본문 예문으로 적용 훈련
❺ QR코드로 MP3 파일 바로 듣기
❻ TIP 이해도를 높이는 구문 보충 설명
❼ 유닛 내용을 시각적으로 보여주는 이미지
❽ 학습 내용을 확인하는 Check up 문제

| Chapter Exercises |

구문 이해를 확인해볼 수 있는 연습문제

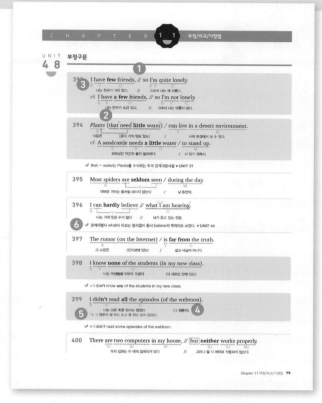

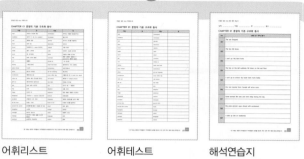

어휘리스트　　　어휘테스트　　　해석연습지

딕테이션 Sheet　　　영작연습지 3종

www.cedubook.com

❶ /, // – 끊어 읽기 표시　　　❹ 우리말 직역
❷ ( ), [ ] – 수식어구[절] 표시　　　❺ 필요시 의역
❸ S, V, O, C, M 구조 분석　　　❻ 추가 설명

일러두기

= 동의어, 유의어　↔ 반의어　( ) 생략가능 어구　[ ] 대체 가능 어구

to-v to부정사　v-ing 동명사/현재분사　p.p. 과거분사　v 동사원형 · 원형부정사

〈문장 구조 분석 기호〉

S 주어　V 동사　O 목적어(IO 간접목적어, DO 직접목적어)　C 보어　M 수식어

S′ 종속절의 주어/진주어　V′ 종속절 · 준동사구 내의 동사　O′ 종속절 · 준동사구 내의 목적어/진목적어

C′ 종속절 · 준동사구 내의 보어　M′ 종속절 · 준동사구 내의 수식어　( ) 형용사구/생략어구　( ) 삽입어구　[ ] 형용사절

S_1(아래첨자) 중복되는 문장 성분 구분

/, // 의미 단위 표시

● 문장 구조와 자연스러운 우리말을 고려하여 의미 단위(sense group)를 나타낸 것이다.
  원어민들이 실제로 끊어 읽는 곳과는 차이가 있을 수 있다.

● 일반적인 어구의 끊어 읽기는 /로 표시하였고, 절과 절의 구별은 //로 표시하였다.
  다만, 더 큰 절 내의 부속절은 /로 표시하였다.
  e.g. Kids get super-stressed, // but it isn't always easy to tell / what is bothering them / because they hide symptoms /
  or explain them in vague ways.

〈천일문 입문〉 이 책의 차례

CONTENTS

Question & Answer

Q1
구문 학습은
왜 해야 하는 건가요?

A 구문이란, 수많은 문법 규칙이 모여 이루어진 것 중에서도 특히 자주 나타나는, 영어 특유의 표현 방식을 뜻합니다. 예를 들어 영어는 주어가 길어지는 것을 되도록 피하려고 하지요. 그래서 주어가 길 경우 가주어 it으로 대신하고 진짜 주어는 뒤로 보내므로 〈it ~ that ...〉등과 같은 영어 특유의 표현 방식, 즉 구문이 나타납니다.

문법에는 수많은 규칙들이 있지만, 독해에는 도움이 되지 않거나 몰라도 크게 상관없는 것들이 많습니다. 위의 예를 든 〈it ~ that ...〉구문의 경우, 문법적으로 보자면 가주어 it과 접속사 that이지만, 이런 분석은 독해할 때 별 의미가 없지요. 이를 구문으로 학습 하면 진짜 주어가 that 이하이므로 이를 주어로 하여 해석하고 이해하는 방법을 익히게 됩니다. 그러므로 독해를 위해서는 문법이 아니라 구문을 위주로 학습해야 합니다.

Q2
문장 위주의 학습이
왜 중요한가요?

A 우리말 설명이 아무리 자세해도 예문이 부족하면 이해가 쉽지 않기 때문입니다. 천일문은 간단하고 명료한 우리말 설명과 많은 예문으로 구문을 최대한 효과적으로 학습할 수 있도록 구성되었습니다.

Q3
차라리 독해 문제를 풀면서
구문을 학습하는 것이 좋지
않나요?

A 평범한 독해 지문은 학습자들이 반드시 학습해야만 하는 구문을 체계적으로 담고 있지 않아 집중 학습이 불가능하므로 비효율적입니다. 독해 문제를 푸는 것은 어느 정도 구문 집중 학습을 진행한 뒤에 확인하는 차원에서 진행하는 것이 좋습니다.

Q4
문장 암기를
꼭 해야 하나요?

A p.7에서 설명하였듯이 문장 암기는 실전영어를 위한 진정한 능력 향상에 많은 도움이 됩니다. 외운 문장 그대로를 접하거나 활용할 기회는 많지 않을지 모르지만 기본 구문을 담은 문장들을 암기하는 것은 어떤 문장도 스스로 해결해나갈 수 있는 능력을 갖추도록 해줍니다. 또한, 아무리 복잡하고 긴 문장이라 하더라도, 구문 자체가 어렵다기보다는 여러 기본 구문들이 얽혀 발전되어 나타난 것이기 때문에 기본 구문들은 반드시 자기 것으로 만드는 것이 중요합니다.

Q5
시리즈 중 어떤 교재를
선택해야 하나요?

A 입문-기본-핵심-완성은 점차 난도가 증가하는 동시에 각각의 학습목표가 있습니다. 중학교 내신 학습이 7, 80%가 된 상태라면 천일문 시리즈를 진행할 수 있습니다.

● **입문** 가장 빈출되는 구문을 쉬운 500개 문장에 담았으므로 빠른 학습이 가능합니다.
● **기본** 기본이 되는 구문을 빠짐없이 1001개 문장에 담아 탄탄한 기본기를 완성할 수 있습니다.
● **핵심** 실전에서 혼동을 주는 구문을 완벽하게 구별하여 정확한 독해를 가능하게 해줍니다.
● **완성** 복잡하고 긴 문장의 핵심을 요약 정리하는 훈련으로 독해 스피드와 정확성을 올려줍니다. 수능 고난도 문장과 유사한 수준의 문장을 문제없이 해결 가능합니다.

난도	입문	기본	핵심	완성
어휘	중학 수준	고1 수준	고2 수준	고3 수준 이상
예문 추상성	5%	20%	50%	80%
문장당 구문 개수	1~2개	1~3개	2~5개	3개 이상
문장 길이(평균)	10개 단어	15개 단어	20개 단어	30개 단어

시간에 쫓기는 상황이라면 시리즈 중 본인 수준보다 약간 높은 것을 한 권 택하여 이를 완벽히 소화할 정도로 반복하는 것이 좋습니다.

Q6
내가 끊어 읽은 것과 천일비급의 끊어 읽기가 똑같아야 하나요?

A 천일비급의 끊어 읽기는 의미 단위의 구분을 말하는데, 본인의 끊어 읽기가 천일비급과 다르더라도 해석이 서로 완전히 다르지만 않다면 상관없습니다.

The Sahara Desert kept Egypt isolated / from the rest of the world.
사하라 사막은 이집트를 고립된 상태로 있게 하였다 / 세계 나머지 나라들로부터. (○)

The Sahara Desert kept Egypt / isolated from the rest of the world.
사하라 사막은 이집트를 ~인 채로 있게 하였다 / 세계 나머지 나라들로부터 고립된 상태로. (○)

그러나 아래와 같이 해석이 서로 크게 차이가 나는 것은 문장 전체의 구조 파악에 오류가 있는 것이므로 비급의 의미 단위 구분을 숙지하는 것이 좋겠습니다.

You cannot talk on the phone / in the library / except in designated areas.
당신은 통화를 할 수 없습니다 / 도서관에서 / 지정된 구역을 제외하고는. (○)

You cannot talk on the phone / in the library except / in designated areas.
당신은 통화를 할 수 없습니다 / 도서관을 제외하고 / 지정된 구역에서는. (×)

또한, 초보자는 3~4단어 정도로 의미 단위를 구분하고 고급자들은 그보다 훨씬 많은 단어 수로 의미 단위를 구분합니다. 그러므로 본인 수준에 따라 비급보다 더 자주 끊거나 덜 끊는 것은 문제가 되지 않습니다. 본인의 실력이 향상되어감에 따라 의도적으로 의미 단위를 이루는 단어의 수를 점점 늘리는 것이 바람직합니다.

초보자: The best way / to predict the future / is to create it.
중급자: The best way to predict the future / is to create it.

Background Knowledge

1

품사의 종류

단어는 문장에서 할 수 있는 역할이나 의미 등에 따라 명사, 대명사, 형용사, 동사, 부사, 전치사, 접속사, 감탄사로 구분할 수 있으며, 이것이 바로 단어의 '품사'이다. 예를 들어, 특별한 경우를 제외하고는 문장의 주어 역할을 명사가 담당한다. 그러므로 품사는 영어 문장 학습에서 가장 기초가 되는 지식이다.

단어마다 품사가 다르고 어떤 단어는 여러 품사로 쓰일 수 있기 때문에, 이를 일일이 알아야 한다는 것은 부담스러울 수 있다. 하지만 품사는 따로 암기하지 않아도 단어의 우리말 의미로 판단할 수 있으므로 걱정하지 않아도 된다. 예를 들면, 사물의 이름은 '명사', '~하다'로 끝나는 것은 '동사', '~한, ~인, ~의' 등으로 끝나는 것은 형용사 '~하게, ~로'로 끝나는 것은 '부사'인 식으로 생각하면 된다.

명사
Noun

사람, 사물, 추상적 개념 등 세상 모든 것의 이름

| student 학생 | rabbit 토끼 | orange 오렌지 | notebook 공책 | … |

눈에 보이지 않는 추상적인 개념을 가리키는 말도 명사가 될 수 있다.

| information 정보 | power 힘 | peace 평화 | happiness 행복 | … |

`more` **고유명사**: 명사 중에서 '특정한' 사람이나 사물, 장소 등의 이름. 문장 어디에 나오든지 첫 글자를 '대문자'로 시작하는 것이 특징이다.

| America 미국 | Shakespeare 셰익스피어 | Mars 화성 | Incheon Airport 인천공항 |

위에서 본 student, rabbit 등의 명사(보통명사, common noun)는 그렇게 부를 수 있는 존재가 세상에 많지만, 고유명사(proper noun)의 경우 이 세상에 하나밖에 없는 고유한 존재라는 점에서 차이가 있다.

대명사
Pronoun

명사를 대신하는 말

영어는 앞에서 한 번 나온 명사를 두 번째 언급할 때 명사 그대로 쓰지 않고 대명사로 바꿔 말해야 한다. 우리말에서는 "엄마가 우리에게 영화를 보여주셨다. **엄마**도 우리와 함께 재미있게 보셨다." 라고 해야 어색하지 않지만, 영어로는 '엄마'를 **she**로 표현해야 어색하지 않다. 영어의 대명사로는 사람을 가리키는 I, you, he, she … 외에도, 사물을 가리키는 it, this, that … 등이 있다.

a student → **he / she**
학생 → 그/그녀

rabbits → **they**
토끼들 → 그것들

a notebook → **it**
공책 → 그것

동사 Verb	

사람/사물의 움직임, 상태 등을 나타내는 말

fly

sing

watch

swim

run

study 공부하다	run 달리다	wash 씻다	open 열다	...

'공부하다', '달리다' 등 대상의 움직임을 표현하는 동사 외에, '~이다/있다/존재하다'를 뜻하는 be동사(am, are, is ...)도 영어의 핵심적인 동사다.

> **more** 조동사: 동사를 문법적으로나 의미적으로 도와준다.

Are you ~ ? ((의문문))　　She **did** not ~. ((부정문))
I **was** told ~. ((수동태))　　They **are** singing ~. ((진행형))　　We **have** watched ~. ((완료형))

can study 공부할 수 있다	**must** run 달려야 한다	**will** wash 씻을 것이다	**should** open 열어야 한다

형용사 Adjective	

명사의 모양, 성질 등을 설명하거나 꾸며 주는 말

명사 앞이나 뒤에 위치하여 명사를 수식하거나, be동사 뒤에서 문장의 주어인 명사를 설명할 때 많이 쓰인다.

big building 큰 건물	**cute** rabbit 귀여운 토끼	**sweet** orange 달콤한 오렌지

important information 중요한 정보	I am **hungry**. 나는 배고프다.	He is **clever**. 그는 영리하다.

> **more** 관사(Article): a/an/the를 말한다. 여러 쓰임이 있지만 a/an은 명사 앞에 놓여 대부분 '어떤, 하나의' 등을 의미하고, the는 '(특정한) 그'를 의미한다. 뒤에 나오는 명사의 의미를 좀 더 명확히 해주는 것이므로 형용사에 포함시킬 때도 있다.

a student 어떤 학생	**an** orange 한 개의 오렌지	**the** rabbit 그 토끼

부사 Adverb	명사 이외의 모든 것을 수식하는 말

동사, 형용사, 다른 부사, 또는 어구나 절을 수식한다. 주로 시간, 장소, 방향 등의 의미를 나타낸다.

(1) 동작을 더 자세히 설명한다.

walk **slowly**
천천히 걷다

work **poorly**
형편없게 일하다

(2) 동작이 일어난 시간, 장소 등을 더 자세히 설명한다.

get up **early**
일찍 일어나다

live **here**
이곳에 살다

(3) 형용사가 나타내는 의미가 어느 정도인지를 설명한다.

a **very** big boy
아주 큰 소년

a **really** fast runner
정말 빠른 달리기 주자

cf. 부사는 형용사 뒤에 -ly가 붙어 만들어진 형태인 것이 많다.

carefully   slowly   usually   actually ...
조심히   천천히   보통   사실은

전치사 Preposition	in, at, on, by, to 등

〈전치사+명사〉로 이루어진 어구(줄여서 '전명구' 또는 '전치사구'라고도 하며, 전치사 뒤의 명사는 '전치사의 목적어'라고 한다.)에 쓰이며, 이러한 어구는 문장에서 형용사나 부사 역할을 한다.

⟸ p.24 전명구의 수식

대표적인 전치사와 의미는 아래와 같다. 전명구 형태로 알아보자.

in the box 상자 속에	**up** the stairs 계단 위로	**through** the window 창문을 **통해**
at the mall 쇼핑몰에서	**down** the stairs 계단 아래로	**over** the bridge 다리 위에
on the table 탁자 위에	**until** night 밤까지	**under** the table 탁자 밑에
by noon 정오까지	**before** lunch 점심 전에	**between** you and me 너와 나 사이에
to school 학교로, 학교에	**after** lunch 점심 후에	**across** the street 길을 가로질러
of Peter 피터의	**since** last year 작년 이후로	**toward** the north 북쪽으로
from her 그녀로부터	**during** summer 여름 동안	**into** the box 박스 속으로
about him 그에 대해	**behind** the table 탁자 뒤에	**except** Sunday 일요일을 제외하고는
for you 너를 위해	**within** a week 일주일 내에	**despite** the fact 사실에도 불구하고

more 구전치사: 두 개 이상의 단어가 모여 하나의 전치사 역할을 하는 것

e.g. because of ~ 때문에 / next to ~ 바로 옆에 / according to ~에 따라서 /
in spite of ~에도 불구하고

수식어는 의미를 덧붙인다

문장은 여러 수식어가 덧붙어 길어지고 복잡해지므로, 수식어에 대한 이해가 중요하다.

There is a cat.
고양이 한 마리가 있다.

There is a **white fat** cat.
살찐 흰 고양이 한 마리가 있다.

There is a **white fat** cat **on the sofa**.
살찐 흰 고양이 한 마리가 **소파 위에** 있다.

a cat이라는 단순한 의미의 명사에 'white'와 'fat'이 더해지고, 동사 is에 'on the sofa'가 덧붙어 의미가 좀 더 명확해진다. 이때의 white, fat과 on the sofa를 수식어라 하는 것이다.

1 형용사의 명사 수식

형용사는 명사의 모양, 성질, 수량 등의 의미를 더한다. 대개 수식하는 명사의 앞이나 뒤에 온다. a/an, the와 같은 관사도 일종의 형용사이다.

five tall *students* 키가 **큰 다섯 명의** 학생들
형용사 형용사　명사

a cute *rabbit* **귀여운 한 마리의** 토끼
관사 형용사　명사

the round *orange* **그 동그란** 오렌지
관사　형용사　명사

something **precious** **귀중한** 어떤 것
명사　형용사

2 부사의 수식

부사는 명사 이외의 모든 것을 수식한다. 동사를 수식하는 경우가 많지만, 형용사, 다른 부사 외에 어구나 문장 전체도 수식할 수 있다. 부사는 형용사에 비해서는 문장에서의 위치가 자유로운 편이지만, 수식하는 말 가까이에 위치하려는 경향이 있다.

Study **hard**. **열심히** 공부해라.
동사　부사

a **really** *fast* animal **정말** 빠른 동물 한 마리
부사　형용사　명사

I ate lunch **very** *much*. 나는 점심을 **매우** 많이 먹었다.
부사　부사

Fortunately, *I got a perfect score*. **운이 좋게도**, 나는 만점을 받았다.
부사　　　　　　문장

3 전명구의 수식

전치사는 뒤에 나오는 명사와 함께 전명구를 이룬다. 전명구는 형용사처럼 명사를 수식할 수도 있고, 부사처럼 명사 이외의 모든 것을 수식할 수도 있다. 주로, 시간, 장소, 방법 등의 내용을 보충한다.

(1) 형용사처럼 쓰이는 경우: 항상 수식하는 명사 뒤에 위치한다.

the *puppy* **in his house** is cute. **그의 집에 있는** 그 강아지는 귀엽다.
　　명사　　　전명구

(2) 부사처럼 쓰이는 경우

The puppy *lives* **in his house**. 그 강아지는 **그의 집에** 산다.
　　　　동사　　　전명구

4 연달아 나올 수 있는 수식어

명사 앞에 여러 형용사가 올 수 있듯이, 수식어도 여러 개가 겹쳐 올 수 있다는 것을 기억해두자.

Many passengers / moved **rapidly** / **because of the shower**.
형용사　　　　　　　　　　부사　　　　　전명구
많은 행인들이　　　/　**빠르게** 움직였다　/　**소나기 때문에.**

We will discuss the problem / **in this room** / **from 4 p.m.** / **to 6 p.m.**
　　　　문장　　　　　　　　전명구　　　　전명구　　　　전명구
우리는 그 문제를 논의할 것이다　/　**이 방에서**　/　**오후 4시부터**　/　**오후 6시까지.**

The neighbor **near my house** / sings **very loudly** / **at night**.
　　　　　　　전명구　　　　　　　부사　　부사　　　전명구
우리 집 근처의 그 이웃은　　/　**매우 시끄럽게** 노래한다　/　**밤에.**

이와 같은 기초 지식을 가지고, 이제 본격적으로 Chapter 01을 시작해 보자.

1 2 3 4

문장 독해의 출발점, **동사**

문장의 기본 구조는 어떤 동사가 쓰였느냐에 달려있다.
또한, 문장의 동사를 보면 그 동작이나 상태가 일어난 '때'를 알 수 있기도 하고, 주어가 직접 그 동작을
하는지 받는지도 알 수 있다. 그러므로 **동사의 학습은 문장 독해의 가장 중요한 출발점**이다.

CHAPTER

0 1

문장의
기본 구조와 동사

Chapter Overview

문장은 전달하려는 의미가 완전해야 한다.
예를 들어 '나는 이다.' '그는 가지고 있다.' 등은
의미가 완전하지 않으므로 문장이라 할 수 없다.
마찬가지로 영어의 문장도 의미가 완전해야 한다.

sentence ✕

sentence ○

● 주어와 동사

모든 영어 문장에서 '주어'와 '동사'는 꼭 필요하다. (명령문도 주어가 생략된 것이지 주어가 없는 것은 아니다.)

| 주어
(Subject) | 문장에서 '누가, 무엇이' 등에 해당하는 부분.
우리말에서는 '~은, 는, 이, 가' 등이 붙는다.
주어는 대개 명사나 대명사이다. |

| 동사
(Verb) | 동사의 '동(動)'은 '움직이다'라는 뜻.
주어의 동작이나 상태를 나타낸다. |

영어 문장은 의미를 완전하게 하기 위해 주어와 동사 외에도 다른 것들(목적어, 보어)이 필요할 수 있다.

어떤 것들이 어떤 순서로 오는지에 따라 영어 문장은 총 다섯 가지 기본 구조로 나뉜다.

이들을 **다섯** 가지 **문장** 형태(Sentence Patterns), 줄여서 **5문형**(또는 5형식)이라 한다.

Chapter Goals

1 S, V, O, C로 만들어지는 다섯 가지 문형을 말할 수 있다.

2 영어 문장을 보고 S, V, O, C, M에 해당하는 어구를 구분하여 올바로 해석할 수 있다.

UNIT 01 •

003 hurt 아프다; 아프게 하다

004 suddenly 갑자기 (= all of a sudden)

    wet (물에) 젖은

    floor 바닥; 층

005 lower 아래쪽의 (↔ upper 위쪽의)

    badly 몹시; 나쁘게

006 soon 곧, 머지않아

007 bat 박쥐; (야구) 배트

    owl 올빼미

    during ～동안[내내]

008 prize winner 수상자

    shine(-shone[shined]-shone[shined]) 빛나다; 비추다

    excitement 흥분(되는 일)

009 wake up 잠에서 깨다; 정신을 차리다

    ⓘ **get up** (잠자리에서) 일어나다

    late 늦게; 늦은; 최근의

010 fog 안개

    cf. **foggy** 안개가 긴

    disappear 사라지다 (↔ appear 나타나다)

> **Check up**

    accident (자동차) 사고; 우연

    all the time 언제나, 내내

    around the corner 길모퉁이를 돌아; 코앞에 와 있는

UNIT 02 •

012 firefighter 소방관

014 manager 관리자; 매니저

    cf. **manage** 관리하다; (힘든 일을) 간신히 해내다

015 practical 실용적인; 현실적인

    informative 유익한, 유용한 정보를 주는

016 necessary 필수적인

    electric 전기의, 전기를 이용하는

    ⓘ **electronic** 전자의

    vehicle 차량, 탈것

Check up

    calm 잔잔한, 고요한; 침착한

017 silent 조용한, 말을 안 하는

018 common 흔한; 공통의; 평범한 (↔uncommon 흔하지 않은)

Check up

    similar to ～와 비슷한

UNIT 03

020 lose(-lost-lost) 잃어버리다; 지다, 패하다

    somewhere 어딘가에(서)

021 do the cleaning 청소하다

    every other day 이틀에 한 번 (＝every two days)

023 cell phone 휴대폰 (＝cellular phone)

024 due date 마감일, 만기일

    cf. **due** 만기가 된; ～ 때문에

026 situation 상황, 처지

028 sentence 문장; 형벌; (형을) 선고하다

029 cartoon 만화(영화)

    character 캐릭터, 등장인물; 성격; 특징

UNIT 04

030 lend IO DO IO에게 DO를 빌려주다

031 result 성과, 결과

032 foreign 외국의

    visitor 방문객, 손님

    language 언어

    culture 문화

Check up

    be allergic to ～에 알레르기가 있다

033 big sister 큰언니, 큰누나

    present 선물; 현재(의); 출석[참석]한

035 classmate 학급 친구

    funny 재미있는; 우스운

    cf. **fun** 재미; 장난; 재미있는

036 text message 문자 메시지

037 seat 자리, 좌석; 앉히다

    front 앞쪽(의)

    row (좌석) 줄

    ⚠ **low** 낮은; 낮게

038 ask IO DO IO에게 DO를 물어보다

UNIT 05

039 volleyball 배구(공)

040 mosquito 모기

    unwelcome 달갑지 않은

041 difficulty ((주로 복수형)) 어려움, 곤경

044 grandson 손자

    cf. **granddaughter** 손녀

046 empty 비어 있는, 빈

048 smooth 매끄러운, 부드러운; 순조로운

    healthy 건강한; 건강에 좋은

049 fresh 신선한; 새로운

Check up

    neighborhood 지역; 이웃 (사람들)

주어＋동사

주어(S: Subject), 동사(V: Verb)만으로 문장의 의미가 통하는 문장 형태(SV문형)이다.

◖ SV문형의 해석은 '주어(S)는 ～하다(V)'이다.

---

001 The rain **stopped.**
　　　　주어(S)　　　동사(V)
　　　　　비가 그쳤다.

---

be 있다, 존재하다 / appear 나타나다 / happen (일이) 일어나다, 발생하다
come 오다 / go 가다 / run 달리다 / arrive[get] 도착하다 / stop 멈추다 / fall 떨어지다
grow up 자라다 / stand up 일어서다 / fall down 넘어지다 등의 구동사(Phrasal Verbs)　◁ 천일비급 p.7

002　The boy **fell down.**

003　I **can't go.** My back **hurts.**

◖ 실제 독해에서 보는 문장들은 수식어(M: Modifier)인 형용사나 부사가 덧붙은 것들이 많다. ◁ 수식어 p.177
형용사는 주어를, 부사는 동사를 수식하며, 〈전치사＋명사〉구(전명구)는 주어나 동사를 모두 수식할 수 있다.
수식어는 여러 개 겹쳐 올 수도 있다.

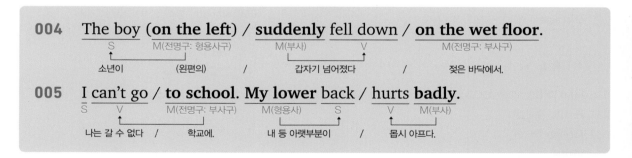

004 The boy **(on the left)** / **suddenly** fell down / **on the wet floor.**
　　　　 S　　　 M(전명구: 형용사구)　　 M(부사)　　 V　　　　 M(전명구: 부사구)
　　　　소년이　　　 (왼편의)　 /　　 갑자기 넘어졌다　　 /　　 젖은 바닥에서.

005 I can't go / **to school.** **My lower** back / hurts **badly.**
　　　 S　 V　　 M(전명구: 부사구)　　 M(형용사)　 S　　 V　 M(부사)
　　 나는 갈 수 없다 /　 학교에.　　 내 등 아랫부분이　 /　 몹시 아프다.

006　**Our new** teacher **from Canada** will arrive **soon.**

007　**Some** animals **like bats and owls** sleep **during the day.**

008　**The prize winner's** eyes shone **with excitement.**

009 I wake up **late on weekends**.

010 The fog disappeared. We can see **well now**.

011 He grew up **in a good family with two brothers**.

Check up ·· ● 천일비급 p.8

다음 문장에서 주어와 동사에 밑줄을 긋고 밑줄 친 부분을 해석하세요.

1 Children grow up so fast these days.

→ _____

2 Accidents happen all the time.

→ _____

3 A car suddenly appeared around the corner.

→ _____

TIP 부사로도 쓰이는 명사(구)

아래 굵은 글씨의 단어들은 명사(구)지만 문장에서 부사로도 쓰인다. 주로 '장소, 시간, 방향' 등을 나타낸다.
- They went **home**. 그들은 **집으로[집에]** 갔다.
- I got up early **yesterday**[**today, this morning**]. 나는 **어제[오늘, 오늘 아침에]** 일찍 일어났다.
- I'll go **this way**. 나는 **이쪽으로** 갈 거야.

주어＋동사＋보어

대표적으로 be동사(~이다)가 이런 문장 형태(SVC문형)를 만든다. 보어(C: Complement)는 주어의 의미를 보충해서 설명해준다. 보어로는 여러 가지 것들이 쓰이지만 가장 기본이 되는 명사, 대명사, 형용사 보어를 우선 알아보자.

명사, 대명사 보어는 주어가 '누구' 또는 '무엇'인지를 설명하는 말이기 때문에 주어는 곧 보어와 같다(S＝C). 보통, 주어의 이름, 직업, 직위 등이 보어로 온다. '주어(S)는 보어(C)이다'로 해석한다.

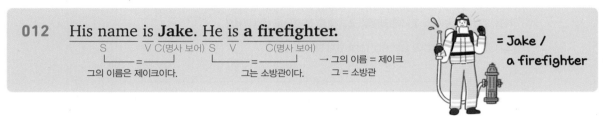

012   His name is **Jake**. He is **a firefighter**.

그의 이름은 제이크이다.   그는 소방관이다.   → 그의 이름 = 제이크   그 = 소방관
= Jake / a firefighter

013   The boy is **a good swimmer**.

014   One of the brothers is **a manager** in a bank.

형용사 보어는 '주어의 성질, 상태 등이 어떠한지'를 설명한다. (S-C)

015   These mobile apps are / **practical and informative**.

이 모바일 앱들은 ~이다   /   실용적이고 유익한.

*mobile app 모바일 앱
((스마트폰에서 사용되는 응용소프트웨어))

016   Batteries are **necessary** for electric vehicles.

Grammar Link   부사는 보어가 될 수 없다

보어는 주어인 '명사'를 보충 설명하므로 명사를 수식하는 '형용사'를 쓴다.
부사는 명사를 수식하지 못하기 때문에 보어로 쓰지 않는다고 이해하면 쉽다.
the **brave** hero 용감한 영웅 (○) → The hero is **brave**. 영웅은 용감하다. (○)
the **bravely** hero 용감하게 영웅 (×) → The hero is **bravely**. 영웅은 용감하게이다. (×)

Check up ....● 천일비급 p.9

다음 문장의 네모 안에서 어법상 알맞은 것을 고르세요.

1 These songs are soft / softly and calm / calmly .

2 Everything in her garden was love / lovely .

be동사처럼 아래 동사들도 보어가 필요하다. be동사로 바꿔 해석해도 의미가 자연스러운 것들이다.

주어의 상태	remain, keep, stay (계속) ~이다, ~인 채로 있다
주어의 상태 변화	become, get, grow, turn, go, come ~가 되다
주어에 대한 생각, 느낌	seem, appear ~인 것 같다 / look ~하게 보이다, ~인 것 같다 / feel ~한 느낌이 들다 / sound ~하게 들리다 / taste ~한 맛이 나다 / smell ~한 냄새가 나다

017 The students **kept** silent / during the exam.
      S   V   C(형용사)   M(부사구)
                               ≒ The students **were** silent during the exam.
    학생들은 조용한 채로 있었다   /   시험(을 보는) 동안.

018 Autonomous driving **will become** common soon.   *autonomous driving 자율주행

019 Old bananas **turn** brown in color.

look '~하게 보이다', sound '~하게 들리다'처럼 보어의 자연스런 우리말 해석이 '부사'인 때도 있지만,
영어에서 부사는 보어 자리에 올 수 없다는 것을 꼭 기억하자.

Check up .... ● 천일비급 p.9

다음 문장의 네모 안에서 어법상 알맞은 것을 고르고 문장 전체를 해석하세요.

1 Her dress looked similar / similarly to mine.

→ _____

2 Your voice sounds strange / strangely. Are you sick?

→ _____

TIP ▶ **같은 동사, 다른 문형**

SV, SVC문형에 모두 쓰이는 동사도 있다. 동사 뒤 어구가 부사인지 형용사인지를 먼저 살피고, 주어를 보충 설명하는지를 잘 생각해서 해석하도록 하자.

Sandra **was** in the hospital last week. 〈SV문형〉 산드라는 지난주에 입원해 **있었다.**
 S   있었다   M(부사)   M(부사)

Sandra **is** fine now. 〈SVC문형〉 산드라는 이제 괜찮다.
 S ~이다 C(보어)

UNIT 03 주어+동사+목적어

동사(V) 뒤에 목적어(O: Object)가 오는 문장 형태(SVO문형)이다. 대부분의 영어 동사들이 이런 형태의 문장을 만들 수 있어서 아주 흔하게 볼 수 있는 문형이다. 목적어로는 여러 가지 것들이 쓰이지만 가장 기본이 되는 명사, 대명사 목적어를 우선 알아보자.

❙ SVO문형은 '주어(S)는 목적어(O)를 ～하다(V)'로 해석한다.
주어는 목적어를 대상으로 동작을 하고, 목적어는 주어의 동작을 받는다.

◀ Grammar Link 명사 보어와 목적어

❶ 주어＝명사 보어 **He** is **a good football player**.
　　　　　　　└───＝───┘

❷ 주어≠목적어 　**He** kicked **the ball**.
　　　　　　　└───≠───┘

---

020 I lost **my money** / somewhere last week.
　　　　S　V　　O(목적어)　　　　　M　　　　M
　　　　나는 돈을 잃어버렸다　/　　지난주에 어디선가.

---

021 I do **the cleaning** every other day.

022 I don't make **music** for eyes. I make **music** for ears.　– Adele

---

❙ 〈동사+부사[전치사]〉 등으로 이루어진 구동사 뒤에 목적어가 오기도 한다.

---

023 I **turned off** / the alarm (on my cell phone).
　　　　S　　V　　　　　O(목적어)
　　　　나는 껐다　/　알람을　　　　　(내 휴대폰의).

---

turn on	～을 켜다	turn off	～을 끄다
get on	～을 타다	get off	～에서 내리다
put off	～을 미루다	depend on	～에 의존하다
get along with	～와 잘 지내다	apply for	～에 지원하다

◀ 천일비급 p.10

024 The teacher **put off** the due date of the homework.

025 I **get along with** all of my team members.

동사에 따라 목적어 해석이 '~을/를'이 아니라 '~에/와' 등이 될 수 있다. 영작할 때 동사 뒤에 to, with 등의 전치사를 붙이지 않도록 주의하자.

---

026 We **discussed** the situation / for an hour.
　　　S　　V　　　　O(목적어)　　　　　M
　　　　우리는 그 상황에 대해 논의했다　 /　 한 시간 동안.

discuss ~~about~~ the problem	문제에 대해 논의하다	reach ~~at~~ the station	역에 도착하다
answer ~~to~~ the question	질문에 답하다	resemble ~~with~~ him	그와 닮다
enter ~~into~~ the room	방에 들어가다	attend ~~to~~ the wedding	결혼식에 참석하다

↙ 천일비급 p.11

027 The sun's light **reaches** the earth in around eight minutes.

028 Read the sentences and **answer** the questions.

029 This cartoon character **resembles** a panda.

Check up ● 천일비급 p.11

다음 우리말과 일치하도록 괄호 안의 어구를 활용하여 영작하세요. (필요하면 어형 변화 및 단어 추가 가능)

1 선생님은 곧 교실에 들어가실 것이다. (the classroom, enter)

→ The teacher will _____ soon.

2 나는 어제 학급 회의에 참석했다. (yesterday, the class meeting, attend)

→ I _____ .

TIP 자동사 vs. 타동사

다섯 가지 문형을 이루는 동사를 크게 '자동사'와 '타동사'로 나눌 수 있다.
● 자동사: 목적어가 필요 없는 동사 = SV, SVC문형을 만드는 동사
● 타동사: 목적어가 필요한 동사 = SVO, SVOO, SVOC문형을 만드는 동사

주어＋동사＋간접목적어＋직접목적어

동사(V) 뒤에 목적어가 두 개 오는 문장 형태(SVOO문형)이다. '～에게'로 해석되는 목적어는 간접목적어(IO: Indirect Object)이고 '～을'로 해석되는 목적어는 직접목적어(DO: Direct Object)이다. SVOO문형을 만드는 동사는 '(～해)주다'란 의미를 갖는다.

◖ SVOO문형은 목적어 순서대로 'IO에게 DO를 (～해)주다'로 해석한다. 보통 IO는 '사람'이고, DO는 '물건'이다.

030 He lent **her** / **his iPad**.
S   V   IO   DO
(간접목적어) (직접목적어)
그는 그녀에게 빌려주었다 / 자신의 아이패드를.

031 Don't tell **people your plans**. Show **them your results**.

032 She teaches **foreign visitors Korean language and culture**.

Check up .... ● 천일비급 p.11

다음 문장에서 간접목적어와 직접목적어에 밑줄을 긋고 각각 IO, DO로 표시한 뒤, 문장 전체를 해석하세요.

1 He gave me his math notes.

→ _____

2 I showed my friends some old pictures of mine.

→ _____

3 I never buy her flowers. She's allergic to them.

→ _____

SVOO문형을 이루는 동사들은 IO를 '전치사+IO'로 하여 SVO문형을 만들 수도 있다.

$$S+V+DO+\underset{\text{M(부사구)}}{\underline{to[for, of]+IO}}$$

- give, show, tell, bring(가져다주다), send, lend, teach, write, offer+O+**to** ~
- make, buy, find, choose, keep, cook, order, get(사다)+O+**for** ~
- ask+O+**of** ~

033 I **gave** my big sister / a late birthday present.
　　　　S　V　　　IO　　　　　　　　DO
　　　나는 내 큰언니에게 주었다　　/　　늦은 생일선물을.

→ I **gave** a late birthday present **to** my big sister.

034 Grandma often **makes** me / pretty sweaters.
　　　　　S　　　　V　IO　　　DO
　　　할머니는 종종 내게 만들어 주신다　/　예쁜 스웨터를.

→ Grandma often **makes** pretty sweaters **for** me.

[035-038] 빈칸에 알맞은 전치사를 쓰세요.

035 One of my classmates **told** us a funny story.

→ One of my classmates **told** a funny story _____ us.

036 He **sent** me a text message this morning.

→ He **sent** a text message _____ me this morning.

037 I will **keep** you a good seat in the front row.

→ I will **keep** a good seat in the front row _____ you.

038 The teacher **asked** the team leader a few questions.

→ The teacher **asked** a few questions _____ the team leader.

UNIT 05 주어+동사+목적어+보어

동사에 목적어가 필요하면서 그 목적어를 보충 설명하는 보어도 필요한 문장 형태(SVOC문형)이다.
보어로는 여러 가지 것들이 쓰일 수 있지만, 가장 기본이 되는 (대)명사, 형용사 보어를 우선 알아보자.

consider, think, believe	O가 C라고 생각하다	call	O를 C라고 부르다
find	O가 C임을 알게 되다	name	O에게 C라는 이름을 지어주다
make	O가 C가 되게 하다	keep, leave	O를 C인 상태로 두다

▶ 명사 보어는 목적어가 '누구' 또는 '무엇'인지를 설명하므로 목적어는 곧 보어와 같다(O=C).
보통, 목적어의 이름, 직업, 직위 등이 보어로 온다.

> **◀ Grammar Link** 직접목적어와 명사 보어
>
> 〈간접목적어+직접목적어〉구조도 〈명사+명사〉의 형태이지만 '간접목적어≠직접목적어'라는 점이 다르다.
> He made his son a tree house. 그는 아들에게 나무 위의 집을 만들어주었다.
>   IO   DO
>   └─ ≠ ─┘
>
> He thinks his dad a good cook. 그는 아빠가 훌륭한 요리사라고 생각한다.
>   O   C
>   └─ = ─┘ His dad is a good cook.

039 We consider / **her a great volleyball player.**
　　　 S 　　V 　　 O(목적어) 　　　 C(명사 보어) 　　→ her = a great volleyball player
　　　　　　　　　　　 └──── = ────┘ 　　　 She is a great volleyball player.
　　　 우리는 여긴다 　/ 　　 그녀가 대단한 배구선수라고.

040 Most people think **the mosquito an unwelcome guest.**

041 Difficulties make **you a stronger person.**

042 We call **the world a global village.** 　*global village 지구촌 ((교통 통신 발달로 하나 된 세계))

043 My family named **the cat Lucy.**

32 Part 1 문장 독해의 출발점, 동사

형용사 보어는 '목적어의 성질, 상태 등이 어떠한지'를 설명한다. (O-C)

044 <u>She</u> <u>thought</u> / <u>her grandson</u> <u>lovely.</u>
S ― V ― O(목적어) ― C(형용사 보어) → 손주의 성질: 사랑스러움
그녀는 생각했다 / 자기 손자가 사랑스럽다고. Her grandson was lovely.

045 Many people believe **the rumor true**.

046 I found **the box of chocolates empty**.

047 The smell of food makes **me hungry**.

048 Vitamin C keeps **our skin smooth and healthy**.

049 Please leave **the window open** for fresh air.

Check up .... 천일비급 p.14

A 다음 문장에서 목적어와 보어에 밑줄을 긋고 각각 O, C로 표시하세요.

1 Colors can make people happy or sad.

2 The coffee kept me awake last night.

B 다음 문장을 알맞게 해석하세요.

1 Patience makes you a wise person. *patience 인내

→ _____

2 My mom considers this neighborhood safe.

→ _____

A 다음 문장에 해당하는 문장 구조를 〈보기〉에서 골라 그 번호를 쓰세요.

> 보기 ① 주어+동사(SV)   ② 주어+동사+보어(SVC)
> ③ 주어+동사+목적어(SVO)   ④ 주어+동사+간접목적어+직접목적어(SVOO)
> ⑤ 주어+동사+목적어+보어(SVOC)

1 She stood up immediately.

2 I saw a lot of animals at the zoo last Sunday.

3 We found our new teacher very kind and gentle.

4 Korea became an independent country in 1945.

5 My best friend in Boston sends me a card every Christmas.

B 다음 문장의 네모 안에서 어법상 알맞은 것을 고르세요.

1 This pizza smells so delicious / deliciously .

2 She was dancing smooth / smoothly on the stage.

3 The storm made outdoor games impossible / impossibly yesterday.

4 It is raining. My mother will bring me an umbrella / an umbrella me .

C 다음 우리말과 일치하도록 괄호 안에 주어진 어구를 순서대로 배열하세요.

1 피터의 어머니께서 우리에게 저녁을 요리해 주셨다. (Peter's mother, dinner, cooked, us)

 → _____

2 내 친구들은 나를 사려 깊은 사람이라 여긴다.
(consider, my friends, a, person, me, considerate)

 → _____

A 1 immediately 즉시   4 independent (국가가) 독립된   **B** 2 stage 무대   3 storm 폭풍(우) outdoor 야외의(↔indoor 실내의) impossible 불가능한
cf. impossibly 불가능하게   **C** 2 considerate 사려 깊은, 배려하는 *cf.* considerable (수가) 상당한

CHAPTER 02

동사를 통해
드러나는 시제

Chapter Overview

가장 기본이 되는 시제(Tense)는 현재, 과거, 미래시제이다.

현재/과거시제는 **rains/rained**처럼 동사의 형태를
변화시킨다. 미래시제는 동사의 형태를 변화시키지 않고
will rain과 같이 동사 앞에 조동사 will을 써서 나타낸다.
현재, 과거, 미래시제에는 각각 진행형, 완료형이 있다.

과거	현재	미래
rained	rains	will rain

시제(Tense)는 기본적으로 동작이나 상태가 일어난 '때(Time)'를 알려주지만, 시제와 문장에서 그것이
실제로 나타내는 때는 서로 다를 수 있다. 예를 들어, 현재시제가 미래를 뜻하는 부사와 함께 쓰여 미래를
의미하기도 한다.
The magic show starts *in ten minutes*. 마술쇼는 *십 분 후에* **시작할 것이다**.
　　　　　　　현재시제　　　　　　　　　　　　　　　　　　　　　　미래의 일

Chapter Goals

1 각 시제가 나타낼 수 있는 때와 의미를 알 수 있다.

2 문맥을 보고 어떤 시제를 써야 적절한지 판단할 수 있다.

3 현재시제와 현재진행형, 현재완료와 과거시제의 차이점을 설명할 수 있다.

4 현재완료가 나타내는 여러 의미를 파악할 수 있다.

Must-know
Words &
Lexical
Phrases

단어를 미리 알면, 구문 학습이 더 쉬워져요!

UNIT08 •

063 type 입력하다, 타자 치다; 유형
　　essay (짧은 논문식) 과제물; 수필
065 surf the Internet 인터넷을 검색하다
　　cf. **surf** 파도타기[서핑]를 하다
　　look for A A를 찾다
　　information 정보
　　cf. **inform** (정보를) 알리다, 통지하다
　　private 개인을 위한; 사적인
067 reality 현실, 실재
068 make a presentation 발표하다
　　cf. **presentation** 발표; 제출
069 give (A) a ride (A를) 태워주다
070 leave(-left-left) 떠나다; 남기다
　　on vacation 휴가로

Check up
　　the day after tomorrow 모레
　　ⓘ **the day before yesterday** 그제

UNIT09 •

074 lunch break 점심시간
　　cf. **break** (잠시 동안의) 휴식; (연속의) 중단
075 plane 비행기; 평평한, 평면인

UNIT10 •

077 stomachache 복통
　　cf. **stomach** 위; 복부
　　cf. **ache** 통증, 아픔
083 ride(-rode-ridden) 타다
　　roller coaster 롤러코스터
084 take a shower 샤워하다
085 complete 마무리하다, 완료하다; 완벽한
086 dressed 옷을 입은
088 spend(-spent-spent) (돈을) 쓰다, 소비하다; (시간을) 보내다
　　pocket money 용돈

현재시제가 나타내는 때·의미

현재시제는 '현재'나 '미래'의 일을 나타내며 그 외에도 다양한 의미가 있다.

현재시제는 기본적으로 '현재' 상태를 나타내며 '~한다, ~이다'로 해석한다. 미래를 뜻하는 부사(구)와 함께 쓰이면 가까운 '미래'에 정해진 일정을 나타내며 '~할 것이다, ~일 것이다'로 해석한다.

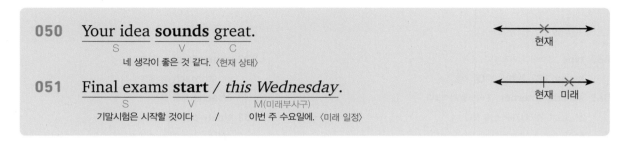

050 Your idea **sounds** great.
　　　　 S　　　 V　　 C
네 생각이 좋은 것 같다. 〈현재 상태〉

051 Final exams **start** / *this Wednesday.*
　　　 S　　　　 V　　　　 M(미래부사구)
기말시험은 시작할 것이다 / 이번 주 수요일에. 〈미래 일정〉

052 He **needs** help with his math homework.

053 The train for Busan **leaves** *at 6:30 p.m. today.*

> **Check up**　　　　　　　　　　　　　　　　　● 천일비급 p.15
>
> 다음 문장의 밑줄 친 동사가 실제로 나타내는 때를 현재 또는 미래 중에서 고르세요.
>
> **1** He <u>seems</u> kind and friendly to everyone.　　□ 현재　　□ 미래
>
> **2** The department store's sale <u>ends</u> next week.　　□ 현재　　□ 미래

현재시제는 현재, 과거, 미래를 모두 포함하는 일을 나타내기도 한다. 즉 '반복적인 일(습관, 일상(routines) 등) / 언제나 사실인 것(과학적 현상, 진리, 속담)' 등을 나타낼 때 쓰인다.

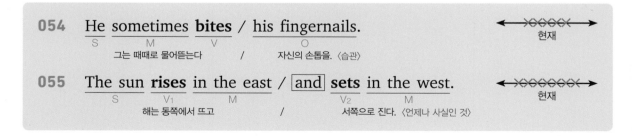

054 He sometimes **bites** / his fingernails.
　　 S　　　　 M　　　 V　　　　 O
그는 때때로 물어뜯는다 / 자신의 손톱을. 〈습관〉

055 The sun **rises** in the east / and **sets** in the west.
　　　 S　　 V₁　　 M　　　　　　 V₂　　 M
해는 동쪽에서 뜨고 / 서쪽으로 진다. 〈언제나 사실인 것〉

056 **Do** you often **get** colds in winter?

057 I **review** my daily to-do list in my planner every night.

058 A stitch in time **saves** nine. – Proverb

UNIT 07 과거시제 · 미래시제

과거시제는 과거에 일어난 동작이나 상태를 나타내며 '~했다, ~였다'로 해석한다. 같이 자주 쓰이는 부사(구)로 yesterday (~) / ago / in+과거 연도 / last+명사 등이 있다.

미래시제는 보통 〈will+동사원형〉을 사용하며 앞으로 일어날 일을 나타내므로 '~할 것이다, ~일 것이다'로 해석한다. 같이 자주 쓰이는 부사(구)로는 tomorrow (~) / next ~ / soon / in+시간 (~ 후에) 등이 있다.

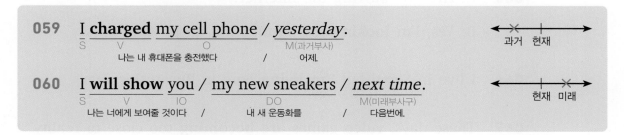

059 I **charged** my cell phone / *yesterday*.
 S   V   O   M(과거부사)
   나는 내 휴대폰을 충전했다   /   어제.
                                                          과거 현재

060 I **will show** you / my new sneakers / *next time*.
 S   V   IO   DO   M(미래부사구)
   나는 너에게 보여줄 것이다 / 내 새 운동화를 / 다음번에.
                                                          현재 미래

061 Ms. Kang **taught** us social studies *last semester*.

062 He **will do** well on the exam *tomorrow*. He **studied** hard for it.

Check up   • 천일비급 p.17

다음 문장의 네모 안에서 어법상 알맞은 것을 고르세요.

1 I take / will take a walk in the park these days.

2 It was / will be cloudy and partly rainy next Monday.

3 I finished / will finish my homework two hours ago.

현재진행형이 나타내는 때 · 의미

현재진행형은 〈am/are/is+v-ing〉로 나타낸다.

❙ 현재진행형은 '(지금) ~하고 있다, ~하는 중이다'로 해석한다. 대부분 현재 하고 있는 동작을 의미하는데, 때로는 일시적인 일, 최근 변화하고 있는 일을 의미하기도 한다.

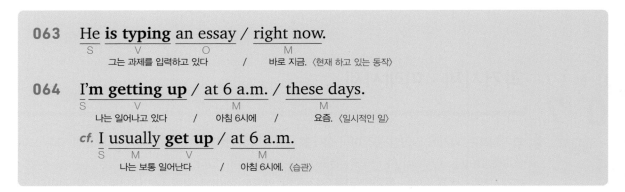

063 He **is typing** an essay / right now.
S   V   O   M
그는 과제를 입력하고 있다   /   바로 지금. 〈현재 하고 있는 동작〉

064 I'm **getting up** / at 6 a.m. / these days.
S   V   M   M
나는 일어나고 있다   /   아침 6시에   /   요즘. 〈일시적인 일〉

cf. I usually **get up** / at 6 a.m.
S   M   V   M
나는 보통 일어난다   /   아침 6시에. 〈습관〉

065 A: **Are** you **surfing** the Internet?

     B: Yes, I'm **looking for** information on private tours.

066 I live in Seoul but I'm **living** here in Busan this year.

067 These days, video games **are becoming** too close to reality.

❙ 현재진행형은 미래를 뜻하는 부사(구)와 함께 쓰여 확정된 미래의 일정(발표, 이사 등)을 나타내며 '~하기로 되어 있다, ~할 예정이다'로 해석한다.
　〈be going to+동사원형〉은 주어의 결정/의도를 나타낼 수 있으며 '~하려고 한다'로 해석한다.

068 I'm **making** a presentation / *this Friday*.
S   V   O   M
나는 발표를 하기로 되어 있다   /   이번 주 금요일에. 〈확정된 미래의 일〉

069 She **is going to give** me a ride / to the station.
S   V   IO   DO   M
그녀는 나를 (차로) 데려다주려고 한다   /   역에. 〈계획〉

070 We **are leaving** on vacation *next week*.

071 A: Are you busy *this evening*?

B: Yes, I**'m going to see** Jennifer.

┌ **Check up** ┐ ··· ● 천일비급 p.18

다음 문장의 밑줄 친 동사가 실제로 나타내는 때를 현재 또는 미래 중에서 고르세요.

1 Take an umbrella. It <u>is raining</u> outside. ☐ 현재 ☐ 미래

2 Ann <u>is coming</u> to my home the day after tomorrow. ☐ 현재 ☐ 미래

UNIT 09 과거진행형 · 미래진행형

과거진행형: 〈was/were+v-ing〉(과거에) ~하고 있었다
미래진행형: 〈will+be+v-ing〉(미래에) ~하고 있을 것이다

> **072** He **was taking** an online class / at that time.
>   S   V   O   M
>   그는 온라인 수업을 받고 있었다   /   그때.
>
> **073** She **will be taking** an exam / at this time tomorrow.
>   S   V   O   M
>   그녀는 시험을 치르고 있을 것이다   /   내일 이 시간에는.

074 What **were** the students **doing** during the lunch break?

075 I **will be sitting** on a plane this time next week.

UNIT 10 현재완료형의 개념과 의미

현재완료는 〈have/has+p.p.(과거분사)〉의 형태이며 '계속·경험·완료' 등을 의미한다.
과거 행동이 **현재**와 '연결'되거나 '영향'을 주는 것이며 **현재시제**에 해당한다. 따라서 '과거'를 나타내는 yesterday/ago/in+과거 연도/
last+명사 등의 부사(구)와는 같이 쓸 수 없다.

◀ Grammar Link 과거시제와 현재완료(계속)

과거시제: 과거의 일
I **had** a fever last week.

현재완료: 현재 여전히 사실인 일
I **have had** a fever for two days.

〈과거〉　　　　〈현재〉　　　　　〈과거〉　　　　〈현재〉

▶ 계속: '((과거)부터 지금까지) ~해왔다'란 의미이며 과거 일이 **현재도 계속**되고 있음을 나타낸다.
같이 자주 쓰이는 부사(구)로는 for ~ 동안 / since ~부터 / all day 온종일 / how long ~? 얼마 동안~? /
always 늘 / so far 지금까지 등이 있다.

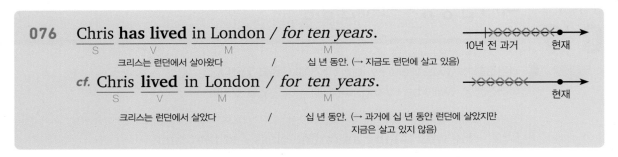

076 Chris **has lived** in London / *for ten years.*
　　　 S　　　 V　　　　　 M　　　　　　 M
　　　크리스는 런던에서 살아왔다　　/　　십 년 동안. (→ 지금도 런던에 살고 있음)
　　　　　　　　　　　　　　　　　　　　　　　10년 전 과거　　　현재

cf. Chris **lived** in London / *for ten years.*
　　　 S　　　 V　　　 M　　　　　　 M
　　　크리스는 런던에서 살았다　　　/　　십 년 동안. (→ 과거에 십 년 동안 런던에 살았지만
　　　　　　　　　　　　　　　　　　　　　　　　　　　　　지금은 살고 있지 않음)
　　　　　　　　　　　　　　　　　　　　　　　　　　　　　　　현재

077 He's **been** sick with a stomachache *since this morning.*

078 We **have felt** full *all day* after a heavy breakfast.

079 A: *How long* **have** you **known** Mr. Harris?

　　　 B: *For three years.*

경험: '~한 일이 있다, ~해봤다'란 의미이며, 과거에 어떤 일을 한 경험을 **현재 가지고 있음**을 나타낸다.
같이 자주 쓰이는 부사(구)로는 ever 언젠가 / never 한 번도 ~않다 / before 전에 / once 한 번 /
~ times ~ 번 등이 있다.

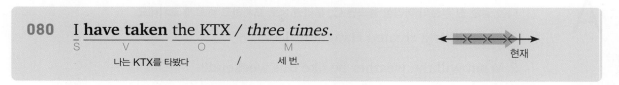

080 I **have taken** the KTX / *three times*.
S   V   O   M
나는 KTX를 타봤다   /   세 번.
현재

081 A: **Have** you *ever* **eaten** at that restaurant?

B: Yes, I**'ve eaten** there *once*.

082 A: Do you know much about Bruce?

B: No, I don't. I **have** *never* **talked** with him.

083 I **have ridden** a roller coaster *before*, but I didn't like it.

완료: '막 ~했다'를 의미한다. 과거에 시작한 행동을 **막 끝냈음**을 나타낸다.
같이 자주 쓰이는 부사로는 just 방금 / now 지금 / recently 최근에 / already 이미, 벌써 / yet 아직, 벌써
등이 있다.

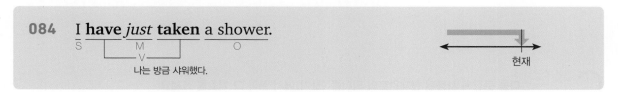

084 I **have** *just* **taken** a shower.
S   M   O
V
나는 방금 샤워했다.
현재

085 He **has completed** his work *now*.

086 **Have** they **arrived** *already*? I'm still not dressed!

087 Some of the best days of our lives **haven't happened** *yet*.

088 I **have spent** all my pocket money.

Chapter Exercises 02

A

다음 밑줄 친 부분이 어법상 옳으면 ○, 틀리면 ×로 표시하고 바르게 고치세요.

1 King Sejong <u>created</u> Hangul in 1443.

2 What <u>will the weather be</u> like this weekend?

3 He <u>was</u> an architect since 2000. He will retire next year.

B

다음 문장의 밑줄 친 부분이 실제로 나타내는 때를 〈보기〉에서 골라 그 기호를 쓰세요.

 ⓐ 과거　　　　ⓑ 현재　　　　ⓒ 미래

1 I <u>feel</u> much better this morning.

2 <u>I'm taking</u> the subway to Seoul Station on that day.

3 The museum <u>closes</u> in thirty minutes.

4 Last night I <u>had</u> a good night's sleep.

5 Soon Tim <u>is going to swim</u> every morning for his health.

C

다음 문장에 사용된 현재완료의 의미를 〈보기〉에서 골라 그 기호를 쓰세요.

 ⓐ 계속: ~해왔다　　　ⓑ 경험: ~한 일이 있다, ~해봤다　　　ⓒ 완료: 막 ~했다

1 I have visited Jeju-do many times before.

2 My father has worked for a bank for over 20 years.

3 The band has just released a new album.

4 My homeroom teacher has always been kind to me.

A 3 architect 건축가 *cf.* architecture 건축학　retire 은퇴하다, 퇴직하다　**B 4** have a good night's sleep 잠을 푹 자다, 숙면을 취하다　**C 3** release 발표하다; 풀어주다　**4** homeroom teacher 담임 선생님

CHAPTER

03

동사에 의미를 더하는 조동사

Chapter Overview

조동사(Helping[Auxiliary] verbs)는 말 그대로 '도와주는 동사'라는 뜻이다.

*조동사의 '조'는 '도울 조(助)'인데, '조언, 원조, 보조' 등의 말에도 쓰인다.

조동사는 〈조동사+동사원형〉의 형태로 '동사구'를 만든다.

He **can play** the violin. 그는 바이올린을 연주할 수 있다.

    can **plays** (×)

    cans play (×)

조동사는 여러 다양한 역할로 동사를 돕는데, 이 챕터에서는 그중에서도 동사에 의미를 더해주는 조동사 can, may, must 등에 대해 학습한다.

He **runs** fast. 그는 빨리 달린다.

He **can run** fast. 그는 빨리 달릴 수 있다.   〈능력〉

He **may run** fast. 그는 빨리 달릴지도 모른다.   〈추측〉

He **must run** fast. 그는 빨리 달려야 한다.   〈의무〉

그런데 이 조동사들은 마치 다의어처럼 여러 의미를 나타낼 수 있다. 그러므로 정확히 어떤 의미로 쓰인 것인지를 알려면 문맥을 잘 살펴야 한다.

Chapter Goals

문장에 쓰인 조동사의 의미를 파악하여 바르게 해석할 수 있다.

Must-know Words & Lexical Phrases

UNIT 12

UNIT 13

UNIT 14

can / may

can과 may가 나타낼 수 있는 다양한 의미를 알아보자.

◖ can은 현재나 미래의 능력, could는 과거의 능력을 나타낸다. be able to로 바꿔 쓸 수 있다.

089 = am able to
I **can** run 100 meters / in 15 seconds.
S 조동사 동사원형   O   /   M
나는 100미터를 달릴 수 있다   /   15초 안에.

조동사는 원래 다른 조동사와 겹쳐 쓸 수 없다. 그러므로 미래의 능력(~할 수 있을 것이다)은 will can이 아니라 will be able to로 나타낸다. (*will* can (×))

can / cannot[can't]	~할 수 있다 / ~할 수 없다	am[are, is] able to / am[are, is] not able to, am[are, is] unable to
could / could not[couldn't]	~할 수 있었다 / ~할 수 없었다	was[were] able to / was[were] not able to, was[were] unable to
–	~할 수 있을 것이다 / ~할 수 없을 것이다	will be able to / *won't be able to, will be unable to

*won't는 will not의 줄임말이다.

090 She **can't** see anything without her glasses.

091 Mozart **could** write music from the age of 4.

092 I **couldn't** understand the concept of the theory.

093 Soon, drones **will be able to** deliver packages to your house.

◖ 주로 대화 상황에서 can, could, may는 '허락, 제안, 요청'을 의미할 수 있다. 이때의 could는 can보다 더 정중한 표현일 뿐 '과거'가 아니므로 '과거'로 해석하지 않도록 주의해야 한다. can에 not이 붙어 '금지'를 나타낼 수 있다.

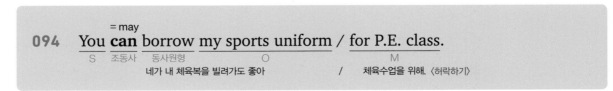

can / may = ~해도 된다

094 = may
You **can** borrow my sports uniform / for P.E. class.
S 조동사 동사원형   O   /   M
네가 내 체육복을 빌려가도 좋아   /   체육수업을 위해. 〈허락하기〉

can, may	～해도 된다[좋다] 〈허락하기〉
Can[Could, May] I ~?	～해도 될까요? 〈허락 구하기〉; ～해드릴까요? 〈제안〉
I can[could]	～해드릴 수 있어요 〈제안〉
Can[Could] you ~?	～해주시겠어요? 〈요청〉
cannot[can't]	～해서는 안 된다 〈금지〉

*may not은 주로 '～아닐지도 모른다'의 뜻

095 **Can I** use your pen? I'll give it back after class.

096 You look tired. **I can** drive you home.

097 **Can you** hold the umbrella over me?

098 Students **can't** use calculators during the exam.

Check up .... ● 천일비급 p.23

다음 문장에서 밑줄 친 조동사의 의미를 〈보기〉에서 골라 그 기호를 쓰세요.

| 보기 | ⓐ 능력: ～할 수 있다/～할 수 없다 | ⓑ 허락: ～해도 된다 | ⓒ 금지: ～해서는 안 된다 |

1 I <u>can</u> hold my breath for 30 seconds under water.

2 You <u>can't</u> park your bike here. This is a no-parking zone.

3 You <u>may</u> use the swimming pool and sauna in this hotel.

현재나 미래의 가능성, 추측: may, might, could ～일지도 모른다 / cannot ～일 리가 없다
특히 might, could는 모양은 과거형이지만 의미는 '현재나 미래'이므로 '과거'로 해석하지 않도록 주의하자.

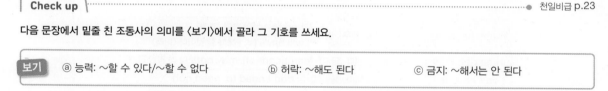

099 The rules (of the game) / **may** be difficult.
　　　　S　　　　　　　　　　조동사+동사원형　　C
　　규칙들은　　　(그 게임의)　/　　어려울지도 모른다.

100 My father didn't answer the phone. He **might** be driving.

101 White nails **could** be a sign of a liver problem.

102 That restaurant **cannot** be good. It's always empty.

must / should

기본적으로 '의무, 필요'를 뜻하며, 그 외에 '가능성, 추측' 등을 나타낼 수 있다.

❙ must는 피할 수 없는 의무를 '~해야 한다'고 강하게 말하는 표현이다. have to로 바꿔 쓸 수 있으며 미래는 will have to로 쓴다. (*will* must (×)) 그러나 must와 have to에 not이 붙어 must not과 don't have to가 되면 둘의 의미가 서로 달라지므로 주의해야 한다.

must
= have to = ~해야 한다

> **103** I borrowed a book / from the library.
> S   V   O   M
> 나는 책을 빌렸다   /   도서관에서.
>
> I **must** return it / by next Thursday.
> S 조동사 동사원형 O   M
> 나는 그것을 반납해야 한다 / 다음 주 목요일까지. 〈의무·필요〉

must, have to	~해야 한다 〈의무·필요〉	*had to ~해야 했다 〈과거〉 will have to ~해야 할 것이다 〈미래〉
must not	~해서는 안 된다 〈금지〉 *can't[cannot], may not보다 더 강한 금지	
don't have to	~할 필요가 없다 〈불필요〉 (= don't need to, need not)	

104 I'm not ready to go. I still **have to** brush my teeth.

105 Your password **must not** include your personal information.

106 A: **Do** I **have to** write down my name in this survey?

B: No, You **don't have to** do that.

❙ must가 강하게 확신하는 추측을 나타낼 때는 '~임이 틀림없다, 틀림없이 ~일 것이다'로 해석한다. 반대 의미는 cannot(~일 리가 없다)으로 나타낸다.

> **107** You **must** be tired / after your long trip.
> S 조동사 동사원형 C   M
> 너는 틀림없이 피곤할 것이다 / 긴 여행 이후에. 〈강한 확신〉
> ↔ You **cannot** be tired. 너는 피곤할 리가 없다.

must = ~임이 틀림없다
↕
cannot = ~일 리가 없다

108 She **must** be happy with our present.

should는 must, have to보다 가벼운 정도의 의무를 나타낸다. '~하는 것이 좋다'란 의미로 충고, 조언할 때도 쓴다.

> **109** I have a runny nose / and a sore throat. I **should** go see a doctor.
> S V O₁ O₂ S 조동사 동사원형 O
> 나는 콧물이 나고 / 목이 아프다. 나는 의사를 보러(병원에) 가는 것이 좋겠다.

ought to도 should와 거의 같은 의미로 쓰인다. had better는 좀 더 강한 어조의 충고라서 '경고. 명령, 지시'의 느낌을 준다. had가 있지만 과거를 나타내는 것이 아니다.

should	~해야 한다. ~하는 것이 좋다 (= ought to)
should not	~해서는 안 된다 〈금지〉
had better	~하는 편이 더 좋다 *보통 'd better로 줄여 쓴다.
had better not	~하지 않는 게 낫다 〈금지〉 *보통 'd better not으로 줄여 쓴다.

110 You **ought to** apologize to her. She is really angry at you.

111 She **should not** eat too late at night. It is not good for her health.

112 We **had better** stop and get some rest.

113 You**'d better not** wear that jacket. It is quite warm today.

Check up 천일비급 p.25

다음 문장의 네모 안에서 문맥상 알맞은 것을 고르세요.

1 You must / must not tell anyone about this. It's a secret.

2 It's a little cold in here. We should / should not turn on the heater.

3 You must not / don't have to introduce me to Sally. We've already met before.

4 You had better / had better not slow down. There is a speed limit on this road.

5 He doesn't have to / cannot be rude. He is always nice to the elderly.

UNIT 13 will / would / used to

will은 미래시제에 쓰이는 외에 주로 대화에서 '요청, 제안'을 나타낼 수 있다.
would, used to는 과거의 습관, 반복된 행동을 나타내기도 한다.

◖ 요청, 제안: Will[Would] you ~? ~해주시겠어요?
이때도 역시 would는 will보다 더 정중하고 공손한 표현일 뿐이므로 '과거'로 해석하지 않도록 주의해야 한다.

> **114** **Will you** open the window / for me?
> 조동사 S 동사원형 O M
> 창문을 열어주시겠어요 / 저를 위해?
>
> **115** **Would you** join us for dinner / at our home / tomorrow?
> 조동사 S 동사원형 O M M M
> 저희와 함께 저녁 식사를 하시겠어요 / 저희 집에서 / 내일?

would가 들어가는 다음과 같은 관용표현들에 대해서도 잘 알아두자.

would like	~을 원한다 *보통 'd like로 줄여 쓴다. want보다 정중한 표현이다.
would like to-v	~하고 싶다, ~하는 것이 좋겠다 *보통 'd like to-v로 줄여 쓴다.
Would you like (to-v) ~?	~하시겠습니까? 〈요청, 제안〉
Would you like A to-v ~?	A가 ~해드릴까요? 〈제안〉
would rather A (than B)	(B하는 것보다) A하는 것이 좋겠다 *보통 'd rather로 줄여 쓴다.
would rather not ~	~하지 않는 것이 좋겠다 *보통 'd rather not으로 줄여 쓴다.

116 A: **Would you like** a cup of coffee or tea?

B: Coffee, please.

117 I**'d like to** learn more about using this app.

118 She isn't here. **Would you like to** leave her a message?

119 **Would you like me to** help you with the housework?

120 A: **Would you like to** go to see a movie with me tonight?

B: No, I think I**'d rather** stay at home.

would와 used to는 모두 '과거의 습관, 반복된 행동(~하곤 했다)'을 나타낼 수 있다.

would와 달리, used to는 '과거의 상태(예전에는 ~였다)'도 나타낼 수 있다. 과거시제로 표현하면 단순히 과거 사실을 전달하는 것이지만 used to는 현재는 더 이상 아니라는 뜻까지 포함한다.

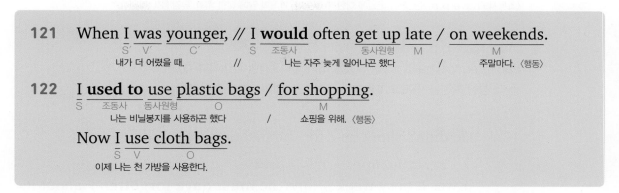

121 When I was younger, // I **would** often get up late / on weekends.
S′ V′ C′ S 조동사 동사원형 M M
내가 더 어렸을 때. // 나는 자주 늦게 일어나곤 했다 / 주말마다. 〈행동〉

122 I **used to** use plastic bags / for shopping.
S 조동사 동사원형 O M
나는 비닐봉지를 사용하곤 했다 / 쇼핑을 위해. 〈행동〉

Now I use cloth bags.
S V O
이제 나는 천 가방을 사용한다.

123 It **used to** be a beautiful place before all the graffiti.

*graffiti (공공장소에 하는) 낙서, 그래피티

TIP used to가 들어간 비슷한 형태의 다른 의미 표현과 혼동하지 않도록 주의해야 한다.

● be used to-v: v하는 데 사용되다
  e.g. The tool **was used to fix** the shelf. 그 도구는 선반을 **고치는** 데 사용되었다.
● be used to v-ing[명사]: ~하는 것[명사]에 익숙하다
  e.g. Julia **is used to eating** spicy food. 줄리아는 매운 음식을 **먹는** 데 익숙하다.

Check up ....●천일비급 p.26

다음 문장에서 밑줄 친 조동사의 의미를 〈보기〉에서 골라 그 기호를 쓰세요.

보기 ⓐ 요청, 제안: ~해주시겠어요? ⓑ 과거의 습관, 반복된 행동: ~하곤 했다

1 My grandmother <u>would</u> drink a cup of tea in the morning.

2 <u>Would</u> you tell me about yourself?

조동사+have p.p.

〈조동사+have p.p.〉는 '과거의 일에 대한 추측'이나 '과거의 일에 대한 후회, 유감'을 나타낸다.

◖ must have p.p.: ~했음이 틀림없다 〈강한 긍정적 추측〉
can't[cannot] have p.p.: ~했을 리가 없다 〈강한 부정적 추측〉
둘 다 강한 확신을 가지고 추측하는 것이지만, 의미는 대조적이다.

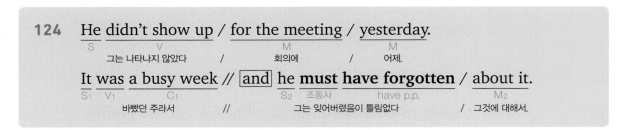

124 He didn't show up / for the meeting / yesterday.
　　　S　　V　　　　　　　　　　　M　　　　　　M
　　　그는 나타나지 않았다　　　/　　회의에　　/　　어제.

It was a busy week // and he must have forgotten / about it.
S₁　V₁　　C₁　　　　　　S₂　조동사　　have p.p.　　　M₂
바빴던 주라서　　　//　　　　그는 잊어버렸음이 틀림없다　　/　　그것에 대해서.

125 Minji didn't answer my text message. She **must have been** in class.

126 He **can't have slept** through all the noise.

◖ may[might, could] have p.p.: (어쩌면) ~했을 수도 있다, ~했을지도 모른다

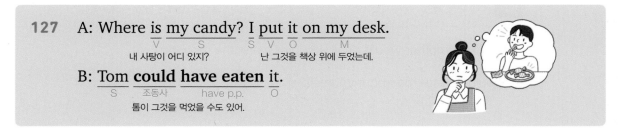

127 A: Where is my candy? I put it on my desk.
　　　　　V　　　S　　　　S　V　O　　M
　　　　내 사탕이 어디 있지?　　난 그것을 책상 위에 두었는데.

B: Tom **could have eaten** it.
　　S　조동사　　have p.p.　O
　　톰이 그것을 먹었을 수도 있어.

128 Ann didn't look very well. She **may have been** ill.

129 His chair is empty. He **might have gone** to the bathroom.

should have p.p.: ~했어야 했는데 (하지 않았다) 〈과거에 하지 않은 일에 대한 후회〉
shouldn't have p.p.: ~하지 말았어야 했는데 (했다) 〈과거에 한 일에 대한 후회〉
I, we가 주어이면 과거의 일에 대한 '후회', 다른 인칭이 주어이면 '유감, 비난'을 나타낸다.

130 <u>The file</u> <u>disappeared</u>. <u>I</u> <u>**should**</u> <u>**have saved**</u> <u>it</u>.
　　　　 S　　　　 V　　　　 S　 조동사　　 have p.p.　　 O
　　　　 파일이 사라졌다.　　　　　 나는 그것을 저장했어야 했는데.
　　　　　　　　　　　　　　　　　 (→ 저장하지 않아서 후회스럽다.)

131 You **should have practiced** the presentation more.
You made many mistakes.

132 I **shouldn't have bought** the smartphone case.
My friend gave me the same one.

133 He **shouldn't have played** games all night. He keeps dozing off.

Check up .... ● 천일비급 p.27

다음 문장의 네모 안에서 문맥상 알맞은 것을 고르세요.

1 A: How was the concert last night?
　 B: It was great! You should come / should have come .

2 Their chemistry experiment failed. They must have followed / cannot have followed the wrong procedures.

3 A: Our family went on a camping trip last week.
　 B: That must have been / should have been fun!

4 This restaurant is full of people. We must have made / should have made a reservation.

A 다음 밑줄 친 부분이 문맥상 옳으면 ○, 틀리면 ✕로 표시하고 바르게 고치세요.

1 The doorbell is ringing. It <u>might</u> be Cindy.

2 A: Must we go to the station now?
　　B: No, we <u>cannot</u>. There's still enough time.

3 You <u>shouldn't</u> play musical instruments at night.

4 I have a stomachache. I <u>should have eaten</u> so much.

B 다음 문장에서 밑줄 친 부분의 의미를 〈보기〉에서 골라 그 기호를 쓰세요.

 보기 | ⓐ 능력: ~할 수 있다　　ⓑ 허락: ~해도 된다　　ⓒ 추측: ~임이 틀림없다　　ⓓ 의무: ~해야 한다

1 You <u>have to</u> create your life. You <u>have to</u> carve it, like a sculpture.

2 A: <u>May</u> I have your name, please?
　　B: My name is Tony Jackson.

3 He solved a very difficult science question. He <u>must</u> be a genius.

4 He practiced hard, so he <u>was able to</u> sing the song perfectly.

C 〈보기〉의 표현을 한 번씩 사용하여 괄호 안의 동사를 문맥상 알맞게 바꿔 쓰세요.

보기 | should have p.p.　　may have p.p.　　had better　　may

1 It's too late for the movie. We (arrive) _____ thirty minutes ago.

2 A: How about this book for his birthday present?
　　B: He (read) _____ it. Let's choose another book.

3 I (ask) _____ the doctor about the pain in my knee.

4 You finished your test, so you (leave) _____ the room.

A 3 musical instrument 악기 *cf.* instrument 기구　**4** stomachache 복통　**B 1** carve 조각하다　sculpture 조각(품)　**3** genius 천재　**C 3** pain 통증, 고통 knee 무릎

CHAPTER 04

주어와 동사의 관계를 보여주는 태

Chapter Overview

주어가 동작을 하는 것인지 받거나 당하는 것인지를 표현하는 **동사 형태**를 태(Voice, 態)라 한다.

A(the girl)가 B(the ball)에게 어떤 동작을 할 때(A→B), 대개 A를 주어로 나타내지만, 태를 바꾸어 B를 주어로 나타낼 수도 있다.

동작을 하는 A를 주어로 할 때는 지금까지 배운 대로 동사를 표현하면 된다. 이런 동사 형태를 능동태 (Active Voice)라 한다. '주어가 그 동작을 하는 것(능동)'을 표현하는 동사 형태란 의미이다.

The girl **hit** the ball. 소녀가 공을 쳤다.
A ⟶ B
능동태

B를 주어로 할 때는 동사 형태가 달라져야 한다. B는 A가 하는 동작을 받거나 당하는 것이다. 이를 나타내는 동사 형태를 수동태(Passive Voice)라 하며, 기본 형태는 〈be+과거분사(p.p.)〉이다.

The ball **was hit** by the girl. 공이 소녀에 의해 쳐졌다.
B ⟵ A
수동태

Chapter Goals

1 문장의 동사 형태를 보고 주어가 동작을 하는 것인지 받거나 당하는 것인지를 알 수 있다.

2 수동태를 시제에 따라 적절히 표현할 수 있다.

3 구동사가 포함된 문장의 수동태를 바르게 표현할 수 있다.

4 목적어가 that절인 능동태 문장을 it을 이용하여 수동태 문장으로 바꿔 쓸 수 있다.

5 by 이외의 전치사를 쓰는 수동태 표현을 적절히 사용할 수 있다.

6 수동태 문장을 보고 능동태의 어떤 문형(SVO, SVOO, SVOC)을 수동태로 표현한 것인지 구별할 수 있다.

Must-know
Words &
Lexical
Phrases

UNIT 17 •

UNIT 18 •

UNIT 19 •

UNIT 15 주어가 동작을 받는 표현, be p.p.

수동태의 기본 형태는 〈be동사＋과거분사(p.p.)〉이고, '~되다, 당하다, 받다' 등으로 해석한다.
동작을 한 A는 〈by＋A〉의 형태로 표현되는데 생략하는 경우가 많다.

134 <u>A tree</u> **<u>was struck</u>** / by lightning.
　　　　 S　　　　 V　　　　　 전명구(by＋행위자)
　　　 나무 한 그루가 맞았다　 /　　 번개에.
　　　 (← Lightning struck a tree.)

수동태의 기본 형태에서 be동사는 주어의 인칭과 수, 그리고 시제에 맞춰 사용하면 된다.
be동사 뒤에 '동작'을 나타내는 동사의 과거분사형 p.p.가 이어진다.

	능동태 (~하다)	수동태 (~되다/당하다/받다)
현재시제	strike/strikes	am/are/is＋struck(p.p.)
과거시제	struck	was/were＋struck(p.p.)

135 These herbs **are watered** by my dad once a week.

136 A: What language **is spoken** in Singapore?

　　　 B: English **is** commonly **spoken**.

Check up · ● 천일비급 p.29

다음 문장의 네모 안에서 어법상 알맞은 것을 고르세요.

1 The garage | built / was built | by his father.

2 My brother | took / was taken | this photo during our trip to Vietnam.

3 Neptune | discovered / was discovered | in 1846.

*Neptune 해왕성

TIP 〈by＋명사(구)〉의 해석

전치사 by는 다양한 뜻을 가지고 있으므로 수동태 문장의 〈by＋명사(구)〉 해석에 주의해야 한다.
e.g. The purse was found **by her bed**.　핸드백은 **그녀의 침대 옆에서** 발견되었다.
　　　　　　　　　　　 = beside
　　 The work will be finished **by 7 o'clock**.　그 일은 **7시까지는** 완료될 것이다.
　　　　　　　　　　　　　 = at 또는 before

시제 형태에 주의할 수동태

미래를 나타내는 will을 포함하여 조동사가 쓰이거나 동사가 진행형, 완료형일 때 동사 형태와 해석에 유의하자.

137 We **will be guided** / by an expert / in the Folk Village.   *Folk Village 민속촌
     S   V(조동사+be p.p.)   전명구(by+행위자)   M
     우리는 안내받을 것이다   /   전문가에 의해   /   민속촌에서.

138 My favorite song / **is being played** / on TV.
        S   V(진행형+be p.p.)   M
     내가 가장 좋아하는 노래가 /   연주되고 있다   / TV에서.

139 All the tickets / **have** already **been sold**.
        S   V(현재완료+be p.p.)
     모든 티켓이   /   이미 팔렸다.

1. will을 포함한 모든 조동사와 be going to는 be p.p. 앞에 그대로 둔다.
2. 진행형(be v-ing)은 **v-ing**가 **being p.p.**로 된다.
3. 현재완료형(have/has p.p.)은 **p.p.**가 **been p.p.**로 된다.

	능동태	수동태
will be going to	will **guide** 안내할 것이다 be going to **guide** 안내할 것이다	will **be guided** 안내받을 것이다 be going to **be guided** 안내받을 것이다
현재진행	am/are/is **guiding** 안내하고 있다	am/are/is **being guided** 안내받고 있다
과거진행	was/were **guiding** 안내하고 있었다	was/were **being guided** 안내받고 있었다
현재완료	have/has **guided** 안내해왔다	have/has **been guided** 안내받아왔다

*기타 다른 시제들은 수동태로 쓰이는 경우가 드물다.

140   More information **can be found** on our website.

141   Your order **is going to be delivered** by Thursday.

142   The computer **isn't being used** now.

143   Garlic **has been used** as food and medicine for centuries.

Check up .... ● 천일비급 p.30

다음 문장의 밑줄 친 부분을 알맞게 해석하세요.

1 Children <u>must be protected</u> from danger.

→ 아이들은 위험으로부터 _____.

2 The flea market <u>is being held</u> now.

→ 벼룩시장이 지금 _____.

주의해야 할 수동태

시제 형태 외에도 주의해야 하는 여러 수동태 문장에 대해 알아보자.

❙ laugh at, look forward to 등의 구동사는 수동태에서도 하나의 덩어리로 표현된다.

He **laughed at** my idea.　　　　그는 내 아이디어를 비웃었다.

My idea **was laughed at** by him. 내 아이디어는 그에 의해 비웃음을 받았다.

144　The musical / **is looked forward to** / by music lovers.
　　　　　　　S　　　　　　　　　　V　　　　　　　　　　전명구(by + 행위자)
　　　그 뮤지컬은　/　　기대된다　　/　음악 애호가들에 의해.

---

laugh at	~을 비웃다	make fun of	~을 비웃다
look forward to	~을 기대하다	take care of	~을 돌보다
look after	~을 돌보다	run over	(차가) ~을 치다
bring up	~을 기르다	ask for	~을 요청하다
look up to	~을 존경하다	put off	~을 미루다
send in	~을 제출[발송]하다	bring about	~을 유발하다[초래하다]

145　The baby pandas **will be taken care of** by a special team.

천일비급 p.30

┌ **Check up** ┐

다음 밑줄 친 부분이 어법상 옳으면 ○, 틀리면 ×로 표시하고 바르게 고치세요.

1 The politicians were made fun of the cartoonist.

2 The application should be sent in by the end of the month.

❙ 〈It is said[thought, believed] that ~ 〉 형태의 문장은 능동태 문장의 동사가 say, think, believe이고 목적어가 that절인 문장을 수동태로 바꾼 것이다. that절을 수동태의 주어 자리에 놓지 않고 대신 가주어 It을 이용한다. by ~는 거의 생략된다.

능동태: People[They] say that ~. 사람들은 ~라고들 말한다.
　　　　　　　　　　　　O
　　　　That ~ is said by people.
　　　　　　S
수동태:　　　 = **It** is said that ~. (사람들은) ~라고들 말한다.

that ~라고 하더라

146　**It** is thought // that robots will play a key role / in medical care.
　　　　S(가주어)　　V　　　　　　S'　　　V'　　　　O'　　　　　　　　　M'
　　　~라고들 생각한다　//　로봇이 중요한 역할을 할 것이라고　/　의료 서비스에서.
　　　(← People think that robots will ~.)

---

147 In Korean culture, **it** is believed that crows bring bad news. *crow 까마귀

수동태가 '감정'이나 '상태' 등을 나타낼 때 by 이외에 다른 전치사가
사용되기도 한다. 주로 우리가 숙어로 알아두는 것들이다.

by 이외의 전치사를 쓰는 수동태 표현

● 감정

be interested **in**	~에 흥미[관심]가 있다	be satisfied **with**	~에 만족하다
be surprised **at[by]**	~에 놀라다	be disappointed **at[with, by]**	~에 실망하다
be worried **about**	~에 대해 걱정하다	be scared **of**	~을 두려워하다
be pleased **with**	~에 대해 기뻐하다	be excited **about**	~으로 들뜨다

● 상태

be covered **with[in, by]**	~으로 덮여 있다	be known **as**	~로 알려져 있다 ((명칭, 별칭 등))
be engaged **in**	~에 종사하고 있다	be known **to**	~에게 알려져 있다
be filled **with**	~로 가득 차 있다	be known **for**	~로 알려져 있다[유명하다]
be caught **in**	(비 따위를) 만나다	*cf.* be known **by**	~에 의해 알 수 있다
be related **to[with]**	~와 관련이 있다		

---

148 <u>She</u> **is** very much **interested** / **in** music and sports.
     S   V   M(전명구)
       그녀는 아주 많이 흥미가 있다   /   음악과 스포츠에.

---

149 I **am** often **surprised at** the special effects in movies.

150 This monthly magazine **is filled with** information for teenagers.

151 Golden Retrievers **are known for** their gentle personalities.

Check up ·· ● 천일비급 p.31

다음 문장의 네모 안에서 어법상 알맞은 것을 고르세요.

1 About 70% of the earth's surface is covered with / at water.

2 Table tennis is also known as / by *ping-pong*. *table tennis 탁구

3 Many fans were disappointed for / with his poor performance.

UNIT 18 주어+be p.p.+목적어

SV+IO+DO문형은 목적어가 두 개이므로, 목적어 중 하나를 주어로 하여 수동태로 표현하고 남은 목적어는 p.p. 뒤에 그대로 둔다. 동사에 따라 다른 점이 있으므로 좀 더 자세히 알아보도록 하자.

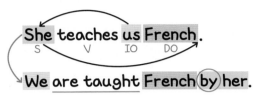

◖ SV+IO+DO문형을 SVO문형으로 표현할 때 〈to/of+간접목적어〉 형태가 되는 동사들은 대부분 간접목적어 인 IO를 주어로 하는 수동태로 표현한다. 직접목적어인 DO를 주어로 할 때는 IO 앞에 to/of를 써준다.
  ● give, show, bring, tell, send, lend, teach, offer, pay, promise, sell, throw, ask 등

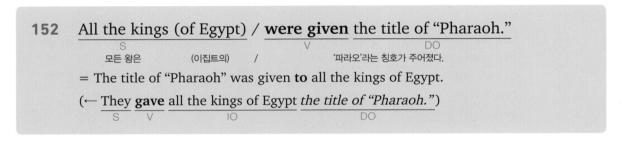

153 We **were shown** a documentary on penguins at school.

◖ SV+IO+DO문형을 SVO문형으로 표현할 때 〈for+간접목적어〉 형태가 되는 동사들은 일반적으로 DO를 주어 로 하여 수동태로 바꾸고 IO 앞에 for를 써준다. IO를 주어로 하는 수동태 문장은 의미가 어색해서 쓰지 않는다.
  ● make, buy, find, get, leave, choose, keep, cook, order 등

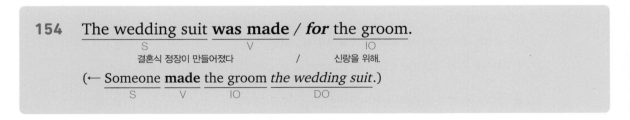

155 This used bike **was bought** *for* me by my mom.

UNIT 19

주어+be p.p.+명사/형용사 보어

SVOC문형은 목적어를 주어로 하여 수동태로 표현하고 남은 보어는 p.p. 뒤에 그대로 남겨 〈주어+be p.p.+보어〉의 형태가 된다.

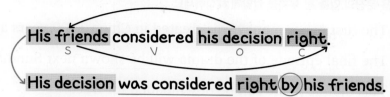

His friends considered his decision right.

S   V   O   C

His decision was considered right by his friends.

---

156 The scoring process / **should be made** *clear*.

   S   V   C

   채점 과정은   / 명확하게 만들어져야 한다

(← They **should make** the scoring process *clear*.)

   S   V   O   C

---

157 Jeju-do **has been called** *Samdado*.

158 He didn't know the answer to the question, so the blank **was left** *empty*.

> **Check up** .... ● 천일비급 p.32

다음 우리말과 일치하도록 괄호 안의 어구를 활용하여 빈칸을 완성하세요. (필요하면 어형 변화 가능)

1 그들의 약혼은 최근까지 <u>비밀로 유지되었다</u>. (keep, secret, have been)

→ Their engagement _____ until recently.

2 그 갓난아기는 <u>부모에 의해 엘사라고 이름 지어졌다</u>. (name, be, by, Elsa, her parents)

→ The newborn baby _____.

A 다음 문장의 밑줄 친 부분을 알맞게 해석하세요.

1 The first paper money <u>was created</u> in China 1400 years ago.

2 The final episode of the drama <u>will be shown</u> next Sunday.

3 This mobile game <u>can be downloaded</u> for free.

4 The book <u>is being read</u> widely by teenagers these days.

B 다음 문장의 빈칸에 알맞은 전치사를 〈보기〉에서 골라 쓰세요. (중복 사용 가능)

> 보기   in   with   at

1 The scientist was surprised _____ the results of the experiment.

2 I was caught _____ a shower on the way home.

3 I'm satisfied _____ the ending of the movie.

4 The shelves in his room were filled _____ history books.

5 My parents are engaged _____ the education field.

C 다음 능동태 문장을 수동태 문장으로 바꿔 쓰세요.

1 The woman served us hot cocoa.

→ We _____ by the woman.

2 You should not pronounce the final "b" in "bomb."

→ The final "b" in "bomb" _____.

3 People have called the foot the second heart.

→ The foot _____.

4 People say that the best revenge is massive success.

→ _____ the best revenge is massive success.

A 2 final 마지막의 episode (연속 프로의) 1회 방송분; 사건 3 for free 무료로 4 widely 널리 **B** 1 experiment 실험(하다) 2 shower 소나기; 샤워(하다) on the way (to) (~로) 가는 길에 4 shelf ((복수형 shelves)) 선반, 책꽂이 5 field 분야; 현장; 들판 **C** 1 serve 제공하다, 차려 내다 2 pronounce 발음하다; 선언하다 bomb 폭탄 4 revenge 복수 massive 큰, 대량의; 거대한

SPOKEN GRAMMAR 1

말하기 영어는 쓰기 영어의 문법과는 다른 점이 있다.
생략이 더 많이 일어나는데, 주로 관사, 인칭대명사, be동사, 대명사,
there is[are] 등과 같이 말할 때 강세가 주어지지 않는 문장의 첫 부분이
생략된다.

- Bus is late again. (←**The** bus is ~.)
- You talking to me? (←**Are** you talking ~?)
- Careful what you download. (←**Be** careful what ~.)
- Won't work. (←**It** won't work.)
- Couldn't understand his saying. (←**I** couldn't ~.)
- Know what I mean? (←**Do** you know what ~?)
- No reason to do that. (←**There is** no reason ~.)

1234

동사의 또 다른 활용, **준동사**

우리말에서 동사 '~하다'를 '~하기, ~하는, ~하게' 등으로 바꿔 사용할 수 있듯이,
영어에서도 역할에 따라 동사의 모양을 바꿀 수 있다. 이때 동사는 to-v(to부정사) / v(원형부정사) /
v-ing(동명사, 현재분사) / p.p.(과거분사)의 모양이 되며, 이들을 묶어 '준동사'라 한다.

CHAPTER

05

명사 역할을 하는
to-v, v-ing

Chapter Overview

to부정사(to-v)나 동명사(v-ing)는 대부분 뒤에 딸린 어구가 있으므로 이를 to부정사구, 동명사구라 한다.
이들은 '명사'처럼 '주어, 목적어, 보어' 자리에 올 수 있다.
문장에서 명사 역할을 하므로 명사구라고도 한다.

Following your dream is important. 네 꿈을 따르는 것은 중요하다.
<u>명사구 주어</u>

I want **to have some coffee**. 나는 커피를 마실 것을 원한다.
<u>명사구 목적어</u>

His job is **to teach English**. 그의 직업은 영어를 가르치는 것이다.
<u>명사구 보어</u>

> to-v
> v-ing ⟹ **"명사"**

to부정사나 동명사는 똑같이 '명사' 역할을 하므로 어느 것을 써도 괜찮은 경우가 있지만,
반드시 어느 한 가지만 써야 하는 경우나 의미에 차이가 있는 경우를 잘 구별해서 알아둬야 한다.

Chapter Goals

1 각 문장에서 준동사의 역할(주어, 목적어, 보어)이 무엇인지를 말할 수 있다.

2 동사에 따라 목적어로 to-v를 취하는지 v-ing를 취하는지를 판단할 수 있다.

3 목적어로 to-v, v-ing를 둘 다 취하는 동사의 의미 차이를 구별하여 해석할 수 있다.

Must-know
Words &
Lexical
Phrases

UNIT 20

159 listen to A A를 듣다, A에 귀를 기울이다

  opinion 의견[견해], 생각

  require 필요하다; 요구하다

  patience 인내심

  cf. **patient** 인내심 있는; 환자

160 place A on B A를 B에 두다

  cucumber 오이

  sunburn 햇볕으로 입은 화상

  effective 효과적인; (법률 등이) 시행되는

  cf. **effectively** 효과적으로

161 take a break 휴식을 취하다

  regular 규칙적인, 정기적인

  cf. **regularly** 규칙적으로

  exercise 운동(하다); 연습

  lead to A (결과적으로) A로 이어지다

  tiredness 피로 (=fatigue); 권태

[Check up]

  waste 낭비(하다)

  take care of ~을 돌보다

  task 일, 과업

163 let O v O가 v하도록 허용하다[내버려두다]

  spoil 망치다; (음식이) 상하다; (아이를) 버릇없게 키우다

164 consume 마시다, 먹다; 소비하다

165 essential 필수적인; 근본적인

  challenge 도전(하다); 이의를 제기하다

  scientific 과학적인

  theory 이론, 학설

[Check up]

  seaweed (김 · 미역 등의) 해조, 해초

  custom 풍습, 관습

UNIT 21

167 make friends 친구를 사귀다, 친구가 되다

169 abroad 해외로

⑦ **aboard** (배·기차 등에) 탄, 탑승한

171 change seats with ~와 자리를 바꾸다

172 lie down (자거나 쉬려고) 누워 있다, 눕다

Check up

trade 교역(하다); 주고받다, 교환하다

fairly 공정[타당]하게; 상당히, 꽤

selfish 이기적인, 제멋대로의 (↔ selfless 이타적인)

senior (고교의) 졸업반의; 상급생; 연장자

apply to (학교·회사 등)에 지원하다

cf. **apply for** (일자리)에 지원하다; (여권 등을) 신청하다

persuade 설득하다; 납득시키다

client 고객, 의뢰인

identification card 신분증 (= ID card)

cf. **identify** (신원을) 확인하다; 발견하다

participate in ~에 참가[참여]하다 (= take part in)

174 grade 성적, 학점; 학년; 등급

175 focus on ~에 집중하다[초점을 맞추다]

UNIT 22

176 along ~을 따라

177 essay 에세이, 과제물; 수필

178 chase 쫓다; 추구하다

179 provide 제공하다, 주다 (= supply)

180 charge 충전하다; (요금을) 청구하다

dead 다 닳은; 작동을 안 하는; 죽은

181 sunrise 일출, 해돋이 (↔ sunset 일몰, 해넘이)

184 result 결과

185 fever 열

take medicine 약을 먹다[복용하다]

Check up

somewhere 어딘가에(서)

work on A A를 진행하다; A에 노력을 들이다

UNIT 23

187 strategy 전략, 계획

189 give IO DO IO에게 DO를 주다

190 modern 현대(식)의; 근대의

conversation 대화

Check up

clerk 점원, 직원

product 제품, 상품

cf. **production** 생산(량)

at the moment 바로 지금 (= now)

UNIT 24

192 remain C 계속[여전히] C한 상태이다

silent 침묵하는; 조용한, 고요한

193 show IO DO IO에게 DO를 보여주다

Check up

blame A for B B에 대해 A를 탓하다[비난하다]

broken 깨진, 부서진; 고장 난

cf. **break(-broke-broken)** 깨다, 부수다

주어로 쓰이는 to-v와 v-ing

문장의 주어 자리에 to-v(to부정사)나 v-ing(동명사)가 오면 'v하는 것은, v하기는'으로 해석한다. 이들 주어는 단수인 것으로 생각하여 뒤에 단수동사를 쓴다.

to-v ~
v-ing ~
+ 단수동사

v하는 것은, v하기는

◗ to-v와 v-ing는 원래 동사에서 나온 것이므로 v가 목적어, 보어, 부사구 등을 이끌어 to부정사구, 동명사구를 만든다.

◀ **Grammar Link**   to-v / v-ing가 이끄는 어구

CHAPTER 01에서 배운 다섯 가지 문장 형태에서의 동사(V)와 같이, to-v나 v-ing의 v도 그 의미나 쓰임에 따라 뒤에 목적어, 보어, 부사구가 올 수 있다. 꼭 필요한 목적어나 보어가 빠지면 의미가 통하지 않는 불완전한 구조의 구가 되어버린다.

❶ **to work[working]** with her^{M'}   ← SV
❷ **to be[being] happy** at work^{M'}   ← SVC
❸ **to catch[catching] the train** on time^{M'}   ← SVO
❹ **to give[giving] you some advice**^{DO'}   ← SVOO
❺ **to think[thinking] him wise**^{C'}   ← SVOC

to-v구나 v-ing구 전체가 주어가 되는 하나의 명사구이므로 동사 앞에서 끊어 이해한다.

> **159** **To listen to** another's opinion / requires patience.
> _____S_____   ___V___ ___O___
>   다른 사람의 의견을 경청하는 것은   /   인내심을 필요로 한다.
>
> **160** **Placing** cucumbers on a sunburn / is effective.
> _____S_____   _V_ __C__
>   햇볕으로 입은 화상에 오이를 놓아두는 것은   /   효과적이다.

to-v, v-ing 앞에 not이나 never가 있으면 'v하지 않는 것은, v하지 않기는'으로 해석한다.

161 **Not taking** regular breaks during exercise can lead to tiredness.

┌─────────┐
│ **Check up** ┊·· ● 천일비급 p.35
└─────────┘

다음 문장의 네모 안에서 어법상 알맞은 것을 고르세요.

1 Reading such a book is / are not a waste of time.

2 To take care of babies is / are not an easy task.

to-v구가 주어인 경우, 대개 주어 자리에 it(가주어)을 쓰고 to-v구(진주어)는 문장 뒤로 보낸다.
이때 it은 해석하지 않고 진주어인 to-v구를 주어로 하여 해석한다.

To listen to another's opinion requires patience. ⇒ It requires patience to listen to ~.
↳ It

*v-ing구는 몇몇 관용표현(아래 Tip 참조)을 제외하고는 주어 자리에 그대로 쓴다.

---

162   It requires patience / to listen to another's opinion.
S(가주어)   V   O   S´(진주어)
(~은) 인내심을 필요로 한다   /   다른 사람의 의견을 경청하는 것은.

---

163   It is important **not to let** mistakes spoil your life.

---

to-v 앞에 for A가 있고 의미로 보아 A가 to-v의 동작을 하는 주어일 때 A를 to부정사의 '의미상의 주어'라
한다.

---

164   It is unhealthy / *for children* to consume caffeine.
S(가주어) V   C   의미상의 주어   S´(진주어)
(~은) 건강에 좋지 않다   /   어린이들이 카페인을 섭취하는 것은.

---

165   It is essential *for scientists to challenge* old scientific theories.

Check up .... ● 천일비급 p.35

다음 우리말과 일치하도록 괄호 안의 어구를 활용하여 영작하세요. (필요하면 단어 추가 및 어형 변화 가능)

1 새 언어를 배우는 것은 흥미로운 것 같다. (sound, a new language, learn, interesting)

→ It _____ .

2 생일에 미역국을 먹는 것은 한국의 풍습이다. (on one's birthday, seaweed soup, be, eat)

→ _____ a Korean custom.

TIP 〈it ~ v-ing〉 관용표현

● 〈It is no use v-ing〉: v해도 소용없다 (= It is of no use to-v)
  e.g. **It is no use crying** over spilt milk. = **It is of no use to cry** over spilt milk.
    엎질러진 우유에 **울어봐야 소용없다.** (→ 이미 엎질러진 물이다.)
● 〈It is worth v-ing〉: v할 가치가 있다
  e.g. **It is worth visiting** the museum. 그 박물관은 **방문할 가치가 있다.**

목적어로 쓰이는 to-v와 v-ing I

목적어로 to-v만 쓸 수 있는 동사와 v-ing만 쓸 수 있는 동사가 있으므로 잘 구별해서 알아두자.
전치사도 목적어를 가질 수 있다. 〈전치사+명사〉 형태에서 전치사 뒤의 명사가 전치사의 목적어이다. ◁ p.178

◖ to-v에는 원래 '미래'의 의미가 담겨있다.
그래서 동사의 목적어일 때 '미래' 의미를 담아 'v할 것을'로 해석한다.

want/expect/plan... + to-v
미래의 의미
(v할 것을)

◀ Grammar Link   **to-v의 미래 개념**
to-v의 to는 '이동 방향, 도착지' 등을 뜻하는 전치사 to의 의미(~로, ~을 향하여)와 통한다.
따라서 to-v는 기본적으로 앞으로 일어날 일, 즉 '미래의 일'을 뜻한다.

166 I don't want / **to go** outside / on rainy days.
S   V   V   M'   M'
                O
나는 원하지 않는다 / 밖에 나가기를 / 비 오는 날에.

to-v를 목적어로 갖는 동사들은 목적어 의미가 '미래'인 것과 잘 어울리는 의미를 가지고 있다.
주로 '(앞으로 v할 것을) 바라다, 예상하다, 계획하다' 등을 의미한다.

want to-v	v할 것을 원하다	**plan** to-v	v할 것을 계획하다
hope[wish] to-v	v할 것을 바라다	**decide** to-v	v할 것을 결정하다
expect to-v	v할 것을 예상[기대]하다	**choose** to-v	v할 것을 선택하다
promise to-v	v할 것을 약속하다	**prepare** to-v	v할 것을 준비하다
agree to-v	v할 것을 동의[합의]하다	**need** to-v	v할 것을 필요로 하다

167 In my new school, I expect **to make** a lot of friends.

168 He promised **not to be** late for school again.

169 My family is planning **to travel** abroad this vacation.

◖ 동사의 목적어인 v-ing는 'v하는 것을, v한 것을'로 해석한다.
주로 '현재나 과거'의 일, 즉 현재 진행 중인 일이나 끝나버린 일을 뜻한다.

170 My father quit **smoking** / a few years ago.
S   V   O   M
우리 아버지는 담배를 피우는 것을 그만두셨다 / 몇 년 전에.

v-ing는 의미가 '현재'나 '과거'이지만 아래 *표시된 것들처럼 아직 하지 않은 일, 즉 '미래'에 더 가깝게 이해되는 경우도 있다. 숙어처럼 알아두도록 하자.

quit[stop] v-ing	v하는 것을 그만두다	***put off** v-ing	v하는 것을 미루다
finish v-ing	v하는 것을 끝내다	**enjoy** v-ing	v하는 것을 즐기다
give up v-ing	v하는 것을 포기하다	**practice** v-ing	v하는 것을 연습하다
***avoid** v-ing	v하는 것을 피하다	**deny** v-ing	v한 것을 부인하다
***mind** v-ing	v하는 것을 꺼리다	**admit** v-ing	v한 것을 인정하다

171 A: Would you mind **changing** seats with me?

B: Of course not.

172 I enjoy **not doing** anything and just **lying down** in my free time.

173 My friend denied **telling** others my secret.

> **Check up** ·· 천일비급 p.37

다음 문장의 네모 안에서 어법상 알맞은 것을 고르세요.

1 We chose to go / going on our trip by train.

2 The two countries agreed to trade / trading fairly.

3 We should avoid to become / becoming selfish adults.

4 High school seniors are preparing to apply / applying to college.

5 My boss and I gave up to persuade / persuading our clients.

6 They need to check / checking identification cards of the visitors.

7 The company may put off to participate / participating in the international contest.

▌ 전치사의 목적어로는 반드시 v-ing를 써야 한다. to-v는 쓰지 못한다.

174 He is proud / **of getting** good grades / at school.
S V C 전   전치사의 목적어   M
그는 자랑스럽게 여긴다 /   좋은 성적을 받은 것을   /   학교에서.

175 Your music is too loud. I can't focus **on doing** my homework.

목적어로 쓰이는 to-v와 v-ing Ⅱ

어떤 동사들은 to-v와 v-ing 모두를 목적어로 쓸 수 있다. 의미 차이가 없는 경우와 있는 경우가 있으므로 특히 의미 차이가 있는 경우를 서로 잘 구별해서 알아두자.

◖ 의미 차이가 거의 없는 동사들은 주로 '좋아하다, 싫어하다, 시작하다' 등의 의미이다.
'v하는 것을, v하기를'로 해석한다.

> **176**　My parents <u>like</u> / **to jog[jogging]** <u>along the river</u>.
> 　　　　　 S　　 V　　　　　　　　O 　　　　 M
> 　　　　 우리 부모님은 좋아하신다　/　　　　 강변을 따라 조깅하는 것을.

like to-v[v-ing]	v하는 것을 좋아하다	**start** to-v[v-ing]	v하는 것을 시작하다
love to-v[v-ing]	v하는 것을 몹시 좋아하다	**begin** to-v[v-ing]	v하는 것을 시작하다
hate to-v[v-ing]	v하는 것을 싫어하다	**continue** to-v[v-ing]	v하는 것을 계속하다
prefer to-v[v-ing]	v하는 것을 더 좋아하다		

177　Most students hate **to write[writing]** an essay.

178　A puppy started **to chase[chasing]** me in the park.

179　The restaurant will continue **to provide[providing]** gift boxes to its customers until June.

◖ 의미 차이가 있는 동사들의 경우, 앞서 학습한 to-v와 v-ing의 기본 개념을 적용하여 이해해보자.
to-v는 아직 일어나지 않은 미래의 일, v-ing는 이미 끝난 과거의 일이다.

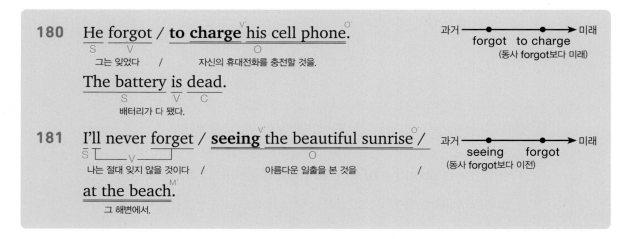

to-v 목적어 (v할 것을)		v-ing 목적어 (v한 것을)	
forget **to-v**	(앞으로) v할 것을 잊다	forget **v-ing**	(과거에) v한 것을 잊다
remember **to-v**	(앞으로) v할 것을 기억하다	remember **v-ing**	(과거에) v한 것을 기억하다
try **to-v**	v하려고 노력하다[애쓰다]	try **v-ing**	시험 삼아[그냥] 한번 v해 보다

182 Remember **to bring** an umbrella. It will be rainy today.

183 I remember **sending** the e-mail to him yesterday.

184 I tried **to lose** weight but didn't have good results.

185 A: I have a fever. Do you think I should see a doctor?

B: Why don't you try **taking** this medicine first?

동사 stop의 경우, v-ing 형태만 목적어로 취할 수 있으며 'v하는 것을 멈추다'로 해석한다. 〈stop+to-v〉에서 to-v는 목적어가 아니며 'v하기 위해 (이동을) 멈추다'로 해석한다. to부정사의 부사적 용법 중 '목적(purpose)' 을 의미하는 것이다. ← UNIT 29

186 Please stop / **taking** pictures (of food)! You already have hundreds!
제발 멈춰 / 사진을 찍는 것을 (음식의)! 너는 이미 수백 장이 있잖아!

cf. We stopped / **to take** pictures / in the Seoul Forest.
우리는 멈췄다 / 사진을 찍기 위해서 / 서울숲에서.

Check up .... ● 천일비급 p.38

다음 밑줄 친 부분이 어법상 옳으면 ○, 틀리면 ×로 표시하고 바르게 고치세요.

1 I remember <u>to see</u> her somewhere before.

2 They started <u>working</u> on the project in 2020.

3 He tried <u>to move</u> the sofa by himself.

4 I stopped <u>to use</u> social media for two months.   *social media 소셜 미디어 ((페이스북, 트위터 등))

주어를 보충 설명하는 to-v와 v-ing

be동사 뒤의 to-v와 v-ing(동명사)가 문장의 주어를 보충 설명하면 보어로 쓰인 것으로 S=C의 관계이다.
to-v, v-ing(동명사) 보어 사이에 의미 차이는 거의 없으며 'v하는 것'으로 해석한다.

◀ Grammar Link be v-ing: 보어 vs. 현재진행형

S=v-ing이면 v-ing는 주어를 보충 설명하는 동명사 보어이다.
현재진행형은 시제를 만드는 동사의 일부이다.

My hobby is **painting** pictures. 내 취미는 그림 **그리는 것**이다.
  S ⌐ V ⌐ = ⌐ C (S=v-ing)

My brother is **painting** a picture. 남동생은 그림을 **그리고 있다**.
  S ⌐ ≠ ⌐ V   O (S는 O를 V하고 있다)

---

187 A good study strategy / is **to study** in groups.
    S ⌐___⌐ = ⌐ V ⌐ C (≒ studying in groups)
  좋은 공부 전략 한 가지는   /   그룹으로 공부하는 것이다.

188 The key (to successful weight control) / is **exercising** regularly.
    S ⌐_____⌐ = ⌐ V ⌐ C (≒ to exercise regularly)
  비결은   (성공적인 몸무게 조절의)   /   규칙적으로 운동하는 것이다.

---

189 His plan was **to give** me a surprise birthday party.

190 A big problem in modern families is **not having** enough conversation.

Check up .... ● 천일비급 p.39

다음 문장의 밑줄 친 부분을 알맞게 해석하세요.

1 My wish is to be a great teacher.

→ _____

2 A clerk is talking to a customer about the product's price.

→ _____

3 The best thing for your health is not getting stress.

→ _____

4 A friend of mine is working in Rome at the moment.

→ _____

의문사+to-v

〈의문사+to-v〉는 명사구로 문장에서 주어, 목적어, 보어가 될 수 있다. 주로 목적어로 쓰여 SVO문형의 O 또는 SV+IO+DO문형의 DO(직접목적어) 자리에 온다. 〈의문사+to-v〉는 대개 '의무'나 '가능성'을 뜻하므로 〈의문사+S´+should[can]+v〉로 바꿔 쓸 수 있다.

191 I don't know / **how to answer** these two questions.
S   V   M´   v´   O´

나는 모른다 / 이 두 문제에 어떻게 답해야 할지를.

O = how I should answer these two questions

how to-v	어떻게 v해야 할지[할 수 있는지], v하는 방법	what to-v	무엇을 v해야 할지[할 수 있는지]
when to-v	언제 v해야 할지[할 수 있는지]	who(m) to-v	누구를[누구에게] v해야 할지[할 수 있는지]
where to-v	어디에[어디에서] v해야 할지[할 수 있는지]	which to-v	어느 것[쪽]을 v해야 할지[할 수 있는지]

*why to-v는 쓰이지 않는다.

192 You should learn **when to speak** and **when to remain** silent.

193 He showed me **where to buy** nice phone cases online.

194 The question is **what to do** with our money.

Check up .... 천일비급 p.40

다음 문장의 밑줄 친 부분을 알맞게 해석하세요.

1 He wonders <u>whom to blame for his broken glasses.</u>

→ _____

2 She understood <u>how to use the machine effectively.</u>

→ _____

A 다음 밑줄 친 부분이 어법상 옳으면 ○, 틀리면 ×로 표시하고 바르게 고치세요.

1 I enjoy <u>taking</u> a walk after dinner.

2 Reading good books <u>help</u> your writing.

3 It is a good idea <u>to eat</u> organic food.

4 I hope <u>getting</u> a good grade on this final exam.

5 My dream job is <u>developing</u> computer programs.

B 다음 문장의 밑줄 친 부분을 알맞게 해석하세요.

1 <u>Doing jigsaw puzzles</u> makes you smarter.

2 My hobby is <u>surfing the Internet on my tablet</u>.

*tablet 태블릿, 휴대형 컴퓨터

3 I decided <u>not to buy</u> a new computer. It's too expensive.

4 Some students don't know <u>what to do after graduation</u>.

5 She <u>forgot borrowing money from her parents</u>.

6 You <u>should remember to keep calm</u> in an emergency.

C 다음 우리말과 일치하도록 괄호 안에 주어진 어구를 알맞은 형태로 바꿔 쓰세요.

1 극장에서 전화기를 꺼놓을 것을 잊지 마라.

→ Don't forget (turn off) _____ your phone at the theater.

2 그는 자신의 노트북 컴퓨터를 혼자 고쳐보려고 애썼지만, 그것은 효과가 없었다.

→ He tried (fix) _____ his laptop by himself, but it didn't work.

3 그 남자는 돈과 음식을 훔친 것을 부인했다.

→ The man denied (steal) _____ the money and food.

A 3 organic 유기농의　**B** 1 jigsaw 조각그림; 조각그림 맞추기　4 graduation 졸업　6 emergency 비상 (사태)　**C** 2 fix 고치다, 수리하다; 고정시키다　laptop 노트북 컴퓨터　by oneself 혼자, 도움을 받지 않고　work 효과가 있다; 작동되다; 일하다　3 steal 훔치다, 도둑질하다

CHAPTER 06

명사를 수식하는 to-v, v-ing, p.p.

Chapter Overview

형용사나 전명구가 명사를 수식하듯이, 준동사인 to-v, v-ing(현재분사), p.p.도 명사를 수식할 수 있다. to-v는 항상 명사 뒤에서 수식하고, v-ing나 p.p.는 명사 앞이나 뒤에서 수식한다.

a **yellow** *bird* **on the tree** 나무 위의 노란 새
　형용사　　　　　전명구

the person **to work** with me 나와 함께 일할 *사람*

the man **waving** at us 우리에게 손을 흔드는 *남자*

the **stolen** *bicycle* 도난당한 *자전거*

준동사의 종류나 수식하는 명사와의 관계 등에 따라 의미가 조금씩 다르므로 이에 대해 본격적으로 알아보기로 한다. 아울러, 목적어를 보충 설명하는 보어로 준동사가 쓰이는 것에 대해서도 함께 알아보자.

Chapter Goals

1 명사를 수식하는 준동사의 올바른 형태를 알 수 있다.

2 명사를 수식하는 준동사의 의미를 알맞게 해석할 수 있다.

3 감정을 나타내는 동사가 명사를 수식할 때의 올바른 형태를 구별할 수 있다.

4 목적어를 보충 설명하는 보어로 준동사가 쓰일 때 알맞은 형태를 판단하고 해석할 수 있다.

Must-know
Words &
Lexical
Phrases

UNIT 25 •

196 support 지지(하다); 지원(하다)

198 go[travel] around the world 세계 일주를 하다

200 porter (공항 · 호텔의) 짐꾼

　　luggage (여행용) 짐

201 hide(-hid-hidden) 숨기다; 숨다

202 lend IO DO IO에게 DO를 빌려주다

　Check up

　　vegetable 채소

UNIT 26 •

206 parrot 앵무새

　　repeat 따라 하다; 반복하다

207 noisily 시끄럽게, 요란하게

　　cf. **noise** 소음, 소리

208 pour 붓다[따르다]; 마구 쏟아지다

　　boil 끓다; 끓이다

　　burn(-burned[burnt]-burned[burnt]) 태우다; 타다

209 snore 코를 골다

210 galaxy 우주, 은하계

　　giant 거대한; 거인

　　structure 구조(물); 조직(체)

　　contain 포함하다; 억누르다

　　billions of 무수한, 수십억의

　　cf. **billion** 10억; 엄청난 양

211 tackle 태클하다; (힘든 문제와) 씨름하다

　　hurt 다치게 하다; 아프다; 상처

　　ankle 발목

212 exchange 교환하다; 환전하다

213 fall(-fell-fallen) 쓰러지다, 넘어지다; 떨어지다

214 clearly 또렷하게; 분명히

215 form 형성하다; 모습, 형태; 형식

　　youth 어린 시절; 젊음

　　make all the difference 상황을 완전히 다르게 하다;
　　　　　　　　　　　　　　　　중요한 영향을 미치다

Check up

chat 수다를 떨다; 채팅하다

each other 서로

stick(-stuck-stuck) 붙이다; 찌르다; 고수[고집]하다

remove 제거하다, 치우다 (= get rid of)

side dish 곁들임 요리, 반찬

repairperson 수리공

cf. **repair** 수리[보수]하다 (= fix)

fence 울타리; 장애물

UNIT 27 •

217 **cheer** 응원하다

enthusiastically 열렬하게, 매우 열심히

cf. **enthusiastic** 열렬한, 열광적인

218 **biography** 위인전

describe 묘사하다, 설명하다

successful 성공한, 성공적인

ⓘ **successive** 연속적인, 계승하는

Check up

routine (판에 박힌) 일과, 일상

nod off 꾸벅꾸벅[깜빡] 졸다(= doze off)

lightning 번개

thunder 천둥

flood 홍수; (물이) 넘쳐 흐르다

villager (시골) 마을 사람

221 **speech** 연설, 담화

222 **look C** C한 것처럼 보이다

223 **scary** 무서운, 겁나는

cf. **scare** 겁주다; 무서워하다

keep O C O가 계속 C하게 하다

day and night 밤낮으로, 끊임없이

Check up

audience 관객, 관중

ability to-v v하는 능력

memorize 암기하다

UNIT 28 •

224 **patient** 환자; 참을성 있는

cf. **patience** 참을성, 인내심

medicine 약; 의학, 의료

regularly 정기적으로, 규칙적으로

226 **praise** 칭찬(하다)

build up 증진시키다; (인격 등을) 쌓아 올리다

self-confidence 자신감

cf. **confidence** 신뢰, 확신

227 **pillow** 베개

acne 여드름 (= pimple)

231 **talented** 재능이 있는 (= gifted)

232 **fat** 지방; 뚱뚱한

233 **bedtime** 취침 시간, 잠자리에 드는 시간

steal(-stole-stolen) 빼앗다; 훔치다; 도용하다

235 **bark** (동물이) 짖다

Check up

medical school 의과 대학

break into ~에 침입하다; (갑자기) ~하기 시작하다

237 **earthquake** 지진

destroy 파괴하다

238 **lock** (자물쇠로) 잠그다(↔ unlock (열쇠로) 열다); 자물쇠

240 **work** (기계 등이) 작동되다; 일하다; 효과가 있다

241 **examine** 검사[진찰]하다; 조사[검토]하다

242 **hack** 해킹하다

Check up

pick one's pocket 소매치기하다

crowded 혼잡한, 붐비는

perm 파마(를 해주다)

명사를 수식하는 to-v

명사를 수식하는 to-v는 언제나 명사 뒤에 위치하며 'v하는 ~, v할 ~'으로 해석한다.

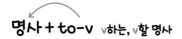
명사 + to-v v하는, v할 명사

◀ 〈명사+to-v〉를 한 덩어리로 묶어 이해하는 것이 좋다. 그 덩어리가 문장에서 주어, 목적어, 보어가 된다.

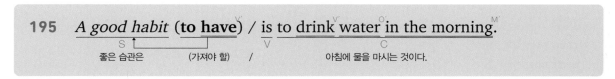

195 A good habit (**to have**) / is to drink water in the morning.
S
좋은 습관은 (가져야 할) / V 아침에 물을 마시는 것이다.
C

196 We all need *friends* **to support** us.

197 Jeju-do is *a beautiful island* **to visit** in Korea.

◀ 〈명사+to-v〉에서 명사와 to-v의 관계는 의미상 다음 두 가지의 경우가 대표적이다.
1. 〈주어+동사〉   2. 〈목적어+타동사〉

198 Ferdinand Magellan was / *the first man* (**to go** around the world).
S   V   C   (← the first man went around the world)
페르디난드 마젤란은 ~이었다   /   첫 번째 사람   (세계 일주를 한).

199 I'd like / *something* (**to drink**).
S V   O   (← drink something)
~이 있으면 좋겠어요 / 어떤 것   (마실).

200 The old lady needed *a porter* **to move** her luggage.

201 Between friends, there are *no secrets* **to hide**.

〈명사+to-v+전치사〉 형태는 의미상 〈자동사(v)+전치사+명사〉로 이해하면 된다.

a spoon **to eat with** ← eat with a spoon (eat a spoon (×))
　　　가지고 먹을 스푼　　　　　스푼을 가지고 먹다

somebody **to depend on** ← depend on somebody (depend somebody (×))
　　　의지할 누군가　　　　　　　누군가에게 의지하다

---

202 Could you lend me / *a pen* (**to write with**)?
　　　　S　　V　IO　　DO
　　　저에게 빌려주시겠습니까　/　펜을　　(가지고 쓸)?
　　　　　　　　　　　　　　　　← write with a pen 펜을 가지고 쓰다 (○)
　　　　　　　　　　　　　　　　write a pen 펜을 쓰다 (×)

203 Tom has / *a problem* (**to worry about**).
　　　　S　V　　O
　　　톰은 가지고 있다 /　문제를　　(걱정할).
　　　　　　　　　　　　　　　← worry about a problem 문제에 대해 걱정하다 (○)
　　　　　　　　　　　　　　　worry a problem 문제를 걱정하게 하다 (×)

빈출되는 몇몇 어구를 숙어처럼 알아두어 어법이나 영작에서 전치사를 빠뜨리지 않도록 주의하자.

a pen to write with	쓸 펜	a house to live in	살 집
a problem to worry about	걱정할 문제	a chair to sit on	앉을 의자
an idea to think about[of]	생각해볼 아이디어	a friend to play with	(같이) 놀 친구
a person to talk to	얘기할 사람	a hotel to stay in[at]	머물 호텔

204 There weren't *any chairs* **to sit on** in the cafe.

205 This game needs *several friends* **to play with**.

> **Check up** ··· ● 천일비급 p.42

A 다음 우리말과 일치하도록 괄호 안의 어구를 활용하여 영작하세요. (필요하면 어형 변화 및 단어 추가 가능)

1 우리 수학 선생님은 <u>우리에게 풀어야 할 문제들을 주셨다</u>. (solve, give, problems, us)

→ Our math teacher _____ .

2 <u>채소를 자를 칼이 있다</u>. (cut, a knife, vegetables)

→ There is _____ .

3 <u>친구는 얘기할 좋은 사람이 될 수 있다</u>. (a good person, be, talk to, can)

→ A friend _____ .

B 다음 밑줄 친 부분이 어법상 옳으면 ○, 틀리면 ×로 표시하고 바르게 고치세요.

1 Danny has an interesting idea <u>to think about</u>.

2 He bought a house <u>to live</u> with his two dogs.

UNIT 26 명사를 수식하는 v-ing, p.p.

v-ing(현재분사)와 p.p.(과거분사)도 명사를 수식할 수 있다. 주로 뒤에 딸린 어구가 없을 때는 명사 앞에 오고, 딸린 어구가 있을 때는 명사 뒤에 온다. 〈v-ing[p.p.]+명사〉나 〈명사+v-ing[p.p.] ~〉 역시 한 덩어리로 이해하는 것이 좋다. 그 덩어리가 문장에서 주어, 목적어, 보어가 된다.

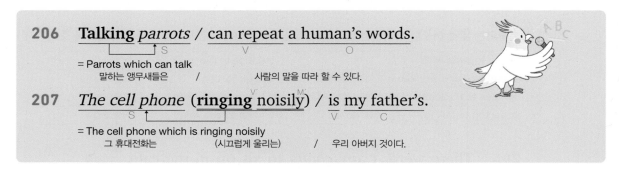

v-ing(현재분사)는 수식 받는 명사 A가 v-ing의 동작을 직접 하거나(능동), 하고 있는(진행) 것을 의미한다. 'v하는 A, v하고 있는 A'로 해석한다. 주격 관계대명사를 이용하여 바꿔 쓸 수 있다. ◄ UNIT 37

> **206** **Talking** *parrots* / can repeat a human's words.
> S　　　　V　　　　O
> = Parrots which can talk
> 　말하는 앵무새들은　　　/　　　사람의 말을 따라 할 수 있다.
>
> **207** *The cell phone* (**ringing** noisily) / is my father's.
> 　　　　S　　　　　　　　　　　　V　　C
> = The cell phone which is ringing noisily
> 　그 휴대전화는　　　(시끄럽게 울리는)　/　우리 아버지 것이다.

208 Don't pour **boiling** *water* over a tea bag. It will burn the tea.

209 *The man* **sitting** in front of me at the movies was snoring.

210 A galaxy is *a giant structure* **containing** billions of stars.

TIP 〈v-ing+명사〉의 해석

'v하는, v하고 있는 ~'으로 해석해서 의미가 잘 통하지 않으면 'v하기 위한'으로 해석되는지 판단해보자. 그렇다면 명사 앞에 쓰인 v-ing는 동명사로서 명사의 '용도'나 '목적'을 나타내는 것이다.
a smoking area 흡연을 위한 구역 (= an area for smoking) → 흡연하(고 있는) 구역 (×)
a frying pan 튀김 용도의 팬 (= a pan for frying) → 튀기(고 있는) 팬 (×)

과거분사(p.p.)는 수식 받는 명사 A가 p.p.의 동작을 받거나(수동), p.p.의 동작을 끝낸(완료) 것을 의미한다. 'v된, v당한; v한 (상태인) A'로 해석한다. 주격 관계대명사를 이용하여 바꿔 쓸 수 있다.

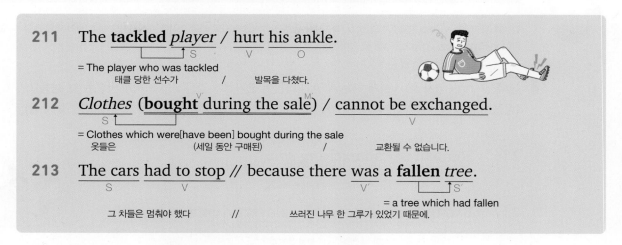

211 The **tackled** *player* / hurt his ankle.
  S V O
= The player who was tackled
   태클 당한 선수가 / 발목을 다쳤다.

212 *Clothes* (**bought** during the sale) / cannot be exchanged.
  S V
= Clothes which were[have been] bought during the sale
  옷들은 (세일 동안 구매된) / 교환될 수 없습니다.

213 The cars had to stop // because there was a **fallen** *tree*.
  S V V' S'
= a tree which had fallen
  그 차들은 멈춰야 했다 // 쓰러진 나무 한 그루가 있었기 때문에.

214 I can see my face clearly in the **cleaned** *window*.

215 *Good habits* **formed** in youth make all the difference. – Aristotle

---

Check up .... ● 천일비급 p.44

괄호 안의 단어를 알맞은 분사 형태로 써서 문장을 완성하세요.

1 The people (wait) _____ for the bus are chatting with each other.

2 Gum (stick) _____ to shoes won't be removed easily.

3 The (smile) _____ baby looks like an angel.

4 Sam ordered (fry) _____ potatoes as a side dish.

5 The repairperson fixed the (break) _____ fence at the farm.

감정을 나타내는 v-ing, p.p.

감정을 나타내는 **v-ing**(현재분사)와 **p.p.**(과거분사)는 문장에서 형용사로 쓰여 명사를 수식하기도 하고 보어 역할도 할 수 있다.
감정 **v-ing**는 '능동', **p.p.**는 '수동'을 의미한다.

〈감정 v-ing+명사 A〉: v하게 하는 A (A가 다른 누군가에게 감정(v)을 느끼게 만드는 것. 능동)
〈감정 p.p.+명사 A〉: v한 A, v하는 A (A가 다른 누군가에 의해 감정(v)을 느끼게 되는 것. 수동)

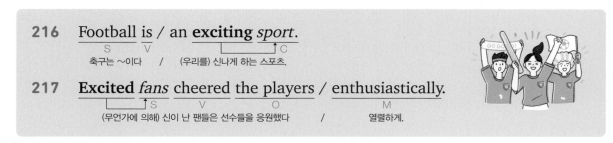

216 Football is / an **exciting** *sport*.
  S   V   C
축구는 ~이다 / (우리를) 신나게 하는 스포츠.

217 **Excited** *fans* cheered the players / enthusiastically.
         S   V   O   M
(무언가에 의해) 신이 난 팬들은 선수들을 응원했다 / 열렬하게.

v-ing (감정을 느끼게 만드는)		p.p. (감정을 느끼는, 감정이 생긴)	
exciting	신나게 하는, 신나는	excited	신이 난
amazing	놀라게 하는, 놀라운	amazed	놀란
interesting	흥미를 불러일으키는	interested	흥미 있어 하는
satisfying	만족하게 하는	satisfied	만족한
boring	지루하게 하는	bored	지루해하는
disappointing	실망시키는	disappointed	실망한
frightening	두렵게 하는	frightened	두려워하는
touching	감동을 주는, 감동적인	touched	감동한
annoying	짜증 나게 하는	annoyed	짜증이 난

218 Biographies describe the **amazing** *life stories* of successful people.

219 At the magic show, **amazed** *people* shouted loudly.

Check up ....● 천일비급 p.45

괄호 안의 단어를 알맞은 분사 형태로 써서 문장을 완성하세요.

1 I don't like my (bore) _____ daily routine.

2 A (bore) _____ kid started nodding off.

3 After lightning, (frighten) _____ thunder usually follows.

4 Because of the flood, (frighten) _____ villagers left the town.

감정을 나타내는 v-ing, p.p.가 보어 자리에 쓰여 주어나 목적어의 감정 상태를 보충 설명할 수 있다.
이때도 v-ing는 주어나 목적어가 다른 누군가에게 감정을 느끼게 만드는 '능동'의 의미이고, p.p.는 다른 누군가에 의해 감정을 느끼게 되는 '수동'의 의미이다.

220 The food (at the restaurant) / was **disappointing**.
S V C
(← disappointing food)
음식은 (그 식당의) / 실망스러웠다[실망감을 느끼게 했다].

221 I found / his speech **boring**.
S V O C
(← His speech was boring. ← boring speech)
나는 알았다 / 그의 연설이 지루하다는[지루함을 느끼게 한다는] 것을.

222 My parents looked **satisfied** with the new house.

223 The scary story kept me **frightened** day and night.

Check up ....●천일비급 p.45

괄호 안의 단어를 알맞은 분사 형태로 써서 문장을 완성하세요.

1 The audience was (satisfy) _____ with the concert last night.

2 We found the noise from outside (annoy) _____.

3 His English test score was (disappoint) _____.

4 The challenge kept him (interest) _____ for so many years.

5 Her ability to memorize English words is (amaze) _____.

UNIT 28

목적어를 보충 설명하는 to-v, v, v-ing, p.p.

목적어 뒤에 to-v, v, v-ing, p.p.가 목적격보어로 쓰여 목적어가 하거나 받는 동작, 또는 목적어의 상태를 나타낼 수 있다. 이때 목적어와 준동사는 의미상 주어 (S′)−술어(V′)의 관계여서 'O가 v하다'라고 해석한다.

$$S + V + \underset{S'}{O} + \underset{V'}{C} \text{ (to-v, v, v-ing, p.p.)}$$

O가 C(v)하다

▶ 대개 '누가 ~하기를 바라다, 누가 ~하도록 하다'를 의미하는 동사들 뒤에 보어로 to-v가 온다.

224 The doctor **advised** / his patient / **to take** the medicine regularly.
　　　　　　S　　　　 V　　　　 O(=S′)　　　　　　　　　　C(=V′)
　　　　의사는 조언했다　 /　 자신의 환자가　 /　 약을 정기적으로 복용하도록.

ask/require O to-v	O가 v하도록 요청[부탁]/요구하다	persuade O to-v	O가 v하도록 설득하다
want/would like O to-v	O가 v하기를 원하다	teach O to-v	O가 v하도록 가르치다
allow/get O to-v	O가 v하도록 (허용)하다	advise O to-v	O가 v하도록 조언하다
cause O to-v	O가 v하도록 야기[초래]하다	tell O to-v	O가 v하도록 말하다
order/force O to-v	O가 v하도록 명령/강요하다	remind O to-v	O가 v하도록 상기시키다
expect O to-v	O가 v하기를 예상[기대]하다	warn O to-v	O가 v하도록 경고[훈계]하다

225 I **want** my parents **to spend** more time with me.

226 Praise **allows** kids **to build up** self-confidence.

227 A dirty pillow can **cause** your acne **to get** worse.

228 No one can **force** me **to do** something that I don't want to do.

229 He **persuaded** me **to change** my mind and **buy** a different present.

사역동사(make, have, let)와 지각동사(see, hear 등 주로 보고 듣고 느끼는 의미의 동사)는 보어로 원형부정사(v)가 온다. 지각동사는 보어로 v-ing(현재분사)를 취하기도 하는데, 이때는 동작이 진행되는 일부를 경험한 것이다. help의 보어로는 to-v, v 둘 다 올 수 있다.

make O v	O가 (강제로) v하게 하다	let O v	O가 v하게 내버려두다[허가하다]
have O v	O가 v하게 하다	help O (to-)v	O가 v하도록 돕다

see, watch, look at, observe, notice hear, listen to feel, smell 등 ⎱ O v/v-ing	O가 v하(고 있는)것을 보다[알아채다] O가 v하(고 있는)것을 듣다 O가 v하(고 있는)것을 느끼다, 냄새 맡다 등

233 My mom **had** me **clean** my room before bedtime.

234 Don't **let** the act of worrying **steal** your joy for today.

235 He **heard** a dog **bark** behind the door.

236 I can **smell** something **burning**! I'll check the kitchen.

Check up .... ● 천일비급 p.47

다음 문장의 네모 안에서 어법상 알맞은 것을 고르세요.

1 I let my friend use / to use my laptop.

2 My parents would like me go / to go to medical school.

3 She asked me come / to come early the next day.

4 We observed a stranger break / to break into the house.

보어가 p.p.(과거분사)이면 'O가 C되다[받다, 당하다]'를 뜻한다.
목적어와 보어 p.p.는 의미상 수동 관계의 주어(S')–술어(V')이다.

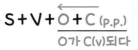

$$S + V + \overleftarrow{O + C}_{(p.p.)}$$
O가 C(v)되다

237 After the earthquake, / people **found** / their homes **destroyed**.
　　　　　　M　　　　　　　S　　　V　　　　O(=S')　　　　　C(=V')
　　　　　　　　　　　　　　　　　　　　　　　　　　(← Their homes **were destroyed**)
　　지진 이후에,　　　　/　　사람들은 발견했다　/　　자신들의 집이 파괴된 것을.

cf. I **found** / a cat **lying** on the ground.
　　　S　V　　　O(=S')　　C(=V')
　　　　　　　　　　(← A cat **was lying** on the ground.)
　　나는 발견했다　/　고양이 한 마리가 바닥에 누워있는 것을.

238 You should **keep** the doors **locked** in an empty house.

239 I **heard** my name **called** from the outside.

240 My computer isn't working. I have to **get** it **fixed**.

〈S+have+O+C(p.p.)〉는 보통 아래 두 가지 의미를 나타낸다.
1. S는 (누군가를 시켜) O가 C되도록 하다　　　2. S는 O를 C당하다 〈경험〉

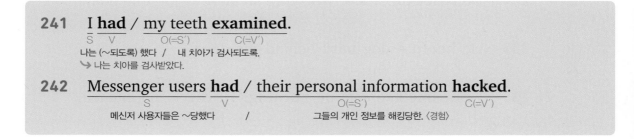

241 I **had** / my teeth **examined**.
　　　S　V　　O(=S')　　C(=V')
　　나는 (~되도록) 했다　/　내 치아가 검사되도록.
　　↳ 나는 치아를 검사받았다.

242 Messenger users **had** / their personal information **hacked**.
　　　　　　S　　　　　V　　　　O(=S')　　　　　　C(=V')
　　메신저 사용자들은 ~당했다　/　그들의 개인 정보를 해킹당한. 〈경험〉

Check up 천일비급 p.48

다음 문장의 네모 안에서 어법상 알맞은 것을 고르세요.

1 Hope keeps us going / gone even in difficult times.

2 I got my pocket picking / picked in the crowded station.

3 I had my hair perm / permed yesterday.

4 She couldn't make herself hear / heard over the noise.

A

다음 문장의 밑줄 친 부분을 알맞게 해석하세요.

1 I love to walk on <u>fallen leaves</u>.

2 <u>Markets selling used goods</u> are called "flea markets."

3 Sometimes <u>surprised animals</u> can be very dangerous.

4 I felt <u>my heart beating faster</u> after running.

5 A specific plan <u>will keep you motivated</u>.

B

다음 문장의 네모 안에서 어법상 알맞은 것을 고르세요.

1 Satisfying / Satisfied customers are willing to pay higher prices.

2 The movie director made a touching / touched story into a film.

3 Let the failures of others be / to be a lesson to you.

4 We watched the last bus leave / left the bus stop.

C

다음 우리말과 일치하도록 괄호 안의 어구를 활용하여 영작하세요. (필요하면 단어 추가 및 어형 변화 가능)

1 나에게 먹을 것 좀 줄래? (eat, me, something)

→ Can you give _____?

2 안나는 그 수학 문제를 푼 첫 번째 사람이었다. (person, solve, the first, the math problem, to)

→ Anna was _____.

3 요가는 우리가 힘과 유연성을 동시에 향상시키는 것을 도와준다.
(help, our strength and flexibility, improve, us)

→ Yoga _____ at the same time.

Ⓐ 2 used 중고의 goods 물품 flea market 벼룩시장 4 beat(-beat-beaten) (심장이) 뛰다; 이기다; 때리다 5 specific 구체적인, 명확한 motivate 동기를 부여하다
Ⓑ 1 customer 고객, 손님 be willing to-v 기꺼이 v하다 2 director 감독; 지도자 film 영화 3 failure 실패(↔success 성공) lesson 교훈 Ⓒ 3 strength 힘;
강점 flexibility 유연성 at the same time 동시에

SPOKEN GRAMMAR 2

말하기 영어는 쓰기 영어와 다르게 어순을 지키지 않고
아래와 같이 어구 단위로 조각조각 나열되는 경우가 많다.

- That coat of hers, is she going to sell it?
  (←Is she going to sell her coat?)
- New York, I think it was, where I met him.
  (←I think I met him in New York.)
- It was pretty difficult, the math test.
  (←The math test was pretty difficult.)

부사 역할을 하는 to-v / 분사구문

Chapter Overview

- **to부정사(to-v)**

to-v는 문장에서 명사, 형용사, 부사의 역할을 모두 할 수 있는데, 이 챕터에서는 부사 역할을 할 때의 다양한 의미에 대해 학습한다.

	명사: 문장의 주어, 목적어, 보어 (v하는 것)
to-v	형용사: 앞의 명사 수식 (v하는, v할)
	부사: 동사, 형용사, 부사, 문장 전체 수식 (v하기 위해서 / v해서 / v하다니 / v하기에 ~ 등)

- **분사구문**

두 개의 절을 합쳐서 한 문장으로 표현할 때, 접속사를 이용할 수도 있고 v-ing가 이끄는 분사구문을 이용하여 좀 더 간략하게 표현할 수도 있다.

She saw me. + She smiled at me. 그녀는 나를 보았다. + 그녀는 내게 미소를 지었다.

→ **When** she saw me, she smiled at me. 그녀가 나를 보았을 때, 그녀는 내게 미소를 지었다.

→ **Seeing** me, she smiled at me. 나를 보고, 그녀는 내게 미소를 지었다.

'분사구문'은 이름이 어렵게 들리지만, 주어가 하는 두 가지 동작이나 상태 중 하나를 간략히 표현한 것으로 이해하면 된다.

Chapter Goals

1 부사 역할을 하는 **to-v**를 문맥에 따라 올바르게 해석할 수 있다.

2 분사구문을 문맥에 따라 올바르게 해석할 수 있다.

3 분사구문을 이끄는 **v-ing**와 **p.p.** 중 올바른 형태를 판단할 수 있다.

Must-know
Words &
Lexical
Phrases

UNIT 31

262 take notes 필기를 하다

　　explanation 설명, 해설

　　cf. **explain** 설명하다

　　essential 필수적인 (= necessary); 본질적인

263 appreciate 감상하다; 감사하다; 진가를 알아보다

　　scenery 풍경, 경치; (무대) 배경

264 lie C C한 상태로 있다

　　recall 회상(하다), 기억해내다

265 enter O O에 들어가다

　　unpack 짐을 풀다 (↔ pack 짐을 싸다)

267 reach O O에 도착하다[닿다, 도달하다]

　　take a photograph 사진을 찍다

268 fall asleep 잠들다

269 foreigner 외국인

　　cf. **foreign** 외국의

　　visa (여권 등의) 비자; 허가(증)

270 over and over (again) 반복해서

271 wish to-v v하기를 바라다

　　encourage 격려하다; 권장하다

UNIT 32

273 observe 관찰하다; (규칙 등을) 지키다

　　outer space 우주 공간; 외부 공간

274 draw(-drew-drawn) 그리다; 끌어당기다

　　at a high price 비싼 값에, 높은 가격에

275 choose A as B A를 B로 택하다[고르다]

　　disappointed 실망한

276 borrow 빌리다, 차용하다 (↔ lend 빌려주다)

　　novel (장편) 소설; 참신한, 새로운

　　return 반납하다; 돌아오다[가다]

Check up

　　footstep 발소리; 발자국

　　run away 도망치다, 탈주하다

　　get off (타고 있던 것에서) 내리다; 떠나다, 출발하다

　　drop 떨어뜨리다, 떨어지다; 방울

부사 역할을 하는 to-v의 해석 I

부사 역할을 하는 to-v는 대개 동사나 형용사를 수식하여 좀 더 자세한 설명을 제공한다.

부사 역할의 to-v는 'v하기 위해서, v하려고'의 의미로 가장 많이 쓰인다.
문장의 동사(V)가 나타내는 동작의 '목적(purpose)'을 설명한다.
아래 예문에서 동사 sat down의 목적은 to rest, 즉 '쉬려고'이다.

S + V ~ (in order) to-v:
v하기 위해서 S는 V하다

He <u>sat down</u> **to rest**. 그는 **쉬려고** 앉았다.
　　　V　　　　목적

---

243 <u>People</u> <u>use</u> <u>iceboxes</u> / **to keep** drinks and food cold.
　　　　S　　V　　　O　　　　　　　　　　　　　　　O　　　　　C

　　　　사람들은 아이스박스를 사용한다　　/　　음료와 음식을 차갑게 유지하기 위해서. 〈목적〉

〈not[never] to-v ~〉는 'v하지 않기 위해서, v하지 않으려고'를 의미하며, to-v 앞에 in order를 붙이면
'목적'의 의미가 더 분명해지고 강조된다. 〈To-v ~, 주어+동사 ~〉 형태로 to-v가 문장 앞으로 나가기도 한다.
이때 문장의 주어 역할을 하는 to-v로 착각하지 않도록 주의한다.

244　Make a shopping list **not to spend** too much money.

245　He went to the bank **in order to open** a bank account.

246　**To get** a driver's license, you should pass several tests.

　　　　cf. **To get** a driver's license is not easy in Germany.

> **Check up**　.. ● 천일비급 p.49

다음 문장의 밑줄 친 부분을 알맞게 해석하세요.

1 <u>To learn new things</u> is good for our brain.

→ _____

2 He drank a cup of coffee last night <u>to stay awake</u>.

→ _____

감정을 의미하는 어구(angry, happy, sad 등) 뒤의 to-v는 그런 감정을 들게 한 '원인'을 설명하는 것으로 'v해서'로 해석한다.

be happy + to-v : v해서 행복하다

---

247 My mom was angry / **to see** my room (in a mess).

　　　　S　　V　　　C　　　　　　　　　　　　　M

엄마는 화나셨다 〈감정〉 / 내 방을 보셔서 (지저분한). 〈원인〉

be angry **to-v**	v해서 화나다	be sad **to-v**	v해서 슬프다
be happy **to-v**	v해서 행복하다	be surprised **to-v**	v해서 놀라다
be glad **to-v**	v해서 기쁘다	be disappointed **to-v**	v해서 실망하다

248 We were happy **to get** a discount on movie tickets.

249 Kelly was sad **to lose** her purse on the street.

판단/추측을 나타내는 어구(주로 칭찬이나 비판의 형용사) 뒤의 to-v는 그런 판단이나 추측을 하게 된 '근거'를 설명하는 것으로 'v하다니, v하는 것을 보니'로 해석한다.

be kind + to-v : v하다니 친절하다

---

250 He must be clever / **to solve** that difficult problem.

　　　　S　　V　　　C　　　　　　　　　　　　　M

그는 똑똑한 것이 틀림없다 〈판단〉 / 그 어려운 문제를 푸는 것을 보니. 〈근거〉

be clever **to-v**	v하다니 똑똑하다	be (un)kind **to-v**	v하다니 (불)친절하다
be polite **to-v**	v하다니 예의 있다	be impolite[rude] **to-v**	v하다니 예의 없다
be careless **to-v**	v하다니 부주의하다	be foolish[stupid] **to-v**	v하다니 어리석다

251 My sister was careless **to break** the dishes again.

252 She was foolish **not to listen to** his advice.

Check up
⋯⋯⋯⋯⋯⋯⋯⋯⋯⋯⋯⋯⋯⋯⋯⋯⋯⋯⋯⋯⋯⋯⋯⋯⋯⋯⋯ ● 천일비급 p.50

다음 문장을 알맞게 해석하세요.

1 He was polite to offer the old lady his seat.

→ _____

2 She was disappointed not to get the job.

→ _____

UNIT 30

부사 역할을 하는 to-v의 해석 Ⅱ

부사 역할을 하는 to-v는 형용사나 부사 또는 문장 전체를 수식하여 좀 더 자세한 설명을 해준다.

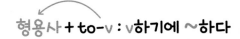

◗ to-v는 easy, difficult 등의 형용사 뒤에 쓰여 의미를 더 분명하고
확실하게 해줄 수 있다.

형용사 + to-v : v하기에 ~하다

---

253 The cause (of the problem) / was *difficult* **to find**.
　　　　　S　　　　　　　　　　　　　　V　　C
　　　　원인은　　　(그 문제의)　　　/　　찾기 어려웠다.

〈for A to-v〉의 형태로 to-v의 의미상의 주어를 표시할 때도 있다.

be easy[hard, difficult, tough] (for A) **to-v**	(A가) v하기에 쉽다[어렵다]
be good[bad] (for A) **to-v**	(A가) v하기에 좋다[나쁘다]
be dangerous[safe] (for A) **to-v**	(A가) v하기에 위험하다[안전하다]

254 Bad habits are *easy* **to make** but *hard* **to break**.

255 Sharp knives are *dangerous* **for kids to use**.

◗ to-v는 〈too+형용사/부사〉나 〈형용사/부사+enough〉 뒤에 쓰여 의미를 더 분명하게 해준다.
- too 형용사/부사 (for A) to-v: (A가) v하기에 너무 ~한 → 너무 ~해서 (A가) v할 수 없는
- 형용사/부사 enough (for A) to-v: (A가) v할 만큼[v하기에] (충분히) ~한[하게]

---

256 These boxes are **too** *heavy* / **to carry**.
　　　　　S　　　　　V　　　　　C
　　　　　　이 상자들은 너무 무겁다　　　/　　옮기기에.
　　　　↳ 이 상자들은 너무 무거워서 옮길 수 없다.

257 Chimpanzees are *smart* **enough** / **to use** tools.
　　　　　S　　　　　V　　　　C
　　　　　침팬지들은 충분히 똑똑하다　　　/　　도구를 사용할 만큼.

---

258 He spoke **too** *quickly* **for me to understand**.

259 Three days is *long* **enough for visitors to look around** this city.

관용적 어구로 자주 쓰이는 to-v구는 숙어처럼 익혀두자.
이때의 to-v구는 문장 전체를 수식한다.

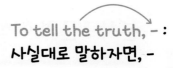

To tell the truth, - :
사실대로 말하자면, -

---

260 **To tell the truth**, / the movie wasn't very good.
　　　　　　　 M　　　　　　　　　 S　　　　V　　　　　 C
　　　　사실대로 말하자면,　　　　　/　　　　그 영화는 썩 좋지 않았다.

---

to tell (you) the truth	사실대로 말하자면	to make matters worse	설상가상으로
to be sure	틀림없이 (= certainly)	to begin with	우선, 첫째로
so to speak	말하자면	not to mention	~은 말할 것도 없이
to be honest[frank] (with you)	솔직히 말해서		

261 **To begin with**, let me thank everybody here today.

> **Check up** ··· ● 천일비급 p.51

다음 문장의 밑줄 친 부분을 알맞게 해석하세요.

1 English grammar is interesting for me to learn.

→ _____

2 You are old enough to take care of yourself.

→ _____

3 Kate is smart and kind, not to mention being a good musician.

→ _____

TIP 숙어처럼 알아두면 좋은 〈be 형용사 to-v〉

● be free **to-v**	자유롭게 v하다, 마음껏 v하다		● be (un)likely **to-v**	v할 가능성이 있다[없다]
● be sure[certain] **to-v**	반드시 v하다		● be ready **to-v**	v할 준비가 되어 있다
● be apt **to-v**	v하는 경향이 있다, v하기 쉽다		● be (un)willing **to-v**	기꺼이 v하다[하지 않다]
● be eager[anxious] **to-v**	v하고 싶어 하다		● be reluctant **to-v**	v하는 것을 꺼리다[주저하다]

UNIT
31 분사구문의 해석

분사구문은 문장의 동사 외에 주어가 하는 다른 동작을 추가로 나타내는 것으로 생각하면 된다. 즉, 주어 S는 분사구문인 v-ing의 동작도 하고 문장의 동사인 V의 동작도 하는 것이다.
분사구문은 문장의 앞이나 뒤 또는 주어와 동사 사이에 오며, 대개 콤마(,)로 구분해준다.

대부분의 분사구문은 문장의 동사 V와 '동시에 일어나는 동작'을 뜻한다. 'v하면서, v한 채'로 해석한다.
동시에 일어나는 동작들이므로 어느 동작을 분사로 나타내도 뜻은 거의 같다.

The kids **passed** me. + They **talked** loudly.
→ **Passing** me, the kids **talked** loudly. 나를 **지나쳐가면서**, 아이들은 큰 소리로 **얘기했다**.
→ **Talking** loudly, the kids **passed** me. 큰 소리로 **얘기하면서** 아이들은 나를 **지나쳐갔다**.

---

262 <u>**Taking** notes,</u> / <u>we listened to the teacher's explanation.</u>
  필기를 하면서, / 우리는 선생님의 설명을 들었다.
  = **Listening to** the teacher's explanation, we took notes. 〈동시동작〉
  cf. <u>**Taking** notes</u> / <u>is an essential part (of the learning process).</u>
  필기를 하는 것은 / 필수적인 부분이다 (배우는 과정의).

---

263 **Sitting** at the window, she appreciated the scenery outside.

264 She lay awake, **recalling** the events of the day.

분사구문의 v-ing와 문장의 동사 V는 '잇따라 일어나는 두 동작'을 나타내기도 한다.
앞에 나오는 것이 처음 동작(V₁)이고 뒤에 나오는 것이 나중 동작(V₂)이다. 'V₁하고 (나서), V₁해서'로 해석한다.

I **finished** my homework, and then I **took** a rest.
→ **Finishing** my homework, I took a rest. 나는 숙제를 **끝내고 나서** 쉬었다.
  I finished my homework, **taking** a rest.

---

265 <u>**Entering** the hotel room,</u> / <u>we unpacked our luggage.</u>
  호텔 방에 들어가고 나서, / 우리는 짐을 풀었다.
  ← We entered the hotel room, *and* unpacked our luggage. 〈연속동작〉

---

266 The train left Seoul at 9:00, **arriving** in Busan at 12:00.

267 **Reaching** the top of the mountain, we took a photograph.

when(~할 때), while(~하는 동안), because[since, as](~하므로) 등이 이끄는 '시간, 이유'를 나타내는 부사절을 간략하게 분사구문으로 표현할 수도 있다.

Grammar Link 부사절 → 분사구문

When she heard the telephone ring, she got up to answer it.
  ↓   ↓   ↓   [접속사 When과 주어 she를 생략하고 동사 heard를 v-ing 형태로 바꾼다.]
→ X   X **Hearing** the telephone ring, she got up to answer it.
       전화 벨이 울리는 것을 **듣자**, 그녀는 그것을 받으려고 일어났다.

---

268 I fell asleep / **watching** television.
      S V   C
       나는 잠들었다   /   TV를 보다가.
    ← I fell asleep *while* I was watching television. 〈시간〉

269 **Being** a foreigner, / she needs a visa / to stay here.
         V   C   S   V O   M
      외국인이므로,   /   그녀는 비자가 필요하다   / 여기[이 나라에] 머물기 위해서.
    ← *Because[Since, As]* she's a foreigner, she needs a visa to stay here. 〈이유〉

---

270 Don't expect different results **doing** the same thing over and over again.

271 **Wishing** to encourage her son, she made a special dinner.

272 **Not knowing** their language, I couldn't help the lost foreign visitors.

TIP ▶ 숙어처럼 알아두면 좋은 분사구문

- generally speaking   일반적으로 말해서
- roughly speaking   대략적으로 이야기하자면
- judging from[by]   ~로 판단하건대

- strictly speaking   엄격히 말하자면
- frankly speaking   솔직히 말하자면
- considering that   ~을 고려하면

주의할 분사구문의 형태

분사구문은 《(being) p.p. ~》 형태로도 사용될 수 있다.

◖ 《(being) p.p. ~》 형태는 수동태절을 분사구문으로 표현한 것인데, being은 자주 생략되고 〈p.p. ~〉만 남는다. 'v될 때, v되므로' 등으로 해석한다.

When she was left alone, the little girl began to cry.

　↓　　↓　　↓　　↘　[접속사 When과 주어 she를 생략하고 be동사를 v-ing 형태로 바꾸거나 생략함]

→ X　　X **(Being) left** alone, the little girl began to cry. 홀로 남겨지자, 어린 소녀는 울기 시작했다.

273　**Observed** from outer space, / the earth appears blue.
　　　　　　우주에서 관찰될 때,　　　　　/　　지구는 파란색으로 보인다.

274　**Drawn** by a famous painter, the picture was sold at a high price.

275　**Not chosen** as the president of our class, I was disappointed.

276　**Borrowed** from the library, this novel has to be returned.

〔 **Check up** 〕 ···● 천일비급 p.54

다음 문장의 네모 안에서 어법상 알맞은 것을 고르세요.

1 Surprising / Surprised by my footsteps, the rabbit ran away.

2 Getting / Got off the bus, I dropped my bus card.

A 다음 문장의 네모 안에서 어법상 알맞은 것을 고르세요.

1 Bringing / Brought up in the U.S., he can speak English fluently.

2 Not knowing / known his phone number, I couldn't contact him.

3 Invented / Inventing the light bulb, Thomas Edison became a famous inventor.

4 This problem is too easy / easy enough to solve without a calculator.

B 다음 밑줄 친 to-v의 의미로 가장 알맞은 것을 〈보기〉에서 골라 그 기호를 쓰세요.

보기	ⓐ 목적: v하기 위해서	ⓑ 감정의 원인: v해서
	ⓒ 판단의 근거: v하는 것을 보니	ⓓ 형용사 수식: v하기에

1 I'm really surprised to see you here.

2 She must be very lucky to find a 100 dollar bill on the street.

3 A tribe in Indonesia adopted Hangul to write their language.

4 Some mushrooms are not safe to eat or touch.

C 다음 밑줄 친 분사구문의 의미를 가장 잘 나타낸 것을 고르세요.

1 Walking on the street, I saw an abandoned dog.
  ⓐ 내가 거리를 걷고 있을 때
  ⓑ 내가 거리를 걸었기 때문에

2 Not prepared, she was nervous to give a speech in class.
  ⓐ 학급이 그녀의 연설을 들을 준비가 되지 않아서
  ⓑ 그녀가 연설할 준비가 되지 않아서

A 1 bring up 기르다 fluently 유창하게 2 contact 연락(하다); 접촉(하다) 3 invent 발명하다 *cf.* inventor 발명가 light bulb 백열전구 **B** 3 tribe 부족, 종족 adopt 차용하다, 채택하다; 입양하다 **C** 1 abandoned dog 유기견, 버려진 개 *cf.* abandon 버리다; 포기하다 2 give a speech 연설하다

3

문장의 확장, **절**

〈주어+동사 ~〉의 형태로 하나의 문장이라 할 수 있는 것이 문장의
일부가 된 것을 '절'이라 한다. '절'은 문장에서 명사처럼 주어, 목적어, 보어가 되기도 하고,
형용사나 부사처럼 쓰여 다른 것을 수식하는 역할을 하기도 한다.

주어/목적어/보어로
쓰이는 명사절

Chapter Overview

영어 문장에서 명사는 주어, 목적어, 보어가 되는 아주 중요한 역할을 한다.

He likes **books**. 〈주어, 목적어〉

This is **his book**. 〈주어, 보어〉

주어, 목적어, 보어로는 명사 외에 to부정사구와 동명사구와 같은 명사구가 가능하다는 것을 배웠다.

To read books is fun. 〈주어〉 ⟵ Chapter 05

I like **to read books**. 〈목적어〉

My dream is **to be a writer**. 〈보어〉

또한 주어, 목적어, 보어로는 〈〈접속사〉+주어+동사 ~〉 형태도 쓰일 수 있다.

명사구와 달리 '주어와 동사'가 포함되어 있어 이를 '명사**절**'이라 한다.

That he likes her is certain. 〈주어〉

I know **that he is tired**. 〈목적어〉

The problem is **that I have no money**. 〈보어〉

이번 챕터에서는 바로 '명사절'에 대해 알아보기로 한다.

명사절을 이끄는 접속사로는 that, whether, if, 의문사 등이 있다.

*관계대명사 what도 명사절을 이끄는데, 이는 학습 편의를 위해 UNIT 44에서 학습한다.

명사
명사구
명사절
→ 주어
→ 목적어
→ 보어

Chapter Goals

1 문장에 쓰인 명사절의 역할(주어, 목적어, 보어)에 맞게 해석할 수 있다.

2 명사절의 어순을 올바르게 배열할 수 있다.

UNIT 3 3 •

277 obvious 명백한, 분명한

279 pity 유감, 안된 일; 동정심

   miss 놓치다; 그리워하다

   beginning 시작, 초(반)

280 move away 떠나다; 이사 가다

281 astronomer 천문학자

   cf. **astronaut** 우주 비행사

   cf. **astronomy** 천문학

   planet 행성

283 hope (that) ~을 바라다

   cf. **hope for** ~을 바라다

   bring IO DO IO에게 DO를 가져다주다

   luck 행운; 운, 운명

284 remember (that) ~을 기억하다

   silence 침묵; 고요

285 contact 연락(하다), 접촉(하다)

   remind O (that) O에게 ~을 상기시키다

   appointment 약속; 임명, 지명

   cf. **appoint** 약속하다; 임명[지명]하다

286 show IO DO IO에게 DO를 보여주다[증명하다]

   evolve (서서히) 발달하다; 진화하다

Check up

   truth 사실, 진리

   for sure 확실히, 틀림없이

UNIT 34

289 pass the exam 시험에 합격하다

  certain 확실한; 어떤, 특정한 (↔uncertain 불확실한)

291 yawn 하품(하다)

292 matter 중요하다; 문제, 일; 물질

  succeed 성공하다 (↔fail 실패하다)

  attempt 시도(하다)

  valuable 가치 있는; 귀중한, 소중한

  cf. **invaluable** 매우 가치 있는

293 lie detector 거짓말 탐지기

  cf. **detect** 감지하다, 발견하다

294 share 공유하다, 나누다

  thought 생각, 사고(력)

295 go on a trip 소풍을 가다

  depend on A A에 달려 있다; A를 의지하다

296 life 생명체; 인생, 삶

297 assignment 과제, 숙제; 임무

  cf. **assign** (과제·임무를) 맡기다, 배정하다

  on time 제시간에 딱 맞게; 정각에

  ⓘ **in time** 시간 안에 늦지 않게

> **Check up**

  concern 관심사; 우려, 걱정

  predict 예측[예견]하다 (= foresee, foretell)

  effective 효과적인

UNIT 35

298 extinct 멸종한

  unclear 불확실한 (= uncertain)

300 treat 대하다, 다루다; 치료하다

301 stand for ~을 의미하다; ~을 옹호하다

302 wonder 궁금해하다; 경이, 놀라움

303 discover 발견하다, 찾다

  cause 유발하다, 원인(이 되다)

  cancer 암

304 sculpture 조각(품)

  unknown 알려지지 않은

> **Check up**

  break out 발발하다, 발생하다

  cf. **outbreak** (전쟁·질병 등의) 발발

UNIT 36

306 work 작동하다; 일하다; 효과가 있다

307 last (기능이) 지속되다; 계속되다

309 beyond ~이상[너머]

  imagination 상상(력)

  cf. **imagine** 상상하다, 생각하다

310 update 갱신하다, 새롭게 하다

312 discuss O O에 대해 논의하다

  raise(-raised-raised) (동물 등을) 기르다; (손 등을) 올리다

  ⓘ **rise(-rose-risen)** 오르다; (해 등이) 뜨다

314 major 전공; 주요한

  ⓘ **minor** 부전공; 중요하지 않은, 사소한

  affect 영향을 미치다 (= influence)

316 increase 증가(하다) (↔decrease 감소(하다))

  population 인구

  society 사회; 집단, 단체

317 suppose 생각하다, 추측하다

that절

접속사 that은 〈that+S′+V′ ~〉 형태의 명사절을 만든다.
that이 이끄는 절, 즉 that절은 'S′가 V′ ~라는 것'으로 해석하며
문장에서 주어, 목적어, 보어가 된다.

that+S′+V′~: S′가 V′~라는 것

She passed the exam.
↓
That she passed the exam is clear.
S   V   C
그녀가 시험에 통과한 것은 분명하다.

◖ that절이 문장의 주어(S)일 경우, 가주어 it을 대신 주어 자리에 두고 that절(진주어)은 문장 뒤로 보내는 것이
대부분이다. ⟨ UNIT 20

277 **That he told a lie** // is obvious.
S   V   C
그가 거짓말을 했다는 것은   //   명백하다.

278 **It is obvious** // **that he told a lie.**
S(가주어) V   C   S′(진주어)
(~은) 명백하다   //   그가 거짓말을 했다는 것은.

279 **It** is a pity **that** you missed the beginning of the concert.

280 Is **it** true **that** you are moving away next week?

◖ that절은 문장의 목적어로 가장 많이 쓰인다. SVO문형의 O(목적어) 또는 SV+IO+DO문형의 DO(직접
목적어)가 된다. 이때 주의할 것은 that이 종종 생략된다는 것이다. O(목적어) 자리에 접속사 없이 주어(S′), 동사
(V′)가 이어지면 접속사 that이 생략된 것이 아닌지 판단해본다.

S+V+(that) S′+V′~.   S+V+IO+(that) S′+V′~.
    O   DO

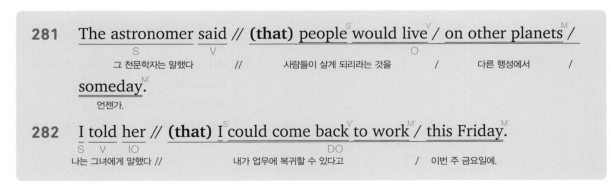

281 The astronomer said // (that) people would live / on other planets /
S   V   S′   V′   O   M′
그 천문학자는 말했다   //   사람들이 살게 되리라는 것을   /   다른 행성에서   /

someday.
M′
언젠가.

282 I told her // (that) I could come back to work / this Friday.
S V IO   S′   V′   M′   M′
나는 그녀에게 말했다 //   내가 업무에 복귀할 수 있다고   /   이번 주 금요일에.

283 I hope this new year will bring you better luck.

284 Remember sometimes silence is the best answer. –Dalai Lama

285 Her contact reminded us we had an appointment.

286 History shows us language and communication evolve through time.

▌ that이 이끄는 명사절은 SVC문형의 보어로도 쓰일 수 있다.

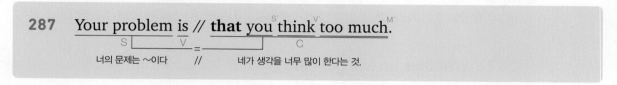

287 <u>Your problem is</u> // **that you think too much.**
        S   V   =   C
   너의 문제는 ~이다   //   네가 생각을 너무 많이 한다는 것.

288 My wish is **that** I get a new smartphone on my birthday.

> **Check up** .... ● 천일비급 p.58

다음 밑줄 친 절이 문장에서 하는 역할로 알맞은 것을 〈보기〉에서 골라 그 기호를 쓰고 문장 전체를 해석하세요.

| 보기 | ⓐ 주어 | ⓑ 목적어 | ⓒ 보어 |

1 The truth is <u>that no one knows the answer for sure.</u>

→ _____

2 Later, we discovered <u>that we went to the same high school.</u>

→ _____

3 It has been reported by many scientists <u>that sea levels are rising.</u>   *sea level 해수면

→ _____

UNIT 34 whether/if절

접속사 whether와 if는 〈whether/if+S′+V′ ~〉 형태의 절을 만들어 문장에서 명사 역할을 할 수 있고, 'S′가 V′ ~인지'로 해석한다. Yes인지 No인지를 묻는 의문문이 절이 된 것으로서 의문문일 때와는 어순이 다른 것에 주의해야 한다. 즉 Yes/No 의문문의 〈(조)동사+S′ ~?〉가 절이 되면서 〈S′+(조)동사 ~〉의 어순이 된다.

whether/if + S′ + V′ ~ : S′가 V′~인지

Is she your friend?

Whether she is your friend is not clear.

그녀가 너의 친구인지는 분명하지 않다.

Did you meet him yesterday?

I don't know **whether[if] you met him yesterday**.

나는 어제 네가 그를 만났는지 모른다.

▶ whether절이 주어일 경우, 가주어 it을 문장 앞에 두고 whether절(진주어)을 문장 뒤로 보내기도 한다. if절은 문장의 주어 자리에는 쓰이지 않고, 진주어로는 사용이 가능하다는 것에 주의한다.

289 **Whether** he will pass the exam // is not certain yet.

　　　그가 시험에 합격할지는 　　/ 　　아직 확실하지 않다.

　　(← **Will he** pass the exam?)

290 **It** is not certain yet // **whether[if]** he will pass the exam.

　S(가주어)　V　C　M 　　　　　　　S′(진주어)

　　　(~은) 아직 확실하지 않다 　// 　그가 시험에 합격할지는.

291 **Whether** yawning is passed from person to person is not clear.

292 **It** doesn't matter **whether[if]** you succeed or fail. The attempt is valuable.

whether절은 동사와 전치사의 목적어 역할을 모두 할 수 있다.
if절은 동사의 목적어로만 사용이 가능하다는 것에 주의한다.

293 <u>With a lie detector,</u> / <u>you</u> <u>can see</u> // **whether[if]** <u>someone is lying</u>.
M   S   V   O
거짓말 탐지기로,   /   당신은 알 수 있다   //   누군가가 거짓말을 하고 있는지.
(← **Is someone** lying?)

294 He asked me **whether[if]** I could share my thoughts on the problem.

295 Going on a school trip depends on **whether** it rains or not.

whether절은 보어 역할을 할 수 있다. if절은 보어로 거의 쓰이지 않는다.

296 <u>The question</u> <u>is</u> // **whether** <u>there is life</u> / <u>on Mars</u>.   *Mars 화성
S   V   =   C
문제는 ~이다   //   생명체가 있는지   /   화성에.
(← **Is there** life on Mars?)

297 The problem is **whether** I can finish the assignment on time.

Check up .... ● 천일비급 p.59

다음 밑줄 친 절이 문장에서 하는 역할로 알맞은 것을 〈보기〉에서 골라 그 기호를 쓰고 문장 전체를 해석하세요.

| 보기 | ⓐ 주어 | ⓑ 목적어 | ⓒ 보어 |

1 I don't know <u>if he is at home</u>.

→ _____

2 My concern is <u>whether she will come or not</u>.

→ _____

3 It cannot be predicted <u>whether the plan will be effective</u>.

→ _____

의문사절 I

what, who(m), which, whose, when, where, why, how와 같은 의문사로 시작하는 절도 명사절이 될 수 있다. 해석은 각 의문사의 의미에 따라 하면 된다. 의문사절에서 주의할 것은 어순이다. 의문문일 때와 의문사절일 때의 어순이 다른 것과 같은 것이 있으니 이에 대해 알아보자.

why + S′ + V′ ~: S′가 왜 V′ ~인지
who + V′ ~: 누가 V′ ~인지

의문사절은 의문문일 때의 어순과 다르게 〈의문사+S′+V′〉 형태로 문장에서 주어, 목적어, 보어가 된다. 단, 이때 의문사는 의문사절에서 '주어(S′)'가 아니다.

Why is she crying?

Why she is crying is not clear.

그녀가 왜 울고 있는지는 분명하지 않다.

When did you leave school?

I don't know **when you left school**.

나는 언제 네가 학교를 떠났는지 모른다.

---

298 **Why** dinosaurs became extinct // is still unclear.

공룡들이 왜 멸종되었는지는 // 여전히 불확실하다.

(← **Why did dinosaurs become** extinct?)

299 Do you know // **what** the name (of this flower) is?

너는 아니 // (이 꽃의) 이름이 무엇인지?

(← **What is the name of this flower?**)

---

300 **How** people treat you tells you about them.

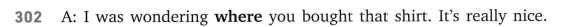

301 Someone asked me **what** LOL stood for.

302 A: I was wondering **where** you bought that shirt. It's really nice.

B: Oh, really? Yeah, I actually bought it on the Internet just last week!

의문사 what, who, whose, which가 의문사절에서 '주어(S′)'인 경우는 의문문과 의문사절의 어순이 같다. 즉, 〈의문사+V′〉 형태의 명사절이 되어 문장에서 주어, 목적어, 보어가 된다.

Who called me?
↓ ↓
I know **who called me**.

나는 누가 나를 불렀는지 안다.

303 Scientists discovered // **what causes cancer**.

과학자들은 발견했다 // 무엇이 암을 유발하는지.

(← **What causes** cancer?)

304 **Who made the sculpture** // is still unknown.

누가 그 조각품을 만들었는지 // 아직까지 알려지지 않았다.

(← **Who made** the sculpture?)

305 Let's choose **which of us** will bring a tent on the trip.

Check up ··· ● 천일비급 p.61

다음 우리말과 일치하도록 괄호 안에 주어진 어구를 순서대로 배열하세요.

1 역사 시간에, 우리는 왜 제1차 세계대전이 일어났는지 배웠다. (broke out, why, the First World War)

*the First World War 제1차 세계대전

→ In history class, we learned _____.

2 나는 그 버스 정류장이 어디에 있는지 모른다. (is, the bus stop, where)

→ I don't know _____.

3 너는 어제 그에게 무슨 일이 일어났는지 들었니? (to him, happened, what)

→ Did you hear _____ yesterday?

UNIT

3 6

의문사절 Ⅱ

다양한 형태와 어순을 만드는 의문사절에 대해 알아보자.

how는 〈how+S′+V′~〉의 명사절을 만들 수 있다. 그 외에도 뒤에 형용사/부사와 같이 쓰여 〈how 형용사/부사+S′+V′~〉 또는 〈how+many/much+명사〉의 형태로 자주 쓰인다.

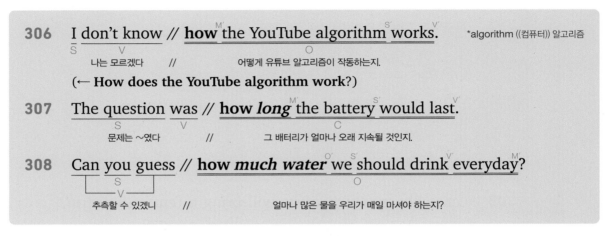

306 I don't know // **how** the YouTube algorithm works.   *algorithm ((컴퓨터)) 알고리즘

    나는 모르겠다   //   어떻게 유튜브 알고리즘이 작동하는지.

(← **How does the YouTube algorithm work?**)

307 The question was // **how *long*** the battery would last.

    문제는 ~였다   //   그 배터리가 얼마나 오래 지속될 것인지.

308 Can you guess // **how *much water*** we should drink everyday?

    추측할 수 있겠니   //   얼마나 많은 물을 우리가 매일 마셔야 하는지?

how long	((시간·길이)) 얼마나 오래	how old	((나이)) 몇 살
how far	((거리·정도)) 얼마나 멀리	how often	((빈도)) 얼마나 자주
how many (+명사)	((수)) 얼마나 많이[많은]	how tall	((키)) 얼마나 키가 큰
how much (+명사)	((양·가격)) 얼마나 많이[많은]	how hard	((정도)) 얼마나 힘든[열심히]

309 **How *hard*** climbing Everest is is beyond your imagination.

310 Find out **how *often*** the information is updated.

311 The number of growth rings shows **how *old*** the tree is.

*growth ring (나무의) 나이테

what, which, whose는 문장 안에서 형용사처럼 쓰여 〈의문사+명사+S´+V´〉 또는 〈의문사+명사+V´〉의 형태로 쓰일 수 있다. 각각 '무슨 ~', '어떤 ~', '누구의 ~'으로 해석된다.

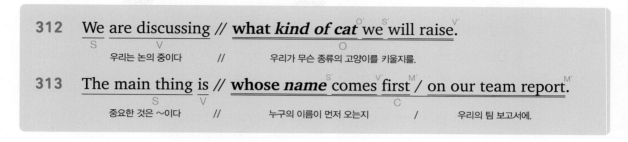

312 We are discussing // **what *kind of cat*** we will raise.
　　　S　　　V　　　　　　　　　　　　　　O
　　　　　우리는 논의 중이다　　　//　　　우리가 무슨 종류의 고양이를 키울지를.

313 The main thing is // **whose *name*** comes first / on our team report.
　　　　　S　　　　V　　　　　　　　　　　　　　　　　C
　　　중요한 것은 ~이다　　//　　누구의 이름이 먼저 오는지　/　우리의 팀 보고서에.

314 **Which *major*** you choose can affect your future.

의문사절이 'do you think[believe, suppose]' 등과 결합할 때는 의문사가 문장 앞으로 간다. 그 의문문의 답을 Yes/No로 할 수 없으므로 Yes/No 의문문이 아니라 '의문사 의문문'이 되어야 하기 때문이다. 이때 어순은 〈의문사+do you think[believe, suppose]+(S´+)V´〉이다.

Do you think + **What** **happened to him**?
→ Do you think **what** **happened to him**? (X)
→ **What** do you think **happened to him**? (O)
네가 생각하기에 그에게 무슨 일이 생겼을까?

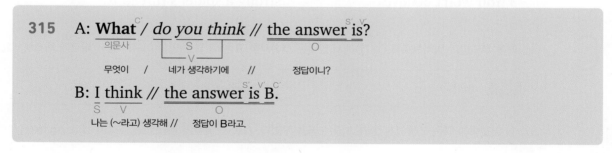

315 A: **What** / *do you think* // the answer is?
　　　　의문사　　　S　V　　　　　　　O
　　　무엇이　/　네가 생각하기에　//　정답이니?

B: I think // the answer is B.
　　S　V　　　　　O
　나는 (~라고) 생각해 //　정답이 B라고.

316 **How** *do you believe* the increasing population will affect society?

317 **Where** *do you suppose* the best place for a date is?

A

다음 문장에서 명사절을 찾아 밑줄을 긋고 밑줄 친 부분을 해석하세요.

1 The success of a movie is up to whether the reviews are good or bad.

→ _____

2 It is said that reading is good for relieving stress.

→ _____

3 Do you know how far the nearest bank is?

→ _____

4 My concern is how he won the race.

→ _____

B

다음 문장의 빈칸에 알맞은 의문사를 〈보기〉에서 골라 쓰세요. (한 번씩만 사용할 것)

보기   which   who   how

1 Please tell me _____ wants some juice.

2 Can you guess _____ actors will be at the MTV award ceremony?

3 You won't believe _____ strong a spider's thread is.   *spider's thread 거미줄

C

다음 우리말과 일치하도록 〈보기〉에서 알맞은 접속사를 고른 뒤 괄호 안의 어구와 함께 바르게 배열하세요.

보기   that   if   what

1 어젯밤에 나는 괴물에게 쫓기고 있는 꿈을 꾸었다. (was being chased, I, by, a monster)

→ Last night I dreamed _____ .

2 우리가 답을 인터넷에서 찾을 수 있을지 봅시다. (find, on the Internet, the answer, can, we)

→ Let's see _____ .

3 이 상황에서 제가 무엇을 가장 먼저 해야 한다고 당신은 생각하나요? (you, do, should, do, think, I, first)

→ _____ in this situation?

A 1 be up to ~에 달려 있다 review 평가, 평론; 복습   2 relieve (고통 등을) 없애주다, 덜어주다   B 2 guess 추측[짐작]하다; 추측 award ceremony 시상식
C 1 chase 뒤쫓다, 추격하다

CHAPTER 09

관계사절 I

Chapter Overview

관계사절은 관계사(who, which, that, whose, when, where, how, why 등)가 이끄는 절이란 뜻으로, 관계대명사절과 관계부사절로 나누어진다.

이 챕터에서는 관계사절이 하는 역할 중 앞에 나온 명사를 수식하는 것을 학습한다. 이는 형용사의 역할과 같으므로 이 역할을 하는 관계사절을 때로는 형용사절이라 부르기도 한다. 관계사절의 수식을 받는 명사는 관계사절의 앞에 있으므로 선행사(先行詞)라고 한다.

*선행사의 '선(先)'은 '먼저 선'으로서 선행사는 '먼저 오는 말'이다.

관계사
I bought *a book* which has many pictures.
선행사 ↑ 관계사절

나는 **그림이 많은** *책 한 권*을 샀다.

이 챕터에서는 선행사를 수식하는 역할을 하는 관계사절에 대해 관계사의 종류별로 알아본다.

Chapter Goals

1 관계사절이 포함된 문장을 올바로 해석할 수 있다.

2 문장의 주어, 동사와 관계사절의 주어, 동사를 구분할 수 있다.

3 선행사에 따라 적절한 관계사를 선택할 수 있다.

4 생략될 수 있는 관계사나 선행사를 말할 수 있다.

Must-know Words & Lexical Phrases

UNIT 37 •

318 **professor** 교수

　　give a lecture 강연하다

　　literature 문학 (작품)

319 **reduce** 줄이다; (가격 등을) 낮추다

　　product 제품, 상품

　　oil-free 오일을 사용하지 않은

　　cf. **-free** ～이 없는

320 **get over A** A를 극복하다

　　difficulty ((주로 복수형)) 어려움, 곤경

321 **spoil** (음식이) 상하다; 망치다

Check up

　　researcher 연구원

　　cf. **research** 연구(하다), 조사(하다)

　　subject 주제; 학과; 과목

323 **run** 운행하다; 운영하다; 달리다

324 **flow** 흐르다

　　through ～을 관통하여[통해], ～ 사이로

　　pollute 오염시키다

　　cf. **pollution** 오염, 공해

325 **be absent from** ～에 결석[결근]하다

　　be allowed to-v v하는 것이 허용되다

　　participate in ～에 참여[참가]하다

Check up

　　give birth to (아이를) 낳다 (＝bear)

　　follow (내용을) 이해하다; (～의 뒤를) 따라가다

　　make a mistake 실수하다

　　make progress 전진하다, 진행하다

UNIT 38 •

326 **run into A** A와 우연히 마주치다[만나다]
　　　　　　(＝run[come] across, bump into)

　　for years 수년간, 몇 해 동안

328 buy IO DO IO에게 DO를 사주다

　on sale 세일[할인] 중인; 판매되는

329 graduation 졸업

　cf. **graduate** 졸업하다; 대학 졸업자

　admire 존경하다; 칭찬[감탄]하다

330 pill 알약(=tablet)

　make O C O가 C하게 만들다

> [Check up]

　marry O O와 결혼하다

　bring IO DO IO에게 DO를 가져다주다

331 teach IO DO IO에게 DO를 가르치다

333 customer 고객, 손님

　send IO DO IO에게 DO를 보내주다

　discount 할인(하다)

334 wish to-v v하기를 바라다

336 powerful 강력한, 효과적인, 영향력 있는

　form 종류; 형태

> [Check up]

　look good on ~에게[~와] 잘 어울리다

　career 직업, 사회생활

UNIT **39** •

338 spouse 배우자

　smoker 흡연자

　cf. **smoke** 흡연을 하다; 연기

　risk 위험 (요소); 위태롭게 하다; ~의 위험을 무릅쓰다

　lung 폐, 허파

　cancer 암

339 apologize to A A에게 사과하다

　spill(-spilled[spilt]-spilled[spilt]) 엎지르다, 흘리다; 흐르다

340 unique 독특한; 아주 특별한

　seed 씨, 씨앗

341 plot (영화 등의) 줄거리, 구성

　big hit 큰 성공

UNIT **40** •

342 be in love with ~와 사랑에 빠지다

343 know nothing of ~에 대해 전혀 모르다

344 tribe 부족, 종족

　be full of ~로 가득 차다

345 root 뿌리; 근원

> [Check up]

　apply for ~에 지원하다, ~을 신청하다

　cf. **application** 지원[신청](서); 적용, 응용

　broken 부러진; 고장 난

　complaint 불만, 불평

　cf. **complain** 불평하다, 항의하다

UNIT **41** •

346 quality time 귀중한 시간

　have a conversation 대화를 나누다

347 hide(-hid-hidden) 숨기다. 감추다; 숨다

　treasure 보물, 귀중한 것; 소중히 여기다

348 empire 제국

349 start v-ing v하는 것을 시작하다

350 hang out with ~와 시간을 보내다

352 become C C한 상태가 되다

　independent (국가가) 독립된; 자립적인 (↔dependent 의존적인)

353 get a cold 감기에 걸리다

　lack 부족(하다), 결핍(되다)

355 make friends 친구를 사귀다; 화해하다

356 manage the stress 스트레스를 해소하다

> [Check up]

　neighborhood 동네, 근처, 이웃 (사람들)

　used to v (과거에) v하곤 했다; v였다

　hand in 제출하다 (= submit)

　accident 사고

주격 관계대명사 who, which, that

관계대명사 who, which, that은 절을 이끄는 접속사 역할과
관계대명사절의 주어 역할(주격 관계대명사)을 동시에 할 수 있다.

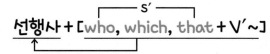

He read **a book**. **+ It** was published last year. 그는 책 한 권을 읽었다. +그것은 작년에 출판되었다.

He read **a book** **which** was published last year. 그는 작년에 출판된 책 한 권을 읽었다.

수식 받는 명사(선행사)가 사람이면 who, 사람이 아니면 which를 쓴다. that은 두 경우 모두 쓸 수 있다.
관계대명사가 주어 역할을 하므로 뒤에는 (조)동사가 따른다.

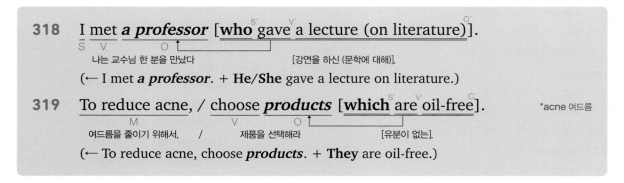

318 I met **a professor** [**who** gave a lecture (on literature)].
　　　나는 교수님 한 분을 만났다　　　　　　　[강연을 하신 (문학에 대해)].
　　　(← I met **a professor**. + **He/She** gave a lecture on literature.)

319 To reduce acne, / choose **products** [**which** are oil-free].　　　*acne 여드름
　　　여드름을 줄이기 위해서, / 제품을 선택해라　　　[유분이 없는].
　　　(← To reduce acne, choose **products**. + **They** are oil-free.)

사람 선행사	who / that
사람이 아닌 선행사	which / that

320 Helen Keller was a great woman **who** got over many difficulties.

321 Honey is a food **which** doesn't spoil.

322 I have not failed. I've just found 10,000 ways **that** won't work.

– Thomas Edison

> **Check up** ･･ ● 천일비급 p.64

다음 문장의 네모 안에서 어법상 알맞은 것을 고르세요.

1 I saw the girl who / which lives next door.

2 I have a class who / which begins at 11 a.m.

3 A researcher is someone who / which studies a subject.

4 He found a snake who / which was hiding under the rock.

관계대명사절은 선행사 뒤에 오는 것이 원칙이다. 그러므로 문장의 주어가 선행사일 때 관계대명사절은 주어와 동사 사이에 온다. 즉, 〈주어+관계대명사절〉이 하나의 큰 주어 덩어리를 만든다.

The woman is a teacher. +**She** wrote the books. 그 여성은 선생님이다. +그녀는 그 책들을 썼다.

The woman who wrote the books / is a teacher. 그 책들을 쓴 여성은 선생님이다.
S   V

〈주어+관계대명사절+동사 ~〉에서 주어가 단수이면 동사도 단수이고, 주어가 복수이면 동사도 복수로 수일치시켜야 한다. 관계대명사절에 포함된 명사와 수일치시키지 않도록 주의해야 한다.

---

323 **The bus** [**that** goes to the shopping centers] / runs every half hour.
S   V   M
버스는   [쇼핑센터로 가는]   /   30분마다 운행한다.

(← **The bus** runs every half hour. + **It** goes to the shopping centers.)

---

324 The river **which** flows through the two countries is polluted.

325 The students **who** were absent from class were not allowed to participate in the activity.

Check up ··· ● 천일비급 p.65

다음 문장에서 밑줄 친 선행사를 수식하는 관계대명사절을 [ ]로 표시하고 네모 안에서 어법상 알맞은 것을 고르세요.

1 A woman who gave birth to four babies is / are on television now.

2 The film that was 200 minutes long was / were hard to follow.

3 People that never make a mistake doesn't / don't make progress.

목적격 관계대명사 who(m), which, that

관계대명사 who(m), which, that은 절을 이끄는 접속사 역할과 관계대명사절의 목적어 역할(목적격 관계대명사)을 동시에 할 수 있다. 관계대명사는 접속사 자리에 있어야 하므로 절 앞으로 이동하여 원래 목적어가 있던 자리(●로 표시)는 비어 있게 된다.

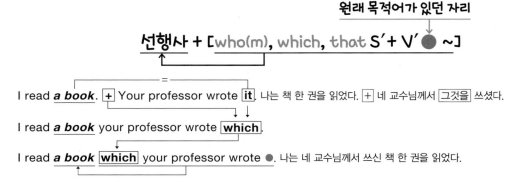

앞서 살펴본 주격 관계대명사와 마찬가지로 수식 받는 명사(선행사)가 사람이면 who나 whom, 사람이 아니면 which를 쓴다. that은 두 경우 모두 쓸 수 있다.

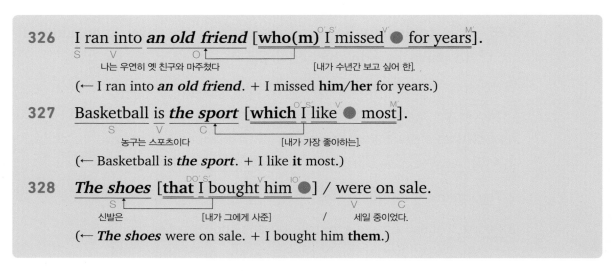

사람 선행사	whom, who / that
사람이 아닌 선행사	which / that

329 After graduation, I visited a teacher **who** I admired.

330 The pill **that** I took last night made me sleepy.

Check up ....● 천일비급 p.65

다음 문장의 네모 안에서 어법상 알맞은 것을 고르세요.

1 She married the one [whom / which] her parents didn't like.

2 The four-leaf clover [who / which] you found will bring you good luck. *four-leaf clover 네잎클로버

관계대명사가 대신하는 목적어는 동사의 직접목적어 외에도 간접목적어이거나 to부정사의 목적어일 수도 있다.

(전치사의 목적어인 경우 ◁ UNIT 40)

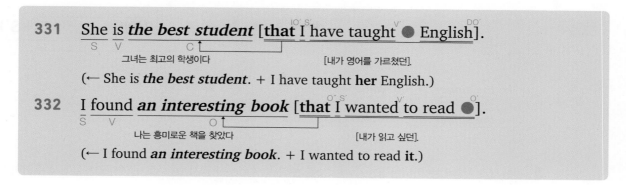

331 She is *the best student* [that I have taught ● English].
그녀는 최고의 학생이다   [내가 영어를 가르쳤던].
(← She is *the best student*. + I have taught **her** English.)

332 I found *an interesting book* [that I wanted to read ●].
나는 흥미로운 책을 찾았다   [내가 읽고 싶던].
(← I found *an interesting book*. + I wanted to read **it**.)

333 He is the customer **who** I sent a discount coupon.

334 The store didn't have the jeans **which** I wished to buy.

목적격 관계대명사는 생략될 수 있으며, 이 경우 선행사인 (대)명사 뒤에 관계대명사절의 〈S′+V′ ~〉가 바로 이어진다. 문장 전체의 주어(S), 동사(V)와 관계대명사절의 주어(S′), 동사(V′)를 잘 구별하도록 하자.

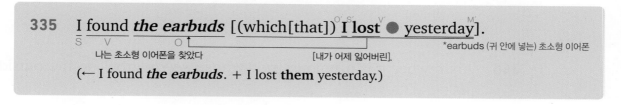

335 I found *the earbuds* [(which[that]) I lost ● yesterday].
나는 초소형 이어폰을 찾았다   [내가 어제 잃어버린].
*earbuds (귀 안에 넣는) 초소형 이어폰
(← I found *the earbuds*. + I lost **them** yesterday.)

336 The food **you eat** can be a powerful form of medicine.

337 Having someone **you can trust** completely is a great thing.

Check up .... ● 천일비급 p.66

다음 문장에서 관계대명사가 생략된 곳에 ✔ 표시하고, 관계대명사절은 [ ]로 표시하세요.

1 The cap you are wearing looks good on you.

2 I lost the cell phone my mom bought me last month.

3 For your future career, think about subjects you like to study first.

관계대명사 whose

관계대명사 whose는 절을 이끄는 접속사의 역할과 동시에 바로 뒤에 나오는 명사가 선행사의 '소유'임을 나타내는 역할(소유격 관계대명사)을 한다.

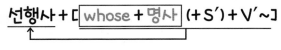
선행사 + [whose + 명사] (+S') + V'~]

I like ***the singer***. +Her voice is very soft. 나는 그 가수를 좋아한다. +그녀의 목소리는 매우 부드럽다.

I like ***the singer*** whose voice is very soft. 나는 목소리가 매우 부드러운 그 가수를 좋아한다.

◖ 선행사가 사람이든 아니든 모두 whose를 쓴다. 〈whose+명사〉는 주로 관계대명사절에서 주어이거나 동사의 목적어이다.

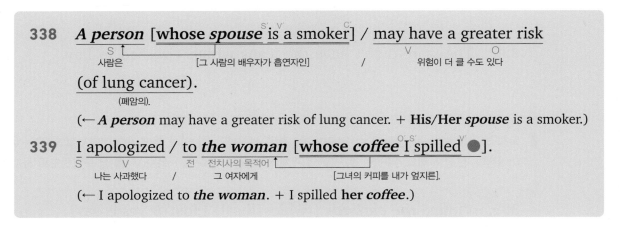

338 ***A person*** [whose *spouse* is a smoker] / may have a greater risk
　　　　S　　　　[그 사람의 배우자가 흡연자인]　　/　　위험이 더 클 수도 있다
　　사람은

(of lung cancer).
　　(폐암의).
　　(← ***A person*** may have a greater risk of lung cancer. + **His/Her *spouse*** is a smoker.)

339 I apologized / to ***the woman*** [whose *coffee* I spilled ●].
　　S　　V　　전　전치사의 목적어
　나는 사과했다　/　그 여자에게　　　[그녀의 커피를 내가 엎지른].
　　(← I apologized to ***the woman***. + I spilled **her *coffee***.)

340 A strawberry is a unique fruit **whose *seeds*** grow on the outside.

341 The movie **whose *plot*** I didn't understand wasn't a big hit.

────────────────────────────────── ● 천일비급 p.67

| Check up |

다음 문장의 네모 안에서 어법상 알맞은 것을 고르세요.

1 I have a friend whose / who brother is an actor.

2 She found a camera whose / who price was reasonable. *reasonable 적당한; 합리적인

3 You can trust any human whose / whom dogs trust.

4 She is someone whose / who shows love through gifts.

전치사＋관계대명사

관계대명사가 〈전치사＋명사〉구의 명사(전치사의 목적어)를 대신하여 절 앞으로 이동할 경우, 전치사는 절 끝에 남기도 하고 관계대명사 앞으로 갈 수도 있다.

선행사＋[(관계대명사)＋S′＋V′~＋전치사]
= 선행사＋[전치사＋관계대명사＋S′＋V′~]

I read **the book**. + You told me **about it**. 나는 그 책을 읽었다. + 네가 내게 그것에 관해 말해주었다.

I read **the book** which you told me **about**. 나는 네가 내게 말해준 그 책을 읽었다.

I read **the book about** which you told me. 나는 네가 내게 말해준 그 책을 읽었다.

〈전치사＋관계대명사〉 형태는 whom, which만 가능하며 that은 쓸 수 없다. 또한, 이 경우 whom, which를 생략할 수 없다. 하지만 전치사가 관계대명사절 끝에 있을 때는 who(m), which, that을 쓸 수 있고, 생략이 가능하다.

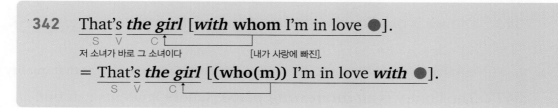

342　That's **_the girl_** [**_with_** whom I'm in love ●].
　　　　 S　V　　C　　　　　　　　　[내가 사랑에 빠진].
　　　저 소녀가 바로 그 소녀이다
　　 = That's **_the girl_** [(who(m)) I'm in love **_with_** ●].
　　　　　 S　V　　C

343　Don't talk about things **that** you know nothing **_of_**.

344　The jungle **_in_** which the tribe lived was full of strange plants.

345　The mind is the root **_from_** which all things grow. −Bodhidharma ((달마))

| Check up | ⋯⋯⋯⋯⋯⋯⋯⋯⋯⋯⋯⋯⋯⋯⋯⋯⋯⋯⋯⋯⋯⋯⋯⋯⋯⋯⋯ ● 천일비급 p.68 |

다음 문장에서 관계대명사가 생략된 곳에 ✔ 표시하고, 관계대명사절은 [ ]로 표시하세요.

1 I got the job I applied for last month.

2 The chair he sat down on was broken.

3 That's the man I made my complaint to.

UNIT 41 관계부사 when, where, why, how

장소, 시간, 이유, 방법을 의미하는 부사구 대신 관계부사를 사용할 수 있다.

the place where ~ (장소) the time when ~ (시간)
the reason why ~ (이유) a(the) way/how ~ (방법)
※ a(the) way how(×)

I joined **a gym**. + I can exercise **at the gym**. 나는 헬스클럽에 가입했다. + 나는 그곳에서 운동할 수 있다.

I joined **a gym at which** I can exercise. 나는 내가 운동할 수 있는 헬스클럽에 가입했다.

I joined **a gym where** I can exercise. 나는 내가 운동할 수 있는 헬스클럽에 가입했다.

선행사	전치사+관계대명사	관계부사
장소 *e.g.* place, park, house 등	at[in, on] which	**where**
시간 *e.g.* time, day, month 등	at[in, on] which	**when**
이유 *e.g.* reason	for which	**why**
방법 *e.g.* way	in which	**how**

346 Dinner is *quality time* [**when** families can have a conversation].
S V C
저녁 식사는 귀중한 시간이다   [가족들이 대화를 나눌 수 있는].

(← Dinner is *quality time*. + Families can have a conversation **at that quality time**.)

347 The library is *an interesting place* [**where** students can find
S V C
도서관은 흥미로운 곳이다   [학생들이 숨겨진 보물을 찾을 수 있는].

hidden treasures].

(← The library is *an interesting place*. + Students can find hidden treasures **in that interesting place**.)

348 This book gives *reasons* [**why** the Roman Empire failed].
S V O
이 책은 이유들을 제시해준다   [로마 제국이 실패한].

(← This book gives *reasons*. + The Roman Empire failed **for the reasons**.)

관계부사는 특히 '생략'에 주의해야 한다. 관계부사 자체가 생략되기도 하지만 선행사도 생략될 수 있다.
특히 '시간, 장소, 이유'를 뜻하는 대표적인 선행사인 the time, the place, the reason이 자주 생략된다.

349 Spring is **when** everything starts growing.

350 Is this **where** you often hang out with your friends?

351 Can you tell me **why** you didn't call me yesterday?

when과 why는 선행사를 그대로 두고 자주 생략된다.

352 ***The day*** [(when) **Korea** became independent] / was August 15, 1945.
　　　　　S　　　　　　　　S'　　V'　　　C'　　　　　V　　　　　　C
　　　　날은　　　　　　　[한국이 독립한]　　　　　　/　　1945년 8월 15일이었다.

353 One of the reasons **you can get a cold** is lack of vitamin C.

how는 선행사인 a[the] way와 함께 쓰지 않는다. 즉, 관계부사 how와 선행사 중 하나만 쓴다.
a[the] way how (×)

354 The cook never tells // **how[the way]** he makes his special sauce.
　　　　　S　　　　　V　　　　　　　　　　　　　S'　　V'　　　　　O'
　　　그 요리사는 절대 얘기하지 않는다　//　　　자신의 특별한 소스를 만드는 방법을.

355 A: Do you know **a way** I can make friends easily?

　　　B: Say "hello" to others first and be nice to everyone.

356 It's important to know **how** you manage the stress in your life.

> **Check up** ⋯⋯⋯⋯⋯⋯⋯⋯⋯⋯⋯⋯⋯⋯⋯⋯⋯⋯⋯⋯⋯⋯⋯⋯⋯⋯⋯⋯ ● 천일비급 p.70

다음 〈보기〉에서 알맞은 관계부사를 골라 빈칸에 쓰고, 관계부사절은 [ ]로 표시하세요. (한 번씩만 쓸 것)

보기	when	where	why	how

1 The neighborhood _____ I used to live was very peaceful and quiet.

2 It takes time and effort to change _____ you think and act.

3 Can you tell me _____ you didn't hand in the report today?

4 The time _____ the accident happened was 6 o'clock.

A

〈보기〉와 같이 선행사에는 밑줄을 긋고, 관계사절은 [　]로 표시하세요.

 보기　The pen [which was on the desk] has disappeared.

1 Some people who travel overseas experience culture shock.
*culture shock 문화충격 ((이질적인 문화를 접할 때 받는 충격))

2 He decided to donate all the money that he had earned.

3 Spend time with people you can count on.

4 The clothing store where I often shop is going to close down.

5 The moment a human first set foot on the moon will never be forgotten.

B

다음 문장의 네모 안에서 어법상 알맞은 것을 고르세요.

1 My friend who raises three dogs has / have lots of things to do.

2 Behavior is the mirror which / in which everyone shows their image.

3 An increase in water temperature is why / which many fish are dying.

4 The man whom / whose wallet was stolen called the police.

C

다음 우리말과 일치하도록 괄호 안에 주어진 어구를 순서대로 배열하세요.

1 첫 번째 월드컵이 개최된 나라는 우루과이이다. (took place, the first World Cup, where)

→ The country _____ is Uruguay.

2 지방에서 나온 어느 정도의 콜레스테롤은 우리 몸에 필수적이다. (from, fats, which, comes)

→ A certain amount of cholesterol _____
is essential for our body.
*cholesterol 콜레스테롤

A 1 overseas 해외로[에]; 해외의　2 donate 기부하다　earn (돈을) 벌다　3 count on ~을 믿다[확신하다]　5 set foot on[in] ~에 발을 딛다[들여 놓다]
B 2 behavior 행동, 태도　3 increase 증가(하다)　temperature 온도　C 1 take place 개최되다　2 certain 어느 정도의; 확실한　amount (무엇의) 양
essential 필수적인

CHAPTER
10

관계사절 Ⅱ · 부사절

Chapter Overview

'절'이 하는 역할 중에서 명사절과 앞의 명사를 수식하는 관계사절에 대해 앞서 학습하였다. 이 챕터에서는 관계사절의 또 다른 역할과 관계대명사 what이 이끄는 명사절, 그리고 여러 부사절에 대해 알아본다.

● **콤마(,)와 관계사절**

관계사절이 앞의 명사를 수식할 때는 관계사 앞에 콤마(,)가 없지만, 수식하는 역할이 아닐 때는 콤마(,)가 있고, 이 경우 관계사 that을 쓸 수 없다. 콤마(,)가 있고 없고에 따라 해석이 달라지므로 구별해서 알아둬야 한다.

~ who vs. ~ , who

● **관계대명사 what**

관계대명사 what은 선행사 thing(s)와 이를 수식하는 관계대명사가 합쳐진 것이다. 관계대명사 what이 이끄는 절은 명사절 역할을 하여 문장에서 주어, 목적어, 보어로 쓰일 수 있다.

● **부사절**

접속사가 이끄는 절이 문장 내에서 부사의 역할을 하면 '부사절'이라 한다. 부사절은 주로 문장의 앞이나 뒤에 온다. 일반적으로, 부사절이 문장 앞에 오면 콤마(,)를 뒤에 붙이고, 문장 뒤로 가면 콤마(,)를 붙이지 않는다. 부사절의 위치와 상관없이 부사절을 먼저 해석하고 주절을 해석하는 것이 자연스럽다.

$$\underset{\text{부사절}}{\underline{접속사 + S' + V' \sim}} \boxed{,} \underset{\text{주절}}{\underline{S + V \ldots}} \ / \ \underset{\text{주절}}{\underline{S + V \ldots}} \underset{\text{부사절}}{\underline{접속사 + S' + V' \sim}}.$$

접속사에 따라 '시간, 조건, 원인, 목적, 결과, 대조' 등의 의미를 나타낸다.

Chapter Goals

1 앞에 콤마(,)가 있는 관계사절을 알맞게 해석할 수 있다.

2 관계대명사 what이 이끄는 절을 그 역할에 알맞게 해석할 수 있다.

3 부사절을 이끄는 접속사의 의미에 따라 알맞게 해석할 수 있다.

Must-know
Words &
Lexical
Phrases

UNIT **42** •

357 **finish v-ing** v하는 것을 끝내다[마치다]

358 **engineer** 기술자, 기사

  inventor 발명가, 창안자

359 **scold** 야단치다, 꾸짖다

  catch O v-ing O가 v하는 것을 발견하다[목격하다]

  cheat (시험 등에서) 부정행위를 하다; 속이다

  final 기말 시험; 마지막의

363 **climber** [kláimr] 등반가

  cf. **climb** 오르다; 등산, 등반

  reach O O에 이르다, 닿다

  exhausted 기진맥진한, 지친

  cf. **exhaust** 기진맥진하게 만들다; 고갈시키다

364 **desert** [dézrt] 사막; [dizə́rt] 버리다

  ⓘ **dessert** 디저트, 후식

  mean (that) ~을 의미하다

  farm 경작하다, 농사를 짓다; 농장

365 **want to-v** v하기를 원하다

Check up

  row (좌석 등의) 줄

  entirely 완전히, 아주 (=totally)

  character 성격; 특징

UNIT **43** •

366 **call O C** O를 C라고 부르다

  play jokes on ~에게 장난을 치다

367 **place** 놓다, 두다; 장소

Check up

  be located in ~에 위치해 있다

  cf. **locate** (특정 위치에) 두다; 위치를 알아내다

단어를 미리 알면, 구문 학습이 더 쉬워져요!

UNIT 44

368 sense of humor 유머 감각

369 axe 도끼

370 motivation 동기부여; 자극

   cf. **motivate** 동기를 부여하다; (행동의) 이유가 되다

   get O p.p. O가 ~되도록 하다

   keep O v-ing O가 계속 v하게 하다

> Check up

   bother 괴롭히다; 신경 쓰다

UNIT 45

372 hay 건초

   shine 비추다; 비치다

374 view 경관; 관점; 여기다, 생각하다

375 boil 삶다; 끓(이)다

376 on the weekend 주말에

   get up (잠자리에서) 일어나다

   ① **wake up** 잠이 깨다; 정신을 차리다

377 attack 공격(하다)

   ask IO DO IO에게 DO를 묻다

378 opportunity 기회

> Check up

   wonder 궁금하다; (크게) 놀라다

   for a while 잠시 동안

   accept 받아들이다

   stop v-ing v하는 것을 멈추다

   pedal 페달을 밟다[젓다]; 페달

UNIT 46

379 be out of ~이 다 떨어지다 (= run out of)

380 represent 나타내다, 표현하다; 대신[대표]하다

   wealth 부(富), (많은) 재산

381 only child 외동(딸[아들])

> Check up

   gain weight 체중이 늘다 (↔ lose weight 살이 빠지다)

   decide to-v v하기로 결심하다

   go on a diet 다이어트를 하다

   let O v O가 v하게 (허락)하다

382 gesture 손짓, 몸짓; 몸짓[제스처]을 하다

   get attention 주의를 끌다

   cf. **pay attention** 관심을 두다, 주의 집중하다

   cf. **attention** 주의, 주목; 관심

383 extremely 매우; 극단적으로

   burn(-burned[burnt]-burned[burnt]) 데다; 태우다; 타오르다

384 put A on B A를 B에 붙이다

   name tag 이름표

   lose(-lost-lost) 잃어버리다, 분실하다; 지다

385 be covered with ~로 덮여 있다

386 put A down A를 내려놓다; A를 적어두다

388 shrink(-shrank-shrunk[shrunken]) 줄어들다; 줄어들게 하다

   put A on A를 입다 (↔ take A off A를 벗다)

UNIT 47

389 worth ~할 가치가 있는, ~해 볼 만한

391 wake A up A를 깨우다

392 think O C O를 C라고 생각하다

   be necessary for ~에 필요하다

> Check up

   laborer 노동자

   cf. **labor** 노동; 일하다

   safety helmet 안전모

   provide 제공하다

콤마(,) 뒤의 관계대명사절

관계사절 앞에 콤마(,)가 있을 때와 없을 때 해석이 달라지므로 그 차이를 잘 구분하여 알아두자.

● **콤마(,) 없는 관계사절**

이미 학습했듯이 앞선 명사(선행사)를 수식해준다. 선행사가 가리킬 수 있는 사람[것]이 **여럿인 상황**에서, 그중 어느 사람[것]인지를 특정하여 밝혀준다. 문맥상 꼭 필요한 정보이므로 생략하면 의미가 통하지 않는다.

A: Who's your friend?
B: She's *the girl* who is wearing a blue dress.
A: (세 명 중) 네 친구는 누구니?
B: 파란 원피스를 입고 있는 소녀야.

● **콤마(,) 있는 관계사절**

선행사가 가리키는 사람[것]이 **이미 분명한 상황**에서 선행사에 대한 설명을 덧붙이는 역할을 한다. 문맥상 꼭 필요한 정보는 아니므로 생략해도 의미가 통한다.

There is *a girl*, who is wearing a blue dress.
She looks happy.
한 소녀가 있고, 그녀는 파란 드레스를 입고 있다.
그녀는 행복해 보인다.

콤마 뒤의 관계대명사절은 〈and, but, because 등+(대)명사 ~〉로 해석한다. 선행사를 보충 설명하듯이 앞에서부터 차례대로 해석하면 된다. 이때의 관계대명사는 생략할 수 없다.
관계대명사 that은 이 역할로 쓰이지 않는다. 즉, 콤마 뒤에 관계대명사 that은 나올 수 없다.

~, who(m) …	~, and+(대)명사 …	~하다, 그리고[그런데] …
~, which …	~, but+(대)명사 …	~하다, 하지만 …
~, whose …	~, because+(대)명사 …	~하다, 왜냐하면 …하기 때문이다

357 I finished reading ***the books***, // which I borrowed / from the library.
　　　S　V　　　　O　　　　　　　(= ~. *and* I borrowed ***them*** from the library.)
　　　　나는 책들을 읽는 것을 끝냈다.　　//　그런데 그것들은 내가 빌린 것이다 /　　도서관에서.

cf. I finished reading ***the books*** [which I borrowed / from the library].
　　　S　V　　　　O　　　　　　　　　　
　　　나는 책들을 읽는 것을 끝냈다　　　　　　　　　[내가 빌린 / 도서관에서].

358 The *Mona Lisa* was painted by Leonardo da Vinci, **who** was also an engineer and inventor.

359 The teacher scolded my son, **who** was caught cheating during his finals.

360 I miss my parents, **whom** I haven't seen for months.

361   Last month I bought new clothes, **which** I don't like now.

362   I walk to school with a friend called Ann, **whose** house is next door to mine.

363   The climbers, **who** reached the top of the mountain, were exhausted.

콤마 뒤 관계대명사 which의 선행사는 앞에 나온 (대)명사뿐만 아니라 '어구나 절'일 수도 있다.
선행사가 무엇인지 확실히 알려면 관계대명사 자리에 넣어 가장 해석이 자연스러운 것이 무엇인지를 판단해본다.

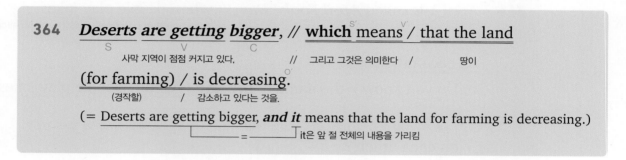

364   ***Deserts are getting bigger***, // **which** means / that the land
     S   V   C   S   V
     사막 지역이 점점 커지고 있다.   //   그리고 그것은 의미한다 /   땅이

(for farming) / is decreasing.
     (경작할)   /   감소하고 있다는 것을.

(= Deserts are getting bigger, ***and it*** means that the land for farming is decreasing.)
       └────── = ──────┘ it은 앞 절 전체의 내용을 가리킴

365   I wanted to finish my homework by yesterday, **which** was impossible.

Check up   •• 천일비급 p.72

다음 문장이 의미하는 상황을 가장 잘 나타낸 것을 고르세요.

1 There are five seats in the front row, which are not taken.
   ⓐ 앞줄에 좌석이 모두 다섯 개인데 다 비어 있다.
   ⓑ 앞줄에 빈 좌석이 다섯 개 있고 나머지 좌석은 차 있다.

2 I have a sister who is entirely different from me in character.
   ⓐ 나는 여동생이 한 명뿐인데 그 여동생은 나와 성격이 완전히 다르다.
   ⓑ 내 여동생들 중에 나와 성격이 완전히 다른 여동생이 한 명 있다.

UNIT 43 콤마(,) 뒤의 관계부사절

콤마 뒤의 관계부사절도 선행사가 무엇인지 이미 분명할 때 그에 대한 보충 설명을 덧붙이는 것이다.

콤마 뒤의 관계부사절은 〈접속사(and, but, because 등)+부사(구)〉로 이해하고, 선행사를 보충 설명하듯이 앞에서부터 차례대로 해석하면 된다. 이때의 관계부사는 생략할 수 없다. 관계부사 why나 how는 이 역할로 쓰이지 않는다.

~, when ...	~, and[but] then 등 …	~하다, 그런데[하지만] 그때 …
	~, because then 등 …	~하다, 왜냐하면 그때 …
~, where ...	~, and[but] there 등 …	~하다, 그런데[하지만] 그곳에서 …
	~, because there 등 …	~하다, 왜냐하면 그곳에서 …

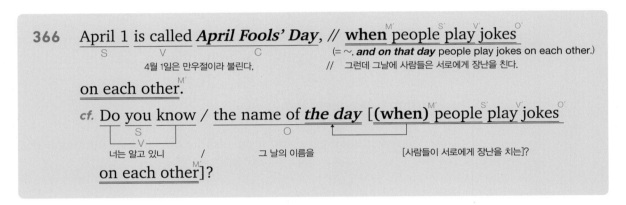

366 April 1 is called ***April Fools' Day***, // **when** people play jokes on each other.

4월 1일은 만우절이라 불린다. // 그런데 그날에 사람들은 서로에게 장난을 친다.

(= ~. ***and on that day*** people play jokes on each other.)

cf. Do you know / the name of ***the day*** [**(when)** people play jokes on each other]?

너는 알고 있니 / 그 날의 이름을 [사람들이 서로에게 장난을 치는]?

367 In my house, there is a small bedroom, **where** I placed a twin bed.

··● 천일비급 p.73

Check up

다음 밑줄 친 문장을 바꿔 쓸 때 네모 안에서 가장 알맞은 접속사를 고르세요.

1 We visited Paris, where the Eiffel Tower is located.

= We visited Paris, |and / but| the Eiffel Tower is located there.

2 I can't forget four years ago today, when my son was born.

= I can't forget four years ago today, |but / because| my son was born then.

관계대명사 what

관계대명사 what은 the thing(s) which[that] ~의 의미이다.
막연한 의미의 선행사 thing(s)와 그것이 무엇인지를 밝혀주는 관계대명사절이 합쳐진 것이다.

what ~ = the thing(s) [which ~]
~하는 것(들)

관계대명사 what절은 '~하는 것(들)'로 해석하며, 명사절이라고 생각하면 간편하다. 즉, 문장 내에서 주어, 목적어, 보어가 된다.

> **Grammar Link** 관계대명사 which/that vs. 관계대명사 what
> ❶ 관계대명사 which/that: 앞에 선행사가 있다.
>   I believe **the story** which[that] he said. 나는 그가 했던 이야기를 믿는다.
> ❷ 관계대명사 what: 선행사 the thing(s)를 포함하므로 앞에 선행사가 따로 없다.
>   I believe **what** he said. 나는 그가 말했던 것을 믿는다.

368 **What** I like most about him // is his sense of humor.
　　　　내가 그에 대해 가장 좋아하는 것은　　　//　　그의 유머 감각이다.
(= **The thing which[that]** I like most about him is ~.)

369 The axe forgets **what** the tree remembers. – Proverb

370 Motivation is **what** gets you started. Habit is **what** keeps you going.

– Jim Rohn ((美 기업인))

Check up ....●천일비급 p.73

다음 문장의 네모 안에서 어법상 알맞은 것을 고르세요.

1 Do what / which you like, not the thing others want you to do.

2 There is one thing what / which bothers me these days.

> **TIP** 관계대명사 what이 포함된 관용표현
> ● what is called, what they[we, you] call: 소위, 이른바
>   *e.g.* We are living in **what we call** "the digital age." 우리는 **소위** '디지털 시대'에 살고 있다.
> ● what is worse: 설상가상으로, 게다가 (= to make matters worse)
>   *e.g.* Water is scarce — **and what is worse**, a lot of it is wasted. 물은 모자란다. **설상가상으로** 많은 물이 낭비된다.
> ● what is more[better]: 금상첨화로, 게다가 (= in addition, furthermore)
>   *e.g.* She always arrives on time; **What's more**, her work has always been excellent.
>   그녀는 언제나 제시간에 도착한다. **게다가** 그녀의 일솜씨는 언제나 우수했다.

시간/조건의 부사절

부사절은 문장의 앞이나 뒤에서 문장 전체를 수식하는 '부사' 역할을 하는 절을 말한다. 절과 절이 연결되는 것이므로 부사절은 접속사가 이끈다. 이 접속사의 의미를 잘 알아두는 것이 중요하다.

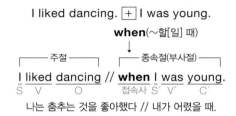

I liked dancing. + I was young.
when(~할[일] 때)
↓
주절 ┌─────────┐ 종속절(부사절)
I liked dancing // **when** I was young.
S   V   O   접속사 S' V' C'
나는 춤추는 것을 좋아했다 // 내가 어렸을 때.

◖ '시간'의 부사절은 주로 주절의 내용이 '언제' 일어나는지에 대한 설명을 덧붙이며, 현재시제로 '미래'를 나타낸다.

371 I'll order pizza // **when** my brother comes home.
S   V   O   S'   V'   M'   when my brother **will** come home (×)
나는 피자를 시킬 것이다 //   내 남동생이 집에 올 때.

when	~할 때[경우]에	after	~한 후에
while	~하는 동안	as	~할 때; ~하면서
since	~한 이후로	until	~할 때까지
before	~하기 전에	as soon as	~하자마자

372 Make hay **while** the sun shines. –Proverb

373 I haven't seen my aunt **since** I became a middle school student.

374 **As** you walk in the park, you can also enjoy the view.

375 Boil the potatoes **until** they are soft.

376 On the weekend, I don't get up **as soon as** I wake up.

> **TIP** 부사절 접속사 뒤의 〈주어+be동사〉 생략
>
> 부사절을 이끄는 접속사 뒤에는 SV가 오지만, 부사절의 주어가 주절의 주어와 같은 경우 〈주어+be동사〉가 생략되어 분사만 쓰이기도 한다.
> *e.g.* Many students do their homework **while** (they are) listening to music. 많은 학생들은 음악을 들으면서 숙제를 한다.

if, unless가 이끄는 부사절은 '조건'을 의미하며, 주절은 그에 대한 '결과(result)'를 나타낸다. 조건의 부사절에서도 현재시제로 '미래'를 나타낸다.

if	만약 ~라면	unless	만약 ~가 아니라면 (= if ~ not)

if/unless S'V'~, SV...
조건 ➡ 결과

377 Bees won't attack you // if you don't move.
S V O S' V'   if you **won't** move (×)
벌은 당신을 공격하지 않을 것이다 // 당신이 움직이지 않는다면.

cf. I will ask him // if he will come.
S V IO DO
나는 그에게 물을 것이다 // 그가 올 것인지를. 〈명사절: ~인지 아닌지〉

378 **Unless** you try, you will miss the opportunity.

Check up 천일비급 p.75

A 다음 문장의 밑줄 친 부분을 알맞게 해석하세요.

1 The contest will be canceled if the weather is bad. – 모의응용

→ _____

2 I wonder if you could lend me your math notebook for a while.

→ _____

B 다음 문장의 네모 안에서 어법상 알맞은 것을 고르세요.

1 The test will begin when everyone sits / will sit down at their desks.

2 I don't know if accepts / will accept our offer at the meeting tomorrow.

3 Life is like riding a bicycle: you don't fall off if / unless you stop pedaling.

원인/목적/결과의 부사절

주절이 나타내는 결과(result)를 가져온 원인(cause, reason)을 설명하는 부사절도 자주 등장한다.
목적/결과의 부사절은 서로 형태가 유사하므로 잘 구별해서 해석해야 한다.

◗ because, since, as는 '~이기 때문에, ~하므로'란 뜻으로 '원인'을
나타내는 부사절을 이끈다. 주절은 그에 대한 '결과'를 나타낸다.

379 I can't make my favorite sandwich // **because** we are out of eggs.
S　　　V　　　　O　　　　　　　　　　　　　　　　　　S'　V'　　C'
나는 내가 가장 좋아하는 샌드위치를 만들 수 없다　　//　　우리는 계란이 다 떨어졌기 때문에.

as와 since는 시간의 부사절(◄ UNIT 45)에도 쓰이므로 어느 것으로 해석해야 문장 전체의 의미가 자연스러운
지 잘 판단해야 한다.

380 Dreaming about pigs is a lucky sign in Korea **since** they represent wealth.

381 **As** she is an only child, she sometimes feels lonely.

┌─────────┐
│ Check up │ ⋯⋯⋯⋯⋯⋯⋯⋯⋯⋯⋯⋯⋯⋯⋯⋯⋯⋯⋯⋯⋯⋯⋯⋯⋯⋯⋯⋯⋯ ● 천일비급 p.75
└─────────┘
다음 문장의 밑줄 친 부분을 알맞게 해석하세요.

1 As I was waiting for a bus, I listened to music.

→ _____

2 As I gained a lot of weight this year, I decided to go on a diet.

→ _____

3 Since we cannot change reality, let us change the eyes which see reality.

→ _____

4 Cathy hasn't called us since she went to Berlin.

→ _____

so (that)절은 목적(purpose)이나 결과(result)를 나타내는 절을 이끈다.
둘 중 어느 것으로 해석해야 문장 전체 의미가 자연스러운지를 잘 따져보고, 아래 특징도 참고한다.

so (that)	((목적)) ~하기 위해서, ~하도록 (= in order that ~)	앞에 콤마(,)가 없다. 부사절에는 조동사 can, will, may가 자주 온다.
	((결과)) 그래서 ~, 그 결과 ~	주로 앞에 콤마(,)가 있다.

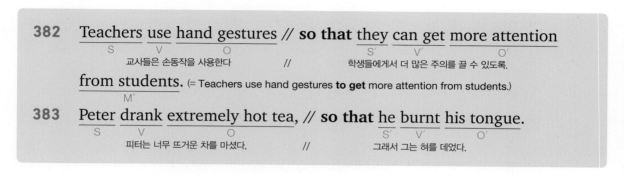

384 She puts name tags on her things **so** she won't lose them.

385 It snowed a lot yesterday, **so** the ground is covered with snow.

주절에 so ...나 such ...가 앞에 있는 that절도 '결과'를 나타낸다. 앞에서부터 차례대로 '아주 ...해서 ~하다'로 해석한다. 어법이나 영작 문제에서는 〈so+형용사/부사(+a/an 명사)〉, 〈such (a/an) (+형용사)+명사〉의 형태에 유의한다.

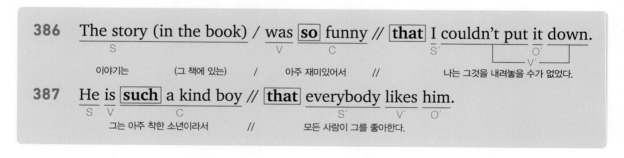

388 My jeans shrank **so** much **that** I couldn't put them on.

47 대조의 부사절

'비록 ~이지만', '~인 반면에'를 뜻하는 접속사가 이끄는 부사절은 주절과 대조적인 내용을 나타낸다.

389 **Though** it is very small, // the museum is worth a visit.
　　　　　S′ V′　　　C′　　　　　　 S　　　 V　　　C
　　　　그 박물관은 비록 매우 작지만,　　　//　　　그곳은 방문할 가치가 있다.

390 **While** my friend likes rap songs, // I prefer rock music.
　　　　　S′　　　 V′　　　O′　　　　 S　　 V　　　 O
　　　　내 친구는 랩송을 좋아하는 반면에,　　　//　　　나는 록 음악을 더 좋아한다.

while은 '~하는 동안'의 뜻으로 시간의 부사절(◀ UNIT 45)에도 쓰이므로 어느 것으로 해석해야 문장 전체의 의미가 자연스러운지 잘 판단해야 한다.

(even) though, although	비록 ~이지만, ~에도 불구하고
while	~인 반면에 (= whereas)

391 The alarm woke me up **even though** it wasn't very loud.

392 **Although** some people think water unimportant, it is necessary for our lives.

Check up ·· ● 천일비급 p.77

다음 문장의 밑줄 친 부분을 알맞게 해석하세요.

1 Laborers must wear their safety helmets <u>while they are working</u>. – 모의응용

→ _____

2 Some schools provide free lunches, <u>while others don't</u>.

→ _____

A

다음 밑줄 친 부분이 어법상 옳으면 ○, 틀리면 ×로 표시하고 바르게 고치세요.

1 He is going to the U.S., <u>where</u> his brother has been studying for three years.

2 She gave me much advice on how to study, <u>that</u> was very helpful.

3 I saw <u>such</u> an amusing cartoon that I couldn't stop laughing.

4 I will clean up before anyone <u>will see</u> this mess.

5 You'll get hungry <u>if</u> you eat something.

6 According to an old saying, <u>which</u> goes up must come down.

B

다음 밑줄 친 접속사의 의미로 알맞은 것을 〈보기〉에서 골라 그 기호를 쓰세요.

보기	ⓐ ~이기 때문에, ~하므로	ⓑ ~한 이후로	ⓒ ~할 때[경우]에	ⓓ ~인 반면에

1 The telephone rang <u>as</u> I was going out.

2 I've had a headache <u>since</u> I got up.

3 I like the shape of the bag, <u>while</u> I don't like its color.

4 Pigs can't see the sky, <u>since</u> they can't raise their heads.

C

다음 문장의 의미를 가장 잘 나타낸 것을 고르세요.

1 I tried on a hat, which didn't look good on me.

    ⓐ I tried on only one hat, and it didn't look good on me.

    ⓑ I tried on several hats, and one of them didn't look good on me.

2 She has a brother who works in a broadcasting station.

    ⓐ Her only brother works in a broadcasting station.

    ⓑ One of her brothers works in a broadcasting station.

A 2 how to-v v하는 방법 helpful 도움이 되는, 유용한 **3** amusing 재미있는 cartoon 만화 **4** mess 지저분한 상태 **6** according to A A에 따르면 **B 1** go out 나가다, 외출하다 **2** headache 두통 **3** shape 모양, 형태 **4** raise(-raised-raised) 들다, 들어 올리다 *cf.* rise(-rose-risen) 오르다 **C 1** try on ~을 써[입어/신어] 보다 **2** broadcasting station 방송국

PART

주요 구문

지금까지 문장의 기본적인 형식과 동사, 그리고 여러 단어가 모여
문장의 일부를 이루는 구와 절에 대해 학습하였다. 이들은 문장을 구성하는 기본적인 요소이다.
그런데 언어란 워낙 다양한 상황에서 다양한 의미를 전달하는 것이므로
이런 기본적인 요소들 외에도 알아두어야 할 여러 구문들이 있다.
이번 파트에서는 이런 구문들을 익혀 영어에 대한 이해를 좀 더 넓히도록 한다.

CHAPTER
11
부정/비교/가정법

Chapter Overview

- '~이 아니다'를 표현하는 여러 어구들을 학습한다.
  이런 부정어구들이 포함된 구문을 '부정구문'이라 한다.
  부정어구들이 포함되면 문장의 의미가 정반대이므로
  이를 빼놓고 해석하지 않도록 주의해야 한다.

- 형용사·부사 중에서 tall, fast 등은 단순히 '키가 크다, 빠르다'라는 의미인데, 어느 정도로 키가 크고 빠른
  지를 나타내면 의미가 좀 더 확실해진다. 이를 위해 '~만큼, ~보다, ~에서 가장' 등 다른 것과 '비교'를
  하여 표현하는데, 이를 '비교구문'이라 한다.

- 영어에서는 '사실'을 사실 그대로 말할 때와, 사실이 아닌 것을 머릿속으로 '가정'하여 말할 때 서로 다른
  시제(동사의 형태)를 사용한다. '사실'을 사실 그대로 말하는 것은 '직설법'이며 지금까지 학습한 시제가
  모두 이에 해당한다. 이 챕터에서는 '사실이 아닌 것'을 가정하여 말하는 '가정법'에 대해 알아본다.

Chapter Goals

1 부정의 의미를 가진 어구들이 포함된 문장을 해석할 수 있다.

2 비교구문이 포함된 문장을 해석할 수 있다.

3 가정법이 쓰인 문장을 시제에 주의하여 이해하고 해석할 수 있다.

Must-know Words & Lexical Phrases

UNIT48 •

393 lonely 외로운, 쓸쓸한

ⓘ **alone** 혼자, 다른 사람 없이; 외로운

394 environment 환경; 상황

sandcastle 모래성

399 episode (책 · 드라마 등의) 1회분; 사건

400 work (기계 등이) 작동하다; 일하다

properly 제대로, 적절히

401 spicy 매운; 양념 맛이 강한

Check up

elder 나이가 더 많은 (↔ younger 나이가 적은)

UNIT49 •

404 attitude 태도, 마음가짐

equally 똑같이, 동등하게

cf. **equal** 동일한, 같은; 동등한

ability 능력

405 heavy traffic 교통체증

cf. **traffic** (특정 시간에 도로상의) 교통(량)

convenient 편리한; 가까운 (↔ inconvenient 불편한)

cf. **convenience** 편리; 편의 시설

407 prepare for ~을 준비하다

hard 열심히; 단단한; 어려운

ⓘ **hardly** 거의 ~아닌

409 comfortable 편안한; 안락한 (↔ uncomfortable 불편한)

412 find O C O가 C라고 생각하다

enjoyable 재미있는, 즐거운

cf. **enjoy** 즐기다, 즐거워하다

414 prevention 예방, 방지

cf. **prevent** 예방[방지]하다, 막다

cure 치료(법); 치유, 회복; 치료하다

415 silence 침묵; 고요, 정적

cf. **silent** 조용한; 말수가 적은

Check up

careful 신중한, 조심하는

travel 이동(하다); 여행(하다)

UNIT 50

418 **presentation** 발표; 제출; 수여

420 **teamwork** 팀워크, 협동심

421 **hobby** 취미

422 **advice** 조언, 충고

cf. advise 조언하다, 충고하다

423 **language** 언어, 말

425 **fresh** 신선한; 새로운, 최신의

taste C C한 맛이 나다

426 **nervous** 긴장한, 불안해하는

beat(-beat-beaten) (심장이) 뛰다; 이기다; 때리다

427 **make a speech** 연설하다

cf. speech 연설, 담화; 말투

clearly 분명하게, 알기 쉽게; 또렷하게

429 **recycle** (폐품을) 재활용[재생]하다

ⓘ reuse 재사용하다

various 여러 가지의, 다양한

waste material 폐기물, 쓰레기

UNIT 51

430 **take notes** 메모하다, 기록하다

431 **go to the movies** 영화를 보러 가다

432 **pea** 완두콩

Check up

hold(-held-held) 개최하다; 잡고 있다; 유지하다

433 **help O (to-)v** O가 v하는 것을 돕다

solve 해결하다, 풀다

434 **author** 작가, 저자

436 **dynasty** 시대; 왕조

Check up

mall 쇼핑몰[센터]

say hello to A A에게 인사하다; A에게 안부를 전하다

438 **timely** 시기적절한, 적시의 (↔ untimely 시기상조의, 때 이른)

warning 경고(문), 주의; 경고의

notice 알아채다; 주목(하다); 안내문

부정구문

no, not, never 외에도 '부정'을 의미하는 다양한 표현들이 있다. 문장에서 이들 표현을 놓치면 정반대로 해석하게 되므로 주의해야 한다.

few + 셀 수 있는 명사	(수가) 거의 없는 (= not many)
little + 셀 수 없는 명사	(양이) 거의 없는 (= not much)
seldom, rarely	드물게, 좀처럼 ~하지 않는 (= not very often)
hardly, scarcely	거의 ~아닌, 거의 ~하지 않는 (= almost never)
far from	결코 ~ 아닌 (= never, not at all, anything but)

*a few와 a little은 '조금 있는'이란 의미로서 '긍정'의 표현이다.

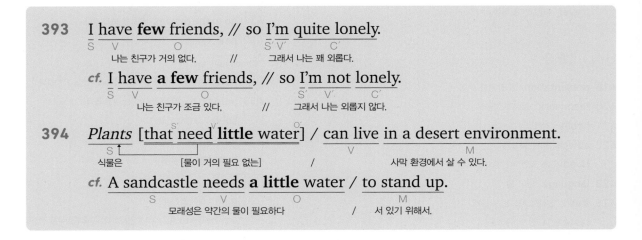

393 I have **few** friends, // so I'm quite lonely.
나는 친구가 거의 없다. // 그래서 나는 꽤 외롭다.

cf. I have **a few** friends, // so I'm not lonely.
나는 친구가 조금 있다. // 그래서 나는 외롭지 않다.

394 *Plants* [that need **little** water] / can live in a desert environment.
식물은 [물이 거의 필요 없는] / 사막 환경에서 살 수 있다.

cf. A sandcastle needs **a little** water / to stand up.
모래성은 약간의 물이 필요하다 / 서 있기 위해서.

395 Most spiders are **seldom** seen during the day.

396 I can **hardly** believe what I am hearing.

397 The rumor on the Internet is **far from** the truth.

부정 표현에는 모두를 부정하는 것과 일부만 부정하는 것이 있다. 일부만 부정하는 것은 다른 일부는 '긍정'하는 것이므로, 모두를 부정하는 것과 구별해서 알아두어야 한다.

모두를 부정 (전체 부정)		일부만 부정 (부분 부정)	
none ~, not ~ any	모두 ~가 아닌	not ~ all[every]	모두 ~인 것은 아닌
neither, not ~ either	(둘 중에) 어느 쪽도 ~가 아닌	not always	항상 ~인 것은 아닌
not ~ at all	전혀 ~가 아닌	not necessarily	반드시 ~인 것은 아닌

398 I know **none** of the students (in my new class).
S V   O
나는 학생들을 아무도 모른다   (내 새로운 반에 있는).
= I don't know **any** of the students in my new class.

399 I did**n't** read **all** the episodes (of the webtoon).
S   V   O
나는 모든 회를 읽지는 않았다   (그 웹툰의).
↘ 그 웹툰의 몇 회는 읽고 몇 회는 읽지 않았다.
= I didn't read some episodes of the webtoon.

400 There are two computers in my house, but **neither** works properly.

401 A: This soup is too spicy!

B: Is it? It is **not** spicy **at all** to me.

402 You will **not always** be strong but you can always be brave.
— Beau Taplin ((호주 작가))

403 Good things are **not necessarily** expensive.

Check up .... ● 천일비급 p.80

다음 문장을 알맞게 해석하세요.

1 The rich are not always happy.

→ _____

2 She is far from being late for school.

→ _____

3 I have two elder sisters, and neither of them is married.

→ _____

UNIT
49

비교구문 I

A와 B를 비교할 경우 'A는 B만큼 ~', 'A는 B보다 더 ~'와 같은 표현이 가장 많이 사용된다.

◖ 'A는 B만큼 ~'을 나타낼 때는 형용사나 부사의 형태 그대로 as ~ as와 함께 사용한다.
비교구문에서 형용사나 부사가 원래 형태 그대로 쓰이는 것을 '원급'이라 한다.
두 번째 as 뒤의 어구가 앞에 나온 어구와 반복되면 보통 생략한다.

as tall as

He is **tall**.
　　 ∧ ∧
　 as as + She (is) ~~tall~~.
→ He is **as tall as** she (is). 그는 그녀(가 키가 큰)만큼 키가 크다.

A as 형용사/부사 as B	A는 B(가 ~한) 만큼 ~한/하게
A not as[so] 형용사/부사 as B	A는 B(가 ~한) 만큼 ~하지 않은/않게

404 Attitude is equally **as important** / **as** ability (is). – Walter Scott ((英 시인))
　　　　S　　V　　　　　　　　　　　C　　　　　~ as ability ~~is important~~.
　　　　　　태도는 똑같이 중요하다　　　　　 /　 능력(이 중요한)만큼.

405 In heavy traffic, / cars are **not as[so] convenient** / **as** subways.
　　　　　　M　　　　　　S　V　　　　　　　C　　　~ as subways ~~are convenient~~.
　　　교통체증이 심할 때, /　 자동차는 편리하지 않다 / 지하철(이 편리한)만큼.

406 He speaks English **as naturally as** Korean.

407 Joanna prepared for the exam **not as[so] hard as** I.

◖ 비교되는 A와 B는 서로 비교될 수 있는 종류와 형태로 일치시켜야 한다.

408 **My class** has as many students / as **yours**.
　　　　S　　　V　　　　O　　　　 = your class (you (×))
　　　우리 반은 많은 학생이 있다 / 너희 반만큼.

409 **These new shoes** are not as[so] comfortable as **my old ones**.

410 **Using** this printer is as easy as **drinking** a cup of water.

'A는 B보다 더 ~'를 나타낼 때는 형용사나 부사 뒤에 '-er'을 덧붙이거나 앞에 more를 쓰고, than과 함께 사용한다. 이 같은 형용사나 부사의 형태를 '비교급'이라 한다.
than 뒤의 어구가 앞에 나온 어구와 반복되면 보통 생략한다.

taller than

| A 형용사/부사+-er than B | A는 B보다 더 ~한/하게 |
| A more 형용사/부사 than B | |

'-er'이나 more를 쓰지 않고 단어 자체가 변화하는 비교급에 주의하자.
- good 좋은 / well 잘 → better
- many (수가) 많은 / much (양이) 많은 → more
- bad 나쁜 / ill 아픈 → worse
- little (양이) 적은 → less

411 An ostrich's eye is **bigger** / **than** its brain.
　　　　S　　　V　　C　　　　　~ than its brain is big.
　　　타조의 눈은 더 크다　/　그것의 뇌(가 큰 것)보다.
*ostrich 타조

412 I find math lessons **more enjoyable** / **than** science lessons.
　　　S　V　　O　　　　　C　　　　　~ than I find science lessons enjoyable.
　　　나는 수학 수업이 더 재미있다고 생각한다　/　과학 수업(이 재미있는 것)보다.

413 Not trying is **worse than** failing.

414 Prevention is **better than** cure.

415 Sometimes silence can be **more powerful than** words.

> **Check up** ·· ● 천일비급 p.81

다음 문장을 알맞게 해석하세요.

1 The actor's sister is as famous as him.

→ _____

2 I am not as careful as her.

→ _____

3 Sound travels more slowly than light.

→ _____

> **TIP** ▶ 비교급 앞에 잘 쓰이는 부사들
- much, (by) far, a lot, still, even+비교급: 훨씬 더 ~한/하게
- a little, a bit+비교급: 조금 더 ~한/하게
  *very는 쓰지 않는 것에 주의하자.
  e.g. Tonight my father came home *far[a little]* later / **than** last night.
  　　　오늘 밤 아빠는 집에 훨씬[조금] 더 늦게 오셨다　/　어젯밤보다.

비교구문 Ⅱ

어느 하나가 그것이 속한 그룹 전체에서 '가장 ~하다'를 표현하는 것(최상급)과, 다른 여러 비교 관련 표현들에 대해 알아보자.

◗ 'A가 가장 ~한/하게'를 나타낼 때는 형용사나 부사 뒤에 '-est'를 덧붙이거나 앞에 most를 쓴다.
이 같은 형용사나 부사 형태를 '최상급'이라 한다. 뒤에는 보통 장소나 그룹을 나타내는 어구가 온다.

the tallest
of all

(the) 최상급
┌ of+복수명사: …중에서 가장 ~한/하게
├ in+단수명사: …에서 가장 ~한/하게
└ (that)+(S′) have/has ever p.p.: 지금까지 …한 중에 가장 ~한/하게

'-est'나 most를 쓰지 않고 단어 자체가 변화하는 최상급에 주의하자.
- good 좋은 / well 잘 → best
- many (수가) 많은 / much (양이) 많은 → most
- bad 나쁜 / ill 아픈 → worst
- little (양이) 적은 → least

416 Mount Everest is **the highest** / of the Himalayan mountains.
　　　　　S　　　　　V　　　**C**　　　　　　　　　M
에베레스트 산은 가장 높다 / 히말라야 산맥 중에서.

417 Cheetahs run **the fastest** of all the land animals.

418 His team did **the best** presentation in our class.

419 Canada is **the coldest** country I have ever visited.

◗ 최상급 대신 원급과 비교급을 이용하여 '가장 ~한/하게'의 의미를 나타낼 수 있다.

부정어 … as[so] 원급 as A	A만큼 ~한 것은 없다	
부정어 … 비교급 than A	A보다 더 ~한 것은 없다	A가 가장 ~하다
A 비교급 than any other B	A가 다른 어떤 B보다 더 ~하다	

420 **Nothing** is **as[so] important** / as *teamwork*.
　　　　　S　　　V　　　　**C**
어떤 것도 중요하지 않다 / 팀워크만큼.

= **Nothing** is **more important** / than *teamwork*.
　　　　　S　　V　　　　**C**
어떤 것도 더 중요하지 않다 / 팀워크보다.

= *Teamwork is* the most important thing. 팀워크가 가장 중요하다.

421 **No** other hobby is **as interesting as** *cooking* to me.

422 **Nobody** can give you **wiser** advice **than** *yourself*.

-Marcus Tullius Cicero((고대 로마 정치가 · 저술가))

423 *Chinese* is spoken by **more** people **than any other** language.

Check up ·· ● 천일비급 p.82

다음 밑줄 친 부분의 의미로 가장 적절한 것을 고르세요.

1 No other tree is as tall as this one at my school.

ⓐ 이 나무는 다른 나무들만큼 크다.　　　　　ⓑ 이 나무가 가장 크다.

2 Sumi is funnier than anyone in my class.

ⓐ 수미가 가장 재미있다.　　　　　ⓑ 다른 사람이 수미보다 더 재미있다.

원급이나 비교급을 사용하는 다른 표현들도 알아두자.
- as+원급+as possible = as+원급+as+주어+can[could]: 가능한 한 ~한/하게
- the 비교급 ~, the 비교급 ...: ~하면 할수록 더욱 ⋯하다
- 비교급 and 비교급: 점점 더 ~한/하게

424 I will be there / **as soon as possible**.
S V M = as soon as I can
나는 그곳에 갈 것이다 / 가능한 한 빨리.

425 **The fresher** the fruit is, // **the better** it tastes.
C₁ S₁ V₁ C₂ S₂ V₂
과일은 신선하면 할수록, // 더 좋은 맛이 난다.

426 When I get nervous, // my heart beats **faster and faster**.
S′ V′ C′ S V M
내가 긴장될 때, // 내 심장은 점점 더 빠르게 뛴다.

427 When you make a speech, speak **as clearly as you can**.

428 **The more** you listen to English, **the better** you'll understand it.

429 **More and more** people are recycling various waste materials.

가정법

 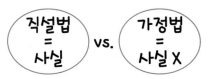

지금까지 학습한 시제는 '사실을 있는 그대로' 나타내는 것으로, 이를 '직설법'이라 한다. 가정법은 직설법과 다르게 '사실이 아닌(unreal) 일'을 가정, 상상'하는 것으로서 직설법 과는 다른 시제를 사용한다. 가정법은 if절이 포함된 문장에서 많이 볼 수 있다.

직설법 = 사실 vs. 가정법 = 사실 X

● if 가정법 과거: 말하는 이가 생각하기에 '**현재** 사실과 반대되는 일' 또는 '**현재나 미래**에 일어날 수 없는 일'을 나타낸다. 과거시제를 사용하므로 가정법 과거라 하지만, 해석은 '현재나 미래'로 한다.

$$If + S' + \text{동사 과거형/were} \sim, \quad S + \textbf{would/could/might} + \text{동사원형} \ldots$$

만약 S'가 ~라면   S가 …할 텐데

---

430 If I **had** a good memory, // I **wouldn't take** notes.

S'   동사   O'   S   V   O
      과거형

만약 내가 좋은 기억력을 가지고 있다면,   //   나는 메모를 하지 않을 텐데. 〈현재 사실과 반대되는 일〉

= I **don't have** a good memory, so I **take** notes.

---

431 If my mom **were** not so tired, she **could go** to the movies with me.

432 If the sun **were** the size of a beach ball, the earth **might be** the size of a pea.

Check up ●● ● 천일비급 p.84

다음 문장의 밑줄 친 부분을 알맞게 해석하세요.

1 If the weather were good today, the event would be held outside.

→ _____

2 If we had wings, we would not need airplanes.

→ _____

if 가정법 과거완료: '**과거** 사실과 반대되는 일' 또는 '**과거**에 불가능했던 일'을 가정한다. 과거완료형을 사용하므로 가정법 과거완료라 하지만, 해석은 '과거'로 한다.

If + S′ + **had p.p.** ~,　S + **would/could/might** + **have p.p.** …
만약 S′가 ~했더라면　　　　　　　　　S가 …했을 텐데

> **433**　If you **had told** me the problem, // I **could have helped** you solve it.
> 　　　　S′　　 had p.p.　 IO′　　DO′　　　S　　　　　V　　　　　O　　C
> 　　　　만약 네가 내게 그 문제를 말했더라면,　　 //　　네가 그것을 해결하도록 내가 도울 수 있었을 텐데.
> 　　　　　　　　　　　　　　　　　　　　　　　　　　　　　　　〈과거 사실과 반대되는 일〉
> 　　= You **didn't tell** me the problem, so I **couldn't help** you solve it.

434　If I **had been** the author of the novel, I **would have written** a happy ending.

435　I **wouldn't have gone** to the library if I **had known** it was closed that day.

436　If I **had been born** during the Joseon dynasty, what **would** my job **have been**?

> ┌─ Check up ─┐ ·· ● 천일비급 p.84
>
> 다음 문장의 밑줄 친 부분을 알맞게 해석하세요.
>
> **1** If I had seen you at the mall, I could have said hello to you.
>
> → _____
>
> **2** If I had known it would rain yesterday, I would have taken an umbrella.
>
> → _____

Without은 '조건'을 뜻하여 가정법 문장에 자주 쓰인다. Without 대신 쓸 수 있는 표현도 잘 알아두자.

- **Without ~, S+would/could/might+동사원형 ...**: (지금) ~이 없다면 …할 텐데
  = If it were not for = But for
- **Without ~, S+would/could/might+have p.p. ...**: (그때) ~이 없었더라면 …했을 텐데
  = If it had not been for = But for

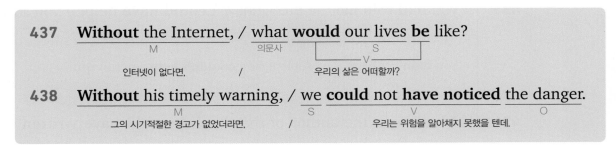

437 **Without** the Internet, / what **would** our lives **be** like?
M　　　　　　　　　의문사　　　　　　S　　　V

인터넷이 없다면, / 우리의 삶은 어떠할까?

438 **Without** his timely warning, / we **could** not **have noticed** the danger.
M　　　　　　　　　　　　S　　　　　V　　　　　　O

그의 시기적절한 경고가 없었더라면, / 우리는 위험을 알아채지 못했을 텐데.

439 **If it had not been for** the traffic, I **would have been** here an hour ago.

440 The score **would have been** higher **but for** some excellent goaltending.

*goaltending (스포츠의) 골 방어, 골 수비

A

다음 밑줄 친 부분이 어법상 옳으면 ○, 틀리면 ✕로 표시하고 바르게 고치세요.

1 Dogs have a lot more cells in their noses <u>as human beings</u>.

2 If we only <u>speak</u> without facial expressions or gestures, communication between people would be boring.

3 Sam can <u>jump higher</u> than any other student in our class.

4 I have watched the movie <u>few</u> times, so now I remember all lines in it.   *line (영화의) 대사

B

다음 문장의 의미를 가장 잘 나타낸 것을 고르세요.

1 My score is not so high as yours.

ⓐ Your score is higher than mine.

ⓑ My score is as high as yours.

2 Time is the most valuable thing a person can spend.

ⓐ Time is not as valuable as other things a person can spend.

ⓑ No other thing a person can spend is more valuable than time.

3 He didn't have all ingredients necessary for baking.

ⓐ He didn't have some ingredients necessary for baking.

ⓑ He didn't have any ingredients necessary for baking.

C

다음 우리말과 일치하도록 괄호 안의 어구를 활용하여 영작하세요. (필요하면 어형 변화 가능)

1 의사소통 시스템이 발달하면 할수록 세상은 더 작아진다. (the, small, much, the)

→ _____ _____ communication systems develop, _____

_____ the world becomes.

2 만약 네가 나의 의견을 구했더라면, 나는 너에게 그것(나의 의견)을 주었을 텐데. (ask, have, have, give)

→ If you _____ _____ for my opinion, I would _____

_____ it to you.

Ⓐ **1** cell 세포; 작은 방 **2** facial 얼굴의 expression 표정; 표현 communication 의사소통 boring 지루한, 재미없는 Ⓑ **2** valuable 소중한, 귀중한 **3** ingredient
재료; 성분 necessary 필요한; 불가피한 Ⓒ **2** opinion 의견

SPOKEN GRAMMAR 3

말하기 영어는 쓰기 영어와 다르게 비슷한 종류를 뭉뚱그려 말하거나
직접적인 언급을 피하기 위해 and stuff (like that), or something, sort of,
kind of와 같은 막연한 어구를 사용한다.

- I need to buy cards, wrapping paper **and stuff like that**.
  (←I need to buy cards, wrapping paper, balloons and candles.)
- She's gone for a walk **or something**.
  (←She's gone for a walk or to get some coffee, or to meet a friend.)
- There's **sort of** something I don't like about him.
  (←There's something I don't like about him.)

CHAPTER

12

it/특수 구문

Chapter Overview

it은 앞에 나온 내용을 대신하는 대명사의 역할 외에 다른 역할들로도 많이 쓰인다.
각각의 역할(대명사, 비인칭 주어, 가주어, 가목적어, 강조구문)에 따라 알맞게 해석할 수 있어야 한다.

또한, 영어는 내용을 보다 효과적으로 전달하기 위해 다음과 같이 기본 문장에 여러 변화를 줄 수 있는데,
이들을 특수 구문이라 한다.

- **어구를 없앤다.** 〈생략구문〉

  The game looked *boring* at first, but **it wasn't** ^(boring).

  그 경기는 처음에 지루해 보였지만, 그것은 아니었다(= 지루하지 않았다).

- **어구의 위치를 바꾼다.** 〈도치구문〉

  I can *never* forget his speech. → *Never* **can I** forget his speech.

  나는 그의 연설을 결코 잊을 수가 없다.

- **어구를 보탠다.** 〈삽입구문〉

  She, **like other teens**, is interested in socializing online.

  그녀는, 다른 십 대들과 마찬가지로, 온라인으로 사람들과 어울리는 것에 관심이 있다.

- **어구를 보태고 위치도 바꾼다.** 〈it is[was] ~ that ... 강조구문〉

  I saw her *yesterday*. → **It was** *yesterday* **that** I saw her.

  내가 그녀를 본 것은 바로 어제였다.

Chapter Goals

1 it의 역할에 따라 문장을 올바르게 해석할 수 있다.

2 도치가 일어나는 다양한 경우를 알고 이를 올바르게 해석할 수 있다.

3 문장 어디에서 어떤 어구가 생략되었는지를 알고 이를 보충하여 해석할 수 있다.

4 삽입된 어구가 있는 문장에서 주어, 동사, 목적어 등을 파악할 수 있다.

5 삽입어구와 동격어구를 구분하여 각각 올바르게 해석할 수 있다.

Must-know
Words &
Lexical
Phrases

UNIT 52 •

442 feel like v-ing v하고 싶다

think (that) ~라고 생각하다

443 make O C O가 C하게 만들다[하다]

444 slip 미끄러지다

embarrassing 당혹스러운

`Check up`

predict 예측하다, 예견하다 (= foresee)

cf. **prediction** 예측, 예견

create 창조하다, 창작하다

cf. **creative** 창의적인

cf. **creation** 창조, 창작

support 지원(하다), 지지(하다)

appreciate 고마워하다; 진가를 알아보다; 감상하다

round ((스포츠)) 회전, 회; 둥근

448 need to-v v해야 한다

turn on (전기 등을) 켜다 (↔ turn off (전기 등을) 끄다)

450 worry about A A에 대해 걱정하다

UNIT 53 •

452 illegal 불법적인 (↔ legal 합법적인)

453 likely 가능성이 있는, 그럴듯한

455 get close to A A와 친해지다; A에 접근하다

456 obvious 명백한

make a mistake 실수를 저지르다

457 give up 포기하다

458 go on a trip 여행을 가다

462 overcome(-overcame-overcome) 극복하다

difficulty ((복수형)) 어려움, 곤경

grow(-grew-grown) 성장[발달]하다; 자라다; 커지다

463 draw(-drew-drawn) (마음을) 끌다; 그리다; 끌어당기다

464 encourage O to-v O가 v할 것을 격려하다[용기를 북돋우다]

follow one's dream 꿈을 좇다

단어를 미리 알면, 구문 학습이 더 쉬워져요!

UNIT 54 •

465 humid (날씨가) 습한, 눅눅한

466 waste[spend] time (in) v-ing v하는 데 시간을 낭비하다[보내다]

467 imagine (that) (~라고) 상상하다
go wrong (일이) 잘못되다

469 realize (that) (~라고) 깨닫다
fault 잘못, 책임; 단점

475 achieve 달성하다, 이루다
resolution 다짐, 결심; 해결
cf. **resolve** 다짐하다; 해결하다

UNIT 55 •

476 shine 빛나다, 반짝이다

478 intend to-v v하려고 생각하다
forget to-v v할 것을 잊어버리다
cf. **forget v-ing** v한 것을 잊어버리다

479 pretend to-v v인 체하다

481 be worth A A의 가치가 있다
bush 숲, 덤불

482 cross (가로질러) 건너다

483 have a chat (with) (~와 함께) 잡담하다
cf. **chat** 수다(를 떨다)

484 exhausted 지친, 기진맥진한
fall asleep 잠들다
once ~하자마자; 한 번; 언젠가

486 science fiction 공상 과학 소설[영화] (= SF)

487 importance 중요성
be on time 시간을 잘 지키다 (= be punctual)
delay 미루다, 연기하다 (= put off); 연기; 지연

488 accept 수락하다; 받아들이다
refuse 거절[거부]하다
invitation 초대(장)

489 than usual 평소[여느 때]보다

UNIT 56 •

490 for the purpose of ~의 목적으로, ~을 위해
tasty 맛있는

491 pray 기도하다; 간절히 바라다
⚠ **prey** 먹이, 사냥감
publish 발간[출판]하다

493 talkative 말이 많은

494 midterm (exam) 중간고사

[Check up]
official 공식적인
both A and B A와 B 모두[둘 다]

496 interesting 흥미로운
site 장소, 현장; 위치시키다

497 position 위치(를 정하다); 자세

498 become C C가 되다
businessman 사업가, 경영인

499 possible 가능한, 가능성 있는 (↔ impossible 불가능한)

500 mess up ~을 망치다[엉망으로 만들다]

it Ⅰ

it은 다양한 역할을 하므로 잘 구분해서 익혀두어야 한다.

it은 앞에 나온 단어(단수명사), 어구, 절 또는 문장 전체를 대신하는 대명사로 쓰일 수 있다. 어떤 것을 대신하는지 앞뒤 의미를 잘 살피고, '그것'으로 해석한다.

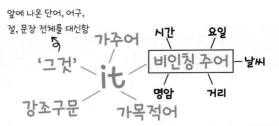

441 A: Where's *my eraser*? **It** was on my desk a minute ago.
의문사 V S S V M M

= my eraser

내 지우개가 어디 있지? 그것은 조금 전에 내 책상 위에 있었는데.

B: You left **it** / by your book.
S V O M

= your eraser

네가 그것을 두었어 / 네 책 옆에.

442 I feel like riding a bike. I think I would enjoy **it**.

443 If you have the power to make someone happy, do **it**.

444 I slipped on a snowy road today. **It** was so embarrassing.

Check up •• ● 천일비급 p.86

다음 문장에서 밑줄 친 It[it]이 대신하는 부분을 찾아 밑줄을 그으세요.

1 The best way to predict the future is to create it.

2 If you support us, we will really appreciate it.

3 They lost all the games in the first round. It made the coach angry.

비인칭 주어 it은 딱히 주어로 내세울 것이 없는 동사들의 주어 자리에 아무 뜻 없이 쓰인다. 문장에는 반드시 주어가 있어야 한다는 영어의 원칙 때문인데, 주로 시간, 날씨, 거리, 명암, 요일을 나타내는 문장에서 사용된다. '그것은'으로 해석하지 않는다.

445 A: What time is **it** now?
  　　　C　　　V　S　　M
  　　　지금 몇 시예요? 〈시간〉

  B: **It**'s 10:30.
  　　S V　　C
  　　10시 30분입니다. 〈시간〉

446 **It** rains a lot here in summer.

447 A: How far is **it** from the starting line to the finish line?

  B: **It**'s 200 meters.

448 **It** is dark in the room. We need to turn on the light.

449 A: Do you know what day **it** is today?

  B: **It**'s Friday.

〈It seems[appears] that ∼〉은 '∼인 것 같다, ∼인 듯하다'란 뜻으로 자주 사용된다. 이때도 it은 '그것'이라고 해석하지 않는다.

450 **It** seems // that many of my friends are worrying /
  　　S　V　　　　　　　　　　S'　　　　　　V'
  　　∼인 것 같다　//　　　내 친구들 중 많은 이들이 걱정하고 있는 것　　　/
  　　　　　　　　　　　　　　　　　　　　　　　　C
  about what they will do in the future.
  　　　　　　　　　　　　　　　M'
  그들이 미래에 무엇을 할지에 대해서.

451 **It** appears that some people think all the information on the Internet is true.

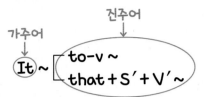

가주어 it: 가주어 it에 대해서는 이미 학습한 바 있다. ◀ UNIT 20, 33
to-v구나 명사절이 주어일 때는 대부분 문장 뒤로 보내고 대신
가주어 it을 쓴다. 뒤로 보낸 to-v구나 명사절을 주어(진주어)로
하여 해석한다.

452 In Russia, / **it** is illegal / to drive a dirty car.
　　　　M　　 S(가주어) V　 C　　　　 S′(진주어)
　　　 러시아에서는,　/　 (~은) 불법이다　/　 더러운 차를 운전하는 것은.

453 **It** is likely that I'll see Peter next week.

454 **It** is not certain whether we have classes next Friday.

가목적어 it: SVOC문형에서 목적어 자리에 to-v구, that절 등이
올 경우 가목적어 it으로 대신하고 진목적어인 to-v구, that절은
문장 뒤로 보낸다.

The new app makes to find a lost dog easier.
　　　S　　　 V　　　 O　　　　　 C

→ The new app makes **it** easier **to find a lost dog**.
　 그 새로운 앱은 잃어버린 개를 찾는 것을 더 쉽게 만든다.

가목적어 it은 해석하지 않고 진목적어를 목적어로 하여 해석한다.
가목적어를 써야 하는 SVOC문형 동사로는 make, think, consider, find 등이 있다.

| **make** *it* C O′ | O′를 C로 만들다[하다] |
| **think**/**consider**/**find** *it* C O′ | O′를 C라고 생각하다/여기다 |

455 Praise makes **it** easier / to get close to someone.
　　　 S　　 V O(가목적어) C　　 　　O′(진목적어)
　　 칭찬은 (~을) 더 쉽게 만든다　/　 누군가와 친해지는 것을.

456 I thought **it** obvious that he made a big mistake.

457 My father considers **it** important not to give up easily.

458 I find **it** surprising that he doesn't want to go on a family trip.

강조구문의 it: it은 어구를 강조할 때도 쓰인다. 강조하고자 하는 어구를 it is[was]와 that 사이에 두고, 나머지 부분은 that 뒤에 순서대로 둔다. 이 나머지 부분을 먼저 해석하고 강조어구를 '바로 ~'로 해석한다.

강조어구   나머지 부분
↓   ↓
It is[was] ~ that ...:
...하는 것은 바로 ~이다[였다].

---

459 **It was** *Sarah* // **that** was late for the movie.
　　　바로 사라였다　　//　　　영화 시간에 늦은 것은. 〈명사(주어) 강조〉
　　(← *Sarah* was late for the movie.)

강조하고자 하는 어구로는 명사(구) 외에도 부사구, 부사절이 모두 가능하다.

460 **It is** *the T-shirt* **that** I want to buy.

461 **It was** *on the sofa* **that** I found my glasses.

462 **It is** *when we overcome difficulties* **that** we grow.

that 대신에 다른 단어가 사용되기도 한다. 강조되는 것이 사물이면 which, 사람이면 who(m)이 쓰일 수 있다.

463 **It was** *the movie* **which** drew ten million viewers.

464 **It was** *my teacher* **who** encouraged me to follow my dream.

TIP 〈it is[was] ~ that ...〉: 가주어-진주어 vs. 강조구문 구별 방법

1. It is[was] 형용사 that ... → 가주어-진주어
   It was *certain* that he passed the exam. 그가 시험을 통과한 것은 확실했다.
2. It is[was] 부사(구/절) that ... → 강조구문
   It was *two weeks ago* that I met him by accident. 그를 우연히 만난 것은 바로 2주 전이었다.
3. It is[was] 명사 that ...
   ● It is[was], that 제외하면 불완전한 문장이 만들어짐 → 가주어-진주어
   It is a good idea that we recycle bottles. → We recycle bottles a good idea. (불완전)
   병을 재활용하는 것은 좋은 생각이다.
   ● It is[was], that 제외하면 완전한 문장이 만들어짐 → 강조구문
   It was the exam that he passed. → He passed the exam. (완전)
   그가 통과한 것은 바로 그 시험이었다.

UNIT 54 도치구문

특정 어구를 '강조' 등의 이유로 문장 앞에 둘 경우, 주어와 (조)동사의 위치가 뒤바뀔 때가 있는데 이를 '도치'라고 한다.

~ be
~ will
~ does
~ V
} +S

● 부정어(구) 도치: 부정어(구)를 강조하여 문장 앞에 둘 경우, 반드시 아래와 같은 도치가 일어난다.

도치 전	도치 후
S+be동사 ~	부정어+**be동사**+**S** ~
S+조동사+V ~	부정어+**조동사**+**S**+V(동사원형) ~
S+일반동사 ~	부정어+**do/does/did**+**S**+V(동사원형) ~

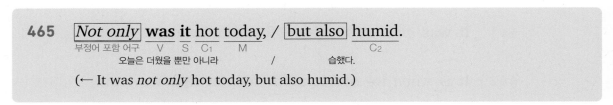

465 *Not only* **was it** hot today, / but also humid.
부정어 포함 어구 V S C₁ M / C₂
오늘은 더웠을 뿐만 아니라 / 습했다.
(← It was *not only* hot today, but also humid.)

대표적인 부정어(구)로는 never 결코 ~않는 / little 거의 없는 / seldom, rarely 좀처럼 ~않는 (not often) / hardly, scarcely 거의 ~ 아닌 / not only ~뿐만 아니라 / not until ~이 되어 비로소 등이 있다.

466 *Never* **will I waste** time watching television during the weekend.

467 *Little* **did I imagine** that my plan would go wrong.

468 *Hardly* **did I think** that he would fail.

469 *Not until today* **did I realize** it was my fault.

> **Check up** ··· ● 천일비급 p.89

다음 문장을 주어진 어(구)로 시작하는 문장으로 바꿔 쓰세요.

1 She seldom eats breakfast.

→ Seldom _____.

2 He not only made a promise, but also he kept it.

→ Not only _____.

부사구 도치: 〈S+V+부사구〉 문형에서, 부사구가 '장소나 방향'일 때 이를 문장 앞으로 보내어 도치시키는 경우가 있다. 단, 이때는 V가 일반동사라도 do/does/did를 쓰지 않고 주어와 동사 위치만 바꿔준다.

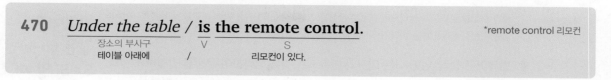

470 *Under the table* / **is the remote control.**　　*remote control 리모컨

장소의 부사구　　　V　　　　　　S
테이블 아래에 / 리모컨이 있다.

부사구에 포함된 명사를 주어로 착각하지 않도록 해야 한다. 동사는 언제나 주어에 수를 일치시킨다.

471 *Out of the windows* **comes the delicious smell of fresh bread.**

다음과 같이 항상 도치가 일어난 형태로 쓰이는 표현들도 알아두자.
- There+be동사+S: S가 있다
- so+V+S: ((V가 앞 문장 내용을 받아)) S도 역시 그렇다
- neither/nor+V+S: ((V가 앞 문장 내용을 받아)) S도 역시 그렇지 않다

472 *There* **are thirty-two students** / **in our class.**

V　　　　　S　　　　　　　　　　M
서른두 명의 학생이 있다 / 우리 반에는.

473 I like to watch soccer games, // [and] *so* **does my brother.**

S₁ V₁　　　O₁　　　　　　　　　　　　V₂　　S₂
나는 축구 경기 보는 것을 좋아하고, // 내 남동생도 그렇다.

〈so[neither, nor]+V+S〉의 V는 앞의 동사가 일반동사라면 do/does/did로 받는다.
be동사는 주어(S)에 맞추어 쓰고, 조동사는 그대로 쓴다.

474 My grandmother is a good cook, and *so* **is my mother.**

475 A: I haven't achieved my New Year's resolutions.

B: *Neither* **have I.** But we'll do better next year.

생략/공통구문

문장에서 같은 어구가 반복되면 대부분 문장을 간결하게 하기 위해 반복 어구를 생략한다.
공통구문은 대개 반복을 피하기 위해 생략이 일어난 결과이다.

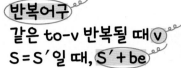

● 반복어구 생략: 앞에 나온 어구와 반복되는 것을 생략하여 문장을 간결하게 한다.
같은 to-v가 반복될 때는 뒤의 to-v에서 to만 남기고 v 이하를 생략한다.
생략이 일어난 문장을 이해하려면 어디에 어떤 어구가 생략되었는지를 보충해서 이해할 수 있어야 한다.

476 The sun *shines* in the daytime // and the moon (shines) at night.
S₁ V₁ M₁ S₂ V₂ M₂
태양은 낮에 빛나고 // 달은 밤에 (빛난다). 〈동사 생략〉

477 He said / he *would write to me*, // but he hasn't (written to me).
S₁ V₁ S' V' O' M' S₂ V₂ M₂
그는 (~라고) 말했다 / 나에게 편지를 쓸 것이라고. // 그러나 그는 그러지 않았다(나에게 편지를 쓰지 않았다).
〈조동사 뒤 생략〉

478 I intended to *call him*, / but forgot to (call him).
S₁ V₁ O₁ V₂ O₂
나는 그에게 전화할 생각이었는데, / (그에게 전화하는 것을) 잊어버렸다. 〈to-v의 v 이하 생략〉

479 I pretended to be *fine*, but I wasn't.

480 I can't *see you* today, but I can tomorrow.

481 A *bird* in the hand is worth two in the bush.

● 주어+be동사 생략: 부사절(when, while, if ~ 등)의 주어(S')와 주절의 주어(S)가 같고 be동사가 사용된
경우, 부사절의 〈주어(S') + be동사〉를 생략할 수 있다.

482 You should look both ways // when (you are) crossing the street.
S V M S' be동사 v-ing O'
당신은 양쪽으로 봐야 한다 // (당신이) 길을 건널 때. 〈주어+be동사 생략〉

483 We ate snacks while having a chat.

공통구문: 문장의 한 어구(X)가 두 개 이상의 어구(A, B)에 공통으로 연결되는 것을 말한다. 반복어구 중 남은 한 어구가 공통어구(X)이다.

$$XA + XB \rightarrow X(A + B)$$
$$AX + BX \rightarrow (A + B)X$$

공통어구(X)는 앞(X(A+B))이나 뒤((A+B)X) 또는 앞뒤 모두(X^1(A+B)X^2)에 있을 수 있다.

She was kind and she was considerate. 반복 어구 X 삭제 → X(A+B)
　　X　　 A 　　 X 　　 B
→ She was kind and considerate. 그녀는 친절하고 사려 깊었다.

No one can live by himself and for **himself**. 반복 어구 X 삭제 → (A+B)X
　　　　　　 A 　 X 　　 B 　　 X
→ No one can live by and for himself. 누구든 홀로 그리고 스스로 살 수 없다.

They have lived in Spain but they won't live **in Spain**. 반복 어구 X^1, X^2 삭제 → X^1(A+B)X^2
　X^1 　　 A 　 X^2 　 X^1 　 B 　　 X^2
→ They have lived but won't live in Spain. 그들은 스페인에 살아 왔지만, 그곳에 살지 않을 것이다.

---

484 He *was exhausted* / and *fell asleep* // once he arrived home.
　　 S 　 V_1 　 C_1 　　　 V_2 　 C_2 　　 S′ 　 V′ 　 M′
　　　 그는 지쳤다 　　 / 　 그리고 (그는) 잠이 들었다 // 　　 집에 도착하자마자.

(← **He** *was exhausted* and he *fell asleep* ~.) 〈X(A+B)〉

485 He *messaged* / and she *phoned* / **every team member**.
　　 S_1 　 V_1 　　 S_2 　 V_2 　　　 O
　 그는 메시지를 보냈다 / 그리고 그녀는 전화를 했다 / 　 모든 팀 구성원에게.

(← He *messaged* every team member and she *phoned* every team member.)
〈(A+B)X〉

486 She *likes* / and *enjoys* science fiction.
　　 S 　 V_1 　　 V_2 　　 O
　 그녀는 (공상 과학 소설을) 좋아한다 / 그리고 (그녀는) 공상 과학 소설을 즐겨 본다.

(← **She** *likes* science fiction and she *enjoys* science fiction.) 〈X^1(A+B)X^2〉

---

487 **I learned the importance of** *being on time* and *not delaying things*.

488 *I accepted* but *Mark refused* **the invitation to her birthday party**.

489 **She is** *busier* but *more excited* **than usual**.

삽입/동격구문

영어 문장의 중간에는 어구나 절이 많이 삽입되는데, 설명을 덧붙이거나 의미를 보충하기 위한 것이다.

삽입어(구, 절)는 〈전치사＋명사〉구, 분사구문, 관계사절, 부사절 등 다양하며, 보통 앞뒤에 콤마(,)나 대시(―)가 있다. 삽입된 어구를 괄호로 묶으면 원래 문장 구조를 파악하기 쉽다. 삽입어구를 제외해도 문장은 성립한다.

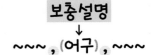

보충설명
↓
~~~ , (어구) , ~~~

---

490 The vegetable juice was, / (**for the purpose of health**), /
                 S   V
    그 채소 주스는 (~였다),   /   (건강의 목적으로는),   /

good but not tasty.
 C₁   C₂
좋았지만 맛이 있지는 않았다.

---

491 *Eat, Pray, Love* —**published in 2006**— is a memoir by Elizabeth Gilbert.

*memoir 회고록

492 All of his family members, **I have learned**, are friendly.

493 Jim, **who is sitting at the front of the class**, is the most talkative person.

494 The date of the midterm exam, **as she said**, was changed to next week.

┌ **Check up** ┐ ● 천일비급 p.92

다음 문장에서 삽입된 어구를 ( )로 표시하고 이를 제외한 나머지 부분을 해석하세요.

1 Canada, which has two official languages, uses both English and French.

→ _____

2 He is, as I told you before, a funny and creative person.

→ _____

명사에 대해서 그 의미를 보충하거나 쉽게 설명하기 위해 다른 명사(구, 절)를 뒤에 두는 경우 이를 동격어구라 한다. 명사 A와 B가 동격인 경우 다음과 같은 형태가 있으며, A와 B를 같은 것으로 해석하면 된다.
- A+콤마(,)+B: A는 B인데[B로서], B인 A
- A, or B: A, 즉 B
- A of B: B라는 A

, or of that

A ⸻ = ⸻ B

---

495 <u>*Aunt Ellie*</u>, / <u>**my mother's younger sister**</u>, / <u>is</u> <u>a nurse</u>.
　　　　S　　　　　　　=　　　　　　　　　　　V　　C
　　　엘리 이모는,　　/　　우리 엄마의 여동생인데,　　/　　간호사이시다.

---

496 *Mexico City*, **one of the biggest cities in the world**, has many interesting sites.

497 *GPS*, **or the Global Positioning System**, helps us find places.

498 I hope you will achieve *your dream* **of becoming a businessman**.

명사와 뒤에 오는 that절이 동격인 경우도 있다. 주로 다음과 같은 명사가 동격절을 이끈다.
- news[belief, fact, thought, idea]+that절: ~라는 소식[믿음, 사실, 생각, 아이디어]

---

499 <u>Hope</u> <u>is</u> *<u>the belief</u>* // **<u>that anything is possible</u>**.
　　　S　V　　C　　　　　　　　S'　　V'　　C'
　　희망은 (~라는) 믿음이다　//　　무엇이든 가능하다는 (믿음).

---

500 The fact **that I could mess up our team's plan** made me more careful.

A 다음 문장에서 밑줄 친 It[it]의 쓰임을 〈보기〉에서 골라 그 기호를 쓰세요.

> **보기** ⓐ 대명사 ⓑ 비인칭 주어 ⓒ 가주어 ⓓ 가목적어 ⓔ 강조구문의 it

1 <u>It</u> was yesterday that they lined up overnight.

2 <u>It</u> is said that Robin can speak and write five different languages.

3 Post offices are closed today because <u>it</u>'s Sunday.

4 I found <u>it</u> convenient to do my banking on my smartphone.

5 I like my new bag. <u>It</u> matches my shoes.

B 다음 문장의 밑줄 친 부분을 알맞게 해석하세요.

1 <u>Little does she know</u> the merits of living in the country.

→ _____

2 I handed in the report on time and <u>so did James</u>.

→ _____

3 <u>The thought that we should use paper straws</u> sounds good.

→ _____

4 <u>It seems that someone forgot to close the windows.</u>

→ _____

C 다음 문장에서 생략할 수 있는 어구를 ( )로 표시하세요.

1 A: Won't you come over and have some pizza?
  B: I'd like to come over and have some pizza, but I have something to do now.

2 Some of them like math, but many of them don't like math.

A 1 line up 줄을 서다 overnight 밤새 **4** convenient 편리한 **5** match 어울리다; 일치하다 **B 1** merit ((주로 복수형)) 장점 **2** hand in (과제물 등을) 제출하다
(= submit) on time 제때에, 정각에 **3** straw 빨대 **C 1** come over (~의 집에) 들르다

MUST-KNOW
Terms & Concepts

반드시 알아야 할 용어와 개념

〈천일문〉은 어렵고 복잡한 용어를 피하고 최대한 쉬운 일상어로 대체하여 설명하였지만, 용어 사용을 완전히 없애기란 사실상 불가능하다. 마치 '사과'를 '사과'라 하지 않고 '겉은 대개 빨갛고 속은 희며 크기는 어른 주먹 정도인데 맛은 새콤달콤하고 식감은 아삭한 동그란 과일'이라 하는 것과 똑같기 때문이다. 즉 간단하고 명확한 설명과 해설을 위해 반드시 필요한 용어들이 있으며 이들을 모르면 실력은 결코 발전할 수 없다.

문법에서 사용되는 용어는 많으나, 구문학습에서 반드시 알아야 할 것들은 그리 많지 않으며, 관련 설명과 예문을 연결하여 학습하다 보면 어렵지 않게 익힐 수 있다.

지금부터 소개되는 용어는 구문 학습이 제대로 이뤄지기 위해 반드시 알아야 할 것들이며 본문에서 이미 다뤄진 것들이다. 용어뿐 아니라 자주 사용되는 개념들도 포함하여 설명하였고, 본책에 자세히 다뤄진 것들은 일일이 참고 페이지를 표시하였으므로 색인 기능도 더하고 있다.

예복습할 때 적극적으로 활용하여 학습에 많은 도움이 되길 바란다.

*용어의 정의나 범위는 언어학자마다 다른 것들도 있고 우리나라 학교 문법과 영어권에서 통용되는 것이 서로 다른 것들도 있다. 여기서는 우리 학습자들의 편의를 위해, 우리나라의 학교 문법과 대부분의 교재에서 정의되는 대로 설명하고 영어권에서 통용되는 것들은 참고할 수 있도록 추가 설명을 덧붙였음을 미리 알려둔다.

a ~ z

의미를 상대방에게 온전히 전달하려면 주어와 함께 동사가 필요하므로 SV가 문장의 최소 단위가 된다. (물론 All right!, Good!, Ah!와 같이 의미를 전달할 수 있는 어구들도 있지만, 주어나 동사가 생략된 형태(← It's all right!, It's good!) 이거나 감탄사 등으로서 이런 어구들 자체를 진정한 의미의 문장으로 보기는 어렵다.) 자연히, 영어 문장은 우선 SV가 나오고 나서 더 구체적인 정보들을(목적어, 보어 등)이 뒤따르는 것이 기본 순서가 된다.

ㄱ

가목적어의 '가'는 '가짜 가(假)'의 의미로 '참 진(眞)'과 대조되는 의미이다. SVOC문형에서 목적어가 to부정사나 명사절처럼 길고 복잡할 경우 목적어 자리에 가목적어인 it을 두고 진(眞)목적어인 to부정사나 명사절은 문장 뒤로 보낸다.
〈S+V+**it**+C+to-v ∼〉/〈S+V+it+C+that ∼〉
길고 복잡한 목적어 뒤에 목적격보어가 바로 이어지는 구조보다 문장 형식을 더 이해하기 쉬워진다. 문장 형식상 SVOC 구조를 완전하게 만들기 위해 목적어 자리를 채우는 것이므로 '형식 목적어'라고도 한다.

직설법과는 다른 시제를 사용하여, 말하는 내용이 가정, 상상 또는 소망임을 나타낸다.

가주어의 '가'는 '가짜 가(假)'의 의미로 '참 진(眞)'과 대조되는 의미이다. 영어는 상대적으로 길이가 길거나 복잡한 요소는 문장 뒤에 두려는 특성이 있기 때문에 to부정사나 명사절이 주어일 때 주어 자리에 가주어 it을 두고 진(眞)주어는 문장 뒤로 보낸다. 〈**It**+V+to-v ∼〉/〈**It**+V+that ∼〉
문장 형식상 SV구조를 완전하게 만들기 위해 주어 자리를 채우는 것이므로 '형식 주어'라고도 한다.

SVOO문형에서 '∼에게'로 해석되는 목적어. 직접목적어(∼을[를]. 주로 사물)는 동사의 동작이 직접적으로 가해지지만, 간접목적어(주로 사람)는 직접목적어를 받는 사람이므로 동사의 동작이 간접적으로 가해진다고 볼 수 있다.
Joey gave **me** this present. 조이가 **내게** 이 선물을 주었다.
　　　　　IO　　DO

강조(emphasis) •⋯⋯⋯• **p.159 U53 U54**
문장 중에 특별히 주목해야 하거나 중요한 어구에 힘을 주는 것. 대표적으로는 it ~ that 강조구문이나 특정 어구를 강
조하여 문장 앞에 두어 도치가 일어나는 것이 있다. 글에서는 강조하려는 어구를 이탤릭으로 표현하여 나타내기도 한다.

격(case)
문장에서 (대)명사가 하는 역할을 나타내는 말. 주격, 소유격, 목적격이 있다.
1. 주격: 주어 역할 *e.g.* I, you, he, she, writer, someone
2. 소유격: 뒤의 명사를 소유 *e.g.* my, your, his, her, writer's, someone's
   *영어권에서 소유격은 소유대명사(*e.g.* mine, yours, his, hers)를 포함하는 개념이다.
3. 목적격: 동사, 전치사의 목적어 역할 *e.g.* me, him, her, writer, someone

공통 •⋯⋯• **U55**

관계대명사절(relative pronoun clause) •⋯⋯⋯⋯⋯⋯⋯⋯⋯⋯⋯⋯⋯⋯⋯⋯⋯⋯⋯⋯⋯⋯⋯⋯• **p.119 U37~U40 U42 U44 U56**
'접속사+대명사' 역할을 하는 관계대명사가 이끄는 절. 앞의 선행사를 수식하거나 보충설명하는 절을 이끈다.

관계부사절(relative adverb clause) •⋯⋯⋯⋯⋯⋯⋯⋯⋯⋯⋯⋯⋯⋯⋯⋯⋯⋯⋯⋯⋯⋯⋯⋯⋯⋯⋯⋯⋯⋯⋯⋯• **p.119 U41 U43**
'접속사+부사' 역할을 하는 관계부사가 이끄는 절. 앞의 선행사를 수식하거나 보충설명하는 절을 이끈다.

관계사(relative) •⋯⋯• **p.119**
관계대명사와 관계부사를 합친 말.

관계사절(relative clause) •⋯⋯⋯⋯⋯⋯⋯⋯⋯⋯⋯⋯⋯⋯⋯⋯⋯⋯⋯⋯⋯⋯⋯⋯⋯⋯⋯⋯⋯⋯⋯⋯⋯⋯⋯⋯⋯• **U37~U41 U42~U44**
관계대명사나 관계부사가 이끄는 절.

관용표현(idiomatic expression) •⋯⋯⋯⋯⋯⋯⋯⋯⋯⋯⋯⋯⋯⋯⋯⋯⋯⋯⋯⋯⋯⋯⋯⋯⋯⋯⋯⋯⋯⋯⋯⋯⋯• **U13 U20 U30 U44**

오랫동안 써서 굳어진 대로 습관적으로 늘 쓰는 표현. 흔히 개별단어의 의미와는 다른 의미를 나타내는 표현들을 포함
한다. 그러므로 단어 의미나 문법적으로 풀이하기보다는 숙어처럼 표현을 통째로 외우는 것이 권장된다.

구동사(句動詞, phrasal verb) •⋯⋯⋯⋯⋯⋯⋯⋯⋯⋯⋯⋯⋯⋯⋯⋯⋯⋯⋯⋯⋯⋯⋯⋯⋯⋯⋯⋯⋯⋯⋯⋯⋯⋯⋯• **U01 U03 U17**
〈동사+전치사[부사]〉, 〈동사+부사+전치사〉 등의 동사. '군동사'라고도 한다.
e.g. look after 돌보다 / put off 연기하다 / look up to 존경하다 등

ㄴ **능동태(能動態, active voice)** ← 태 •⋯⋯⋯⋯⋯⋯⋯⋯⋯⋯⋯⋯⋯⋯⋯⋯⋯⋯⋯⋯⋯⋯⋯⋯⋯⋯⋯⋯⋯⋯⋯⋯⋯• **p.57**
주어가 동작을 하는 것을 표현하는 동사 형태.

ㄷ **도치(倒置, inversion)** •⋯⋯⋯• **p.159 U54**
주어-(조)동사의 정상적인 어순이 아니라 (조)동사-주어의 어순을 말한다. 도치가 일어나는 경우로는, 의문문, 부정어
가 문장 앞으로 나간 때 등이 있는데, 〈조동사-주어-동사〉의 어순이 되는 것과 〈동사-주어〉의 어순이 되는 것에 주의
해야 한다.
Seldom **did he visit** there. (Seldom visited he there. (×))
Down **came the rain**. (Down did the rain come. (×))

동격(同格, appositive) •⋯⋯• **U56**
주로 명사 뒤에서 그 명사를 다른 말로 풀어서 설명하는 명사(구).
e.g. Edison, **the inventor of the light bulb**, is called the father of motion pictures.

동사구(동사구, verb phrase[group]) (*cf.* 구동사) •⋯⋯⋯⋯⋯⋯⋯⋯⋯⋯⋯⋯⋯⋯⋯⋯⋯⋯⋯⋯⋯⋯⋯⋯⋯⋯⋯⋯⋯⋯⋯• p.45
〈조동사+동사원형〉로 이루어진 구.
*영어권에서는 명사구, 형용사구, 부사구와 함께 동사구(verb phrase), 전명구(〈전치사+명사〉구)를 모두 합하여 총 다
섯 가지로 '구'를 설명하기도 한다.

동사원형(root form) = 원형동사 = 동사의 기본형 •⋯⋯⋯⋯⋯⋯⋯⋯⋯⋯⋯⋯⋯⋯⋯⋯⋯⋯⋯⋯⋯⋯⋯⋯⋯⋯⋯⋯• p.45
사전에 수록된 동사의 기본 형태. 원형부정사와 같은 형태이다.
e.g. be, speak 등

명사구(名詞句, noun phrase) •⋯⋯⋯⋯⋯⋯⋯⋯⋯⋯⋯⋯⋯⋯⋯⋯⋯⋯⋯⋯⋯⋯⋯⋯• p.69 U20~U24 p.107
두 단어 이상이 모여 명사 역할을 하는 것. 주어와 동사는 포함하지 않는다.
문장에서 주어, 목적어, 보어가 되며 대표적으로. to부정사구와 동명사구가 있다.

명사절(名詞節, noun clause) (*cf.* 부사절. *cf.* 형용사절) •⋯⋯⋯⋯⋯⋯⋯⋯⋯⋯⋯⋯• **p.107 U33~U36 U44**
단어가 모여서 명사 역할을 하는 것으로, '주어+동사'를 포함한다. 문장에서 주어, 목적어, 보어가 되며, 대표적으로 접
속사 that, 관계대명사 what 등이 명사절을 이끈다.

목적(purpose) •⋯⋯⋯⋯⋯⋯⋯⋯⋯⋯⋯⋯⋯⋯⋯⋯⋯⋯⋯⋯⋯⋯⋯⋯⋯⋯⋯⋯⋯⋯⋯⋯⋯⋯⋯⋯• **U29**
주로 to부정사의 부사적 용법으로 '~하기 위하여'의 의미를 나타내는 것.

목적격 관계대명사 •⋯⋯⋯⋯⋯⋯⋯⋯⋯⋯⋯⋯⋯⋯⋯⋯⋯⋯⋯⋯⋯⋯⋯⋯⋯⋯⋯⋯⋯⋯⋯⋯⋯• **U38**

문형(sentence pattern) •⋯⋯⋯⋯⋯⋯⋯⋯⋯⋯⋯⋯⋯⋯⋯⋯⋯⋯⋯⋯⋯⋯⋯⋯⋯⋯⋯⋯⋯⋯⋯• p.21
영어 문장은 의미를 완전하게 하기 위해 주어와 동사 외에도 다른 것들(목적어, 보어)이 필요할 수 있다. 어떤 것들이 어
떤 순서로 오는지에 따라 영어 문장의 기본 구조가 달라진다. 이들 각각의 문장 구조를 문장 형태, 줄여서 문형(또는 형
식)이라 한다.

부분 부정(partial negation) (*cf.* 전체 부정) •⋯⋯⋯⋯⋯⋯⋯⋯⋯⋯⋯⋯⋯⋯⋯⋯⋯⋯⋯⋯⋯• **U48**
일부를 부정하는 것으로 바꿔 말하면 다른 일부는 긍정하는 것.

부사절(副詞節, adverbial clause) (*cf.* 명사절. *cf.* 형용사절) •⋯⋯⋯⋯⋯⋯⋯⋯⋯⋯⋯⋯• **U45~U47**
단어가 모여서 부사 역할을 하는 것으로, '주어+동사'를 포함한다. 대개, 시간, 조건, 이유, 원인, 양보 대조 등의 의미를
나타내어 주절을 수식한다.

부정어(구)(否定語(句), negative) •⋯⋯⋯⋯⋯⋯⋯⋯⋯⋯⋯⋯⋯⋯⋯⋯⋯⋯⋯⋯⋯⋯• **p.145 U48 U54**
'아니, 안, 못' 등의 '부정'하는 뜻을 가진 말이나 구.

분사구문 •⋯⋯⋯⋯⋯⋯⋯⋯⋯⋯⋯⋯⋯⋯⋯⋯⋯⋯⋯⋯⋯⋯⋯⋯⋯⋯⋯⋯⋯⋯⋯⋯⋯• **p.95 U31 U32**

비교급(comparative) •⋯⋯⋯⋯⋯⋯⋯⋯⋯⋯⋯⋯⋯⋯⋯⋯⋯⋯⋯⋯⋯⋯⋯⋯⋯⋯⋯⋯⋯⋯• **U49~**U50
형용사나 부사에 '-er'을 붙이거나 앞에 more를 두어 만들어진 형태. 두 가지 것(세 가지 이상에는 안 씀)을 비교하여 그
차이를 나타낸다.
e.g. warmer, more beautiful

비인칭 주어(impersonal subject) •⋯⋯⋯⋯⋯⋯⋯⋯⋯⋯⋯⋯⋯⋯⋯⋯⋯⋯⋯⋯⋯⋯⋯⋯⋯⋯• **U52**
시간, 날씨, 거리, 명암, 요일, 막연한 상황 등을 나타내는 문장은 주어로 쓸 것이 마땅치 않으므로 it을 사용한다. 이때의
it은 '사람'을 대신하는 것이 아니므로 '비인칭' 대명사이고, 비인칭 주어라 한다.

사역동사(使役動詞, causative verb) •··· **U28**
주로 SVOC문형에서 'O가 ~하게 하다'란 의미(즉, 주어가 하지 않고 다른 누군가에게 하도록 시킴)를 가지고 있으면서
보어로 원형부정사를 취하는 동사 make, have, let을 말한다. '사역'의 의미이면서 보어로 to부정사를 취하는 동사들
(get, ask, allow, enable 등)을 준사역동사라 하기도 한다.
*영어권에서는 사역동사의 범위에 위의 준사역동사들까지 모두 포함한다.

삽입 •··· **p.159 U56**

생략(ellipsis) •·· **p.159 U55**

선행사(先行詞, antecedent) •··· **p.119**
대명사가 대신하는 것. 대개 대명사 앞에 온다.
Emily is nice. **She** brings me some snacks. 에밀리는 착하다. 그녀는 내게 간식을 준다.
  선행사   대명사
주로, 관계사절에서 관계사가 대신하는 어, 구, 절을 뜻한다.
Where is **the fish** which Jim caught? 짐이 잡은 물고기는 어디에 있니?
          선행사   관계대명사

소유격 관계대명사 •·· **U39**

수(數, number)
단수와 복수, 두 가지가 있다. (대)명사, 동사, 지시어, 명사 앞에 붙는 말의 형태에 영향을 준다.
단수: He likes that cake. / 복수: They like those cakes.

수동태 ⟵ **태** •·· **p.57 U15~U19**
주어가 동작을 당하거나 받는 것을 표현하는 동사 형태.

수식어(修飾語, modifier) ⟵ **M** •··· **p.18~19 U01**
무언가를 설명하거나 의미를 좀 더 분명하게 해준다.
1. 형용사적 수식어: 명사를 좀 더 설명해주거나 의미를 좀 더 분명히 해준다. 형용사 외에도 전명구, to부정사, 분사, 관
   계사절 등이 이에 해당한다.
2. 부사적 수식어: 명사 이외의 모든 것, 즉 동사, 형용사, 부사, 어구, 절, 문장 전체를 좀 더 설명해주거나 의미를 좀 더
   분명히 해준다. 부사 외에도 전명구, to부정사, 분사구문, 부사절 등이 이에 해당한다.

시제(時制, tense) •··· **p.35 U06~U10**
동사의 시제는 동사의 동작이나 상태가 일어난 때(시)에 대한 정보를 제공한다. 아주 좁은 의미로는 동사형태가 변형되
는 현재형과 과거형을 뜻하지만 대부분의 문법책에서는 좀 더 넓은 의미로 쓰여서 〈will+동사원형〉으로 표현되는 미래
도 미래시제로 시제에 포함시킨다. 이 기본이 되는 세 개의 시제에 각각의 진행형, 완료형, 완료진행형을 더하여 설명하
는 것이 대부분이다. 시제는 이러한 동사 형태들의 이름일 뿐 실제 나타내는 때는 다를 수 있음을 아는 것이 중요하다.

어순(語順, word order) •·· **U34~U36**
문장이나 어구에서 단어들이 나열되는 순서. 영어는 순서가 매우 중요한 언어이므로 구문 학습에서 어순이 언급되는 부
분은 특히 잘 알아두어야 한다. '조사'가 있는 우리말과 달리, 어순이 달라지면 의미가 달라지거나 아예 의미가 통하지 않
는 경우도 있기 때문이다.
The teacher visited **the students**.
선생님이 학생을 찾아왔다. (○) 학생을 선생님이 찾아왔다. (○)
학생이 선생님을 찾아왔다. (×)
학교 시험에서도 배열 영작 문제가 많이 출제되는 이유가 바로 어순이 중요한 언어이기 때문인 것도 있다.

종속절을 취하는 다른 절.

to부정사, 동명사, 분사를 통틀어 하는 말. 동사의 특성을 가지고 있으면서 문장에서 명사, 형용사,
부사의 역할을 한다.

see, watch, notice, observe, look at, hear, listen to, smell, taste, feel 등.
주로 SVO문형이나 SVOC문형을 취하는데, SVOC문형에서 목적격보어로 to부정사가 아닌
원형부정사 또는 현재분사(v-ing)를 취한다.

사실을 사실 그대로 표현하는 것으로 '시제'에서 배우는 내용은 모두 직설법이다.

SVOO문형에서 '~을[를]'로 해석되는 목적어. 동사의 동작이 직접적으로 가해진다.
Joey gave <u>me</u> **this present**. 조이가 내게 **이 선물을** 주었다.
  IO   DO

형용사나 부사에 -est를 붙이거나 앞에 most를 두어 만들어진 형태.
셋 이상의 것들 중에서 가장 정도가 심한 것을 나타낸다.
e.g. warmest, most beautiful

SVO, SVOO, SVOC문형을 이루는 동사로서 완전한 의미의 문장을 만들기 위해 '목적어'가 필요한 동사.

주어가 동사의 동작을 스스로 하는지 아니면 받는지를 나타내는 동사 형태.
능동태와 수동태, 두 가지 태가 있다.
1. 능동태: 주어가 동사의 행위를 하는 것이다.
   The dog **ate** our meat. 그 개가 우리 고기를 **먹었다.**
2. 수동태: 주어가 동사의 행위를 받는 것이다.
   Our meat **was eaten** by the dog. 우리 고기가 그 개에 의해 **먹혔다.**

앞에 콤마(,)가 없이 선행사를 수식하는 관계사절.

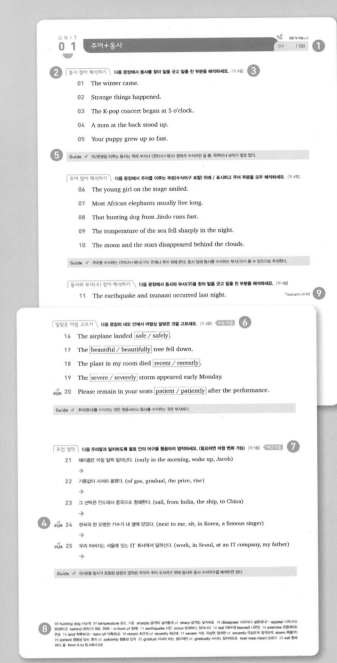

천일문 입문 문제집 INTRO
Training Book

500 SENTENCES
INTRO

천일문 입문
문제집

Practice Makes Perfect!

실력은 하루아침에 이루어지지 않죠.
노력만이 완벽을 만듭니다.
〈천일문 입문 문제집 Training Book〉은
〈천일문 입문〉의 별책 문제집으로
〈천일문 입문〉과 동일한 순서로 구성되어 있어
학습 내용을 편하게 확인하고 적용해볼 수 있습니다.
입문편 학습과 병행하세요.

| 별도 판매 | 정가 11,000원

① 각 문항별 배점의 총합이 100점이므로 점수 관리 용이
(정답 및 해설에 부분점수 표 수록)
② 문제 유형 및 포인트
③ 각 문항별 배점 표시
④ 고난도 문항 표시
⑤ 문제 풀이의 착안점 또는 정리 사항
⑥ 수능·모의 기출 빈출 포인트 문제화
⑦ 내신 기출 빈출 포인트 문제화
⑧ 문제 풀이에 걸림돌이 되지 않도록 보기 편한 위치에 어휘 제시
⑨ 학습 범위를 벗어나는 고난도 어휘 및 문제 풀이에 꼭 필요한 어휘는
별도 제시

1 구문 이해 확인에 특화된 다양한 문제

같은 동사, 다른 문형 구별하기 \ 다음 짝지어진 문장의 문형을 〈보기〉에서 각각 골라 그 ㅂ

〈보기〉 ① 주어+동사(SV)　　　　② 주어+동사+보어(SVC)

18　ⓐ I went to the concert last night.

→

목적어 구별하기 \ 다음 문장에서 간접목적어와 직접목적어(수식어구 포함) 각각에 밑줄

07　The young clerk chose me a pair of black shoes.

08　Jennifer teaches students physics and chemistry.

09　Four-leaf clovers may bring you good luck and hap

10　Henry bought his mother a bunch of flowers.

*어휘 변화형 빈칸 채우기

동사 변화형 쓰기

✓ 다음 주어진 단어를 단서로 하여 빈칸에 알맞은 동사형을 채우세요.

기본형 (원형)	3인칭 단수 현재형	과거형	과거분사형 p.p.	현재분사형 v-ing
become	becomes	became	become	becoming
			begun	
		brought		
				building
	beats			
bind 묶다; 감다				
bear				

2 해석(부분 해석/전체 해석)

동사와 보어 찾아 해석하기 \ 다음 문장에서 동사와 보어를 찾아 밑줄 긋고 밑줄 친 부분

01　Your idea sounds interesting.

02　One leg of the chair came loose.

03　My father's hair turned grey early.

목적어 찾기&해석하기 \ 다음 문장에서 목적어(수식어구 포함)를 찾아 밑줄 긋고 문장 전

01　I heard a rumor about our new professor.

→

02　He bought a movie ticket at the box office.

→

03　My parents want a big house with a front yard.

3 어법(네모/밑줄)

알맞은 어법 고르기 \ 다음 문장의 네모 안에서 어법상 알맞은 것을 고르세요. [각 3점]

16　The airplane landed safe / safely .

17　The beautiful / beautifully tree fell down.

18　The plant in my room died recent / recently .

어법 판단하기 \ 다음 밑줄 친 부분이 어법상 옳으면 ○, 틀리면 ✕로 표시하고 바르게 고ㅊ

13　This apple pie tastes deliciously.

14　The girls in the picture look so happily.

15　Everybody stayed calm during the argument.

16　The door opened slowly and he walked in.

4 영작(배열/조건)

배열 영작 \ 다음 우리말과 일치하도록 괄호 안에 주어진 어구를 순서대로 배열하세요. [각

21　그 아이들은 선생님에게 진실을 말했다. (told, the children, their te

→

22　그는 집 없는 고양이에게 새 집을 찾아주었다. (found, a new home,

→

조건 영작 \ 다음 우리말과 일치하도록 괄호 안의 어구를 활용하여 영작하세요. (필요하면 uite hat

21　제이콥은 아침 일찍 일어난다. (early in the morning, wake up,

→

22　기름값이 서서히 올랐다. (of gas, gradual, the price, rise)

→

23　그 선박은 인도에서 중국으로 항해한다. (sail, from India, the ship,

5 문장전환/문장쓰기

문장 전환 \ 다음 밑줄 친 어구와 의문문을 합쳐 한 문장으로 쓰세요. [각 6점] 　내신 직결

01　I don't know + Can I borrow the books?

→

02　Will his plan make a positive change? + is not kno

→

문장 전환 \ 다음 문장을 주어진 단어로 시작하는 수동태 문장으로 바꿔 쓰세요. 　내신 ㅈ se c

11　Shakespeare wrote *Hamlet* in 1601. [7점]

→ *Hamlet* _____

12　Edison invented the light bulb in 1879. [7점]

→ The light bulb _____

13　The company exports many kinds of items every m

MEMO

독해가 안 된다고
**독해 문제집만 풀면
될까요?**

'독해가 된다' 시리즈로
**근본적인 원인을
해결하세요!**

문법을
알면

구문을
알면

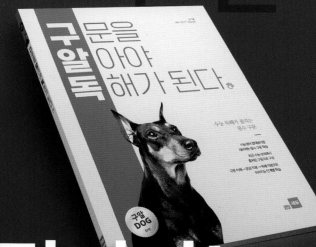

독해가 됩니다!

1 고등 독해가 읽히는 기본 문법사항 정리

2 문법 → 구문 → 독해로 단계별 학습

3 수능형 & 내신형을 아우르는 독해 유형

1 수능 독해가 풀리는 필수 구문 정리

2 구문이해 → 문장적용 → 독해적용으로
단계별 학습

3 최신 수능 & 모의고사에서 출제된
구문으로 구성

쎄듀

① 구문

판매 1위 '천일문' 콘텐츠를 활용하여 정확하고 다양한 구문 학습

끊어읽기　해석하기　문장 구조 분석　해설·해석 제공　단어 스크램블링　영작하기

② 문법·서술형

쎄듀의 모든 문법 문항을 활용하여 내신까지 해결하는 정교한 문법 유형 제공

객관식과 주관식의 결합　문법 포인트별 학습　보기를 활용한 집합 문항　내신대비 서술형　어법+서술형 문제

③ 어휘

초·중·고·공무원까지 방대한 어휘량을 제공하며 오프라인 TEST 인쇄도 가능

영단어 카드 학습　단어 ↔ 뜻 유형　예문 활용 유형　단어 매칭 게임

④ 선생님 보유 문항 이용

Online Test　OMR Test

cafe.naver.com/cedulearnteacher

쎄듀런 학습 정보가 궁금하다면?

쎄듀런 Cafe

· 쎄듀런 사용법 안내 & 학습법 공유
· 공지 및 문의사항 QA
· 할인 쿠폰 증정 등 이벤트 진행

대한민국 영어 구문의 바이블!

천일문
New Edition
시리즈

개정에 도움을 준 선생님들께서
마음을 담아, 추천사를 남겨주셨습니다.

전에도 이미 완벽했었지만, 거기에서 더 고민하여 선정한 문장의 선택과 배치는 가장 효율적인 학습환경을 제공합니다. 양질의 문장을 얼마나 많이 접해봤는지는 영어 학습에서 가장 중요한 요소 중 하나이며, 그 문장들을 찾아다니며 시간을 낭비할 필요 없이 천일문 한 권으로 해결하시기 바랍니다.

김명열 | 대치명인학원

굳이 개정하지 않아도 좋은 교재이지만 늘 노력하는 쎄듀의 모습답게 더 알찬 내용을 담았네요. 아이들에게 십여 년이 넘는 시간 동안 영어를 가르치면서도 영어의 본질은 무시한 채 어법에만 치우친 수업을 하던 제게 천일문은 새로운 이정표가 되어주었습니다. 빨라진 시대의 흐름에 따라가지 못하는 한국의 영어교육에 조금이라도 이 책이 도움이 될 것 같아 기대감이 큽니다.

김지나 | 킴스영어

독해는 되지만 글에서 의미하는 바를 찾지 못하고 결국 내용을 어림짐작하여 '감'으로 풀게 되는 학생들에게는 더더욱 필요한 능력이 문해력입니다. '감'으로 푸는 영어가 아닌 '문해력'에 기초하여 문제를 풀기 위한 첫 번째 단계는 정확한 문장 구조분석과 정확한 해석입니다. 많은 학생들이 천일문 시리즈를 통해 1등급 성취의 열쇠를 손에 넣을 수 있기를 바랍니다.

박고은 | 스테듀입시학원

책의 가장 큰 장점은 수험생을 위해 단계별로 정리가 되어 있다는 점입니다. 고3으로 갈수록 추상적인 문장이 많아지며 읽고 문장을 바로 이해하는 능력을 키우는 것이 중요한데, '천일문 완성'의 경우 특히 추상적 문장을 많이 포함하고 있어, 문장을 읽으면서 해당 문장이 무슨 내용을 나타내는지, 포함한 글이 어떤 내용으로 전개될 것인지 유추하면서 읽는다면 수험생들에게 큰 도움이 되리라 생각합니다.

이민지 | 세종 마스터 영어학원

수능 및 모의평가에서 자주 출제되는 핵심 구문들을 챕터별로 정리할 수 있어서 체계적입니다. 이 교재는 막연한 영어 구문 학습을 구체화해 배치해두었기 때문에, 학습자 입장에서는 등장할 가능성이 큰 문형들을 범주화하여 학습할 수 있습니다. 저 또한 학생 때 천일문 교재로 공부했지만 지금 다시 봐도 감동은 여전합니다.

안상현 | 수원시 권선구

천일문 교재가 처음 출간되었을 때 이 책으로 영어 구문 수업을 하는 것은 교사로서 모험이었습니다. 선생님 설명이 필요 없을 정도로 완벽한 교재였기 때문입니다. 영원히 현재진행형인 천일문 교재로 영어 읽는 법을 제대로 반복 학습한다면 모든 학생들은 영어가 주력 과목이 될 수 있을 겁니다.

조시후 | SI어학원

영문법 학습의 올바른 시작과 완성은 문법이 제대로 표현된 문장을 통해서만 얻어질 수 있다고 생각합니다. 심혈을 기울여 엄선한 문장으로 각 문법의 실제 쓰임새를 정확히 보여주는 천일문은 마치 어두운 동굴을 비추는 밝은 횃불과 같습니다. 만약 제가 다시 학생으로 돌아간다면, 주저하지 않고 선택할 첫 번째 교재입니다. '학습에는 왕도가 없다'라는 말이 있지요. 천일문은 그럴싸해 보이는 왕도나 허울만 좋은 지름길 대신, 멀리 돌아가지 않는 바른길을 제시합니다. 영어를 영어답게 접근하는 방법, 바로 천일문에 해답이 있습니다.

황성현 | 서문여자고등학교

변화하는 시대의 학습 트렌드에 맞춘 고급 문장들과 정성스러운 해설서 천일비급, 빵빵한 부가 학습자료들로 더욱 업그레이드되어 돌아온, 천일문 개정판의 출시를 진심으로 축하드립니다. 전체 구성뿐만 아니라 구문별로 꼼꼼하게 선별된 문장 하나하나에서 최고의 교재를 만들기 위한 연구진들의 고민 흔적이 보입니다. 내신과 수능, 공시 등 어떤 시험을 준비하더라도 흔들리지 않을 탄탄한 구문 실력을 갖추길 원하는 학습자들에게 이 교재를 강력히 추천합니다.

김지연 | 송도탑영어학원

그동안 천일문과 함께 한지도 어느새 10년이 훌쩍 넘었습니다. 천일문은 학생들의 영어교육 커리큘럼에 필수 교재로 자리매김하였고, 항상 1,000문장이 끝나면 학생들과 함께 자축 파티를 하던 때가 생각납니다. 그리고 특히 이번 천일문은 개정 작업에 참여하게 되어 개인적으로 더욱 의미가 있습니다. 교육 현장의 의견을 적극적으로 반영하고 참신한 구성과 문장으로 새롭게 변신한 천일문은 대한민국 영어교육의 한 획을 그을 교재가 될 것이라 확신합니다.

황승휘 | 에버스쿨 영어학원

문법을 자신의 것으로 만드는 방법은 어렵지 않습니다. 좋은 교재로 반복하고 연습하면 어제와 내일의 영어성적은 달라져 있을 겁니다. 저에게 진짜 좋은 책 한 권, 100권의 문법책보다 더 강력한 천일문 완성과 함께 서술형에도 강한 영어 실력자가 되길 바랍니다.

민승규 | 민승규영어학원

저는 본래 모험을 두려워하는 성향입니다. 하지만 제가 전공인 해운업계를 떠나서 영어교육에 뛰어드는 결정을 내릴 수 있었던 것은 바로 이 문장 덕분입니다.

"Life is a journey, not a guided tour." 인생은 여정이다, 안내를 받는 관광이 아니라.
- 천일문 기본편 461번 문장

이제 전 확실히 알고 있습니다. 천일문은 영어 실력만 올려주는 책이 아니라, 영어라는 도구를 넘어 수많은 지혜와 통찰을 안겨주는 책이라는 것을요. 10대 시절 영어를 싫어하던 제가 내신과 수능 영어를 모두 1등급 받을 수 있었던 것, 20대 중반 유학 경험이 없는 제가 항해사로서 오대양을 누비며 외국 해운회사를 상대로 온갖 의사전달을 할 수 있었던 것, 20대 후반 인생에 고난이 찾아온 시기 깊은 절망감을 딛고 재기할 수 있었던 것, 30대 초반 온갖 도전을 헤치며 힘차게 학원을 운영해 나가고 있는 것 모두 천일문에서 배운 것들 덕분입니다. 이 책을 학습하시는 모든 분들이, 저처럼 천일문의 막강한 위력을 경험하시면 좋겠습니다.

한재혁 | 현수학영어학원

최고의 문장과 완벽한 구성의 "본 교재"와 학생들의 자기주도 학습을 돕는 "천일비급"은 기본! 학습한 것을 꼼꼼히 점검할 수 있게 구성된 여러 단계(해석, 영작, 어법 수정, 문장구조 파악 등)의 연습문제까지! 대한민국 최고의 구문교재가 또 한 번 업그레이드를 했네요! "모든 영어 구문 학습은 천일문으로 통한다!" 라는 말을 다시 한번 실감하게 되네요! 메타인지를 통한 완벽한 학습! 새로운 천일문과 함께 하십시오.

이헌승 | 스탠다드학원

"천일문"은 단지 수능과 내신 영어를 위한 교재가 아니라, 언어의 기준이 되는 올바른 영어의 틀을 형성하고, 의미 단위의 구문들을 어떻게 다루면 좋을지를 스스로 배워 볼 수 있도록 해주는 교재라고 생각합니다. 단순히 독해를 위한 구문 및 어휘를 배우는 것 이상으로, (어디로나 뻗어나갈 수 있는) 탄탄한 기본기를 형성을 위한 매일 훈련용 문장으로 이보다 더 좋은 시리즈가 있을까요. 학생들이 어떤 목표를 정하고 그곳으로 가고자 할 때, 이 천일문 교재를 통해 탄탄하게 형성된 영어의 기반이 그 길을 더욱 수월하게 열어줄 것이라고 꼭 믿습니다.

박혜진 | 박혜진영어연구소

최근 학습에 있어 가장 핫한 키워드는 문해력이 아닌가 싶습니다. 영어 문해력을 기르기 위한 기본은 구문 분석이라 생각합니다. 다년간 천일문의 모든 버전을 가르쳐본 결과 기초가 부족한 학생들, 구문 학습이 잘 되어 있는데 심화 학습을 원하는 학생들 모두에게 적격인 교재입니다. 천일문 교재를 통한 영어 문장 구문 학습은 문장 단위에서 시작하여 더 나아가 글을 분석적으로 읽을 수 있어 영어 문해력에 도움이 되어 자신 있게 추천합니다.

아이린 | 광주광역시 서구

고등 내신에도, 수능에도 가장 기본은 정확하고 빠른 문장 파악! 문법 구조에 따라 달라지는 문장의 의미를 어려움 없이 이해할 수 있게 도와주는 구문 독해서! 추천합니다!

안미영 | 스카이플러스학원

쎄듀 초·중등 커리큘럼

초등

	예비초	초1	초2	초3	초4	초5	초6
구문		천일문 365 일력 |초1-3| 교육부 지정 초등 필수 영어 문장		초등코치 천일문 SENTENCE 1001개 통문장 암기로 완성하는 초등 영어의 기초			
문법					초등코치 천일문 GRAMMAR 1001개 예문으로 배우는 초등 영문법		
			왓츠 Grammar		Start (초등 기초 영문법) / Plus (초등 영문법 마무리)		
독해				왓츠 리딩 70 / 80 / 90 / 100 A / B 쉽고 재미있게 완성되는 영어 독해력			
어휘			초등코치 천일문 VOCA&STORY 1001개의 초등 필수 어휘와 짧은 스토리				
		패턴으로 말하는 초등 필수 영단어 1 / 2		문장 패턴으로 완성하는 초등 필수 영단어			
ELT		Oh! My PHONICS 1 / 2 / 3 / 4		유·초등학생을 위한 첫 영어 파닉스			
		Oh! My SPEAKING 1 / 2 / 3 / 4 / 5 / 6		핵심 문장 패턴으로 더욱 쉬운 영어 말하기			
		Oh! My GRAMMAR 1 / 2 / 3		쓰기로 완성하는 첫 초등 영문법			

중등

	예비중	중1	중2	중3
구문		천일문 STARTER 1 / 2		중등 필수 구문 & 문법 총정리
문법		천일문 GRAMMAR LEVEL 1 / 2 / 3		예문 중심 문법 기본서
		GRAMMAR Q Starter 1, 2 / Intermediate 1, 2 / Advanced 1, 2		학기별 문법 기본서
		잘 풀리는 영문법 1 / 2 / 3		문제 중심 문법 적용서
		GRAMMAR PIC 1 / 2 / 3 / 4		이해가 쉬운 도식화된 문법서
			1센치 영문법	1권으로 핵심 문법 정리
문법+어법		첫단추 BASIC 문법·어법편 1 / 2		문법·어법의 기초
문법+쓰기		EGU 영단어&품사 / 문장 형식 / 동사 써먹기 / 문법 써먹기 / 구문 써먹기		서술형 기초 세우기와 문법 다지기
				올씀 1 기본 문장 PATTERN 내신 서술형 기본 문장 학습
쓰기		거침없이 Writing LEVEL 1 / 2 / 3		중등 교과서 내신 기출 서술형
		중학 영어 쓰작 1 / 2 / 3		중등 교과서 패턴 드릴 서술형
어휘		천일문 VOCA 중등 스타트/필수/마스터		2800개 중등 3개년 필수 어휘
		어휘끝 중학 필수편	중학 필수어휘 1000개	어휘끝 중학 마스터편 고난도 중학어휘 +고등기초 어휘 1000개
독해		ReadingGraphy LEVEL 1 / 2 / 3 / 4		중등 필수 구문까지 잡는 흥미로운 소재 독해
		Reading Relay Starter 1, 2 / Challenger 1, 2 / Master 1, 2		타교과 연계 배경 지식 독해
		READING Q Starter 1, 2 / Intermediate 1, 2 / Advanced 1, 2		예측/추론/요약 사고력 독해
독해전략			리딩 플랫폼 1 / 2 / 3	논픽션 지문 독해
독해유형			Reading 16 LEVEL 1 / 2 / 3	수능 유형 맛보기 + 내신 대비
			첫단추 BASIC 독해편 1 / 2	수능 유형 독해 입문
듣기		Listening Q 유형편 / 1 / 2 / 3		유형별 듣기 전략 및 실전 대비
		쎄듀 빠르게 중학영어듣기 모의고사 1 / 2 / 3		교육청 듣기평가 대비

500 SENTENCES
INTRO

천일문 입문 별책해설집
천일비급

HOW TO STUDY

Point 1 천일비급 학습법

1 학습 계획을 세운다. (비급 p. 4~5)

하루에 공부할 양을 정해서 천일문 학습을 끝까지 해낼 수 있도록 합니다.

P A R T 1 문장 독해의 출발점, 동사

CHAPTER	UNIT	PAGE	학습 예정일	완료 여부
01 문장의 기본 구조와 동사	01 주어+동사	7	7/12	✔
	02 주어+동사+보어	8	7/13	✔
	03 주어+동사+목적어	9	7/14	✔
	04 주어+동사+간접목적어+직접목적어	11	7/15	✔
	05 주어+동사+목적어+보어	12	7/16	✔

2 본책 학습과 병행하여 확인하고 보충한다.

❶ 직독직해 연습

본책을 학습하면서 **끊어 읽은 부분(/)**과 해석해본 것을 비급 내용과 대조해 봅니다.

❷ 구문 확인

학습한 구문이 **굵은 글씨** 또는 *기울여서* 표시되어 있으므로 이를 확인합니다.

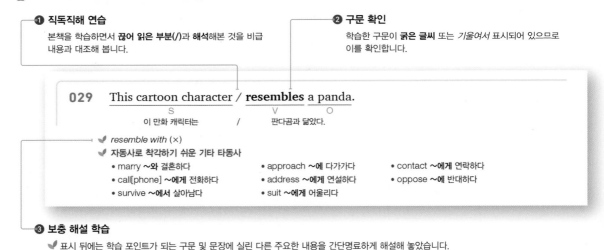

```
029   This cartoon character / resembles a panda.
          ────────────         ─────────  ───────
              S                   V          O
         이 만화 캐릭터는        /      판다곰과 닮았다.
```

✔ *resemble with* (×)
✔ **자동사로 착각하기 쉬운 기타 타동사**
- marry ~**와** 결혼하다
- call[phone] ~**에게** 전화하다
- survive ~**에서** 살아남다
- approach ~**에** 다가가다
- address ~**에게** 연설하다
- suit ~**에게** 어울리다
- contact ~**에게** 연락하다
- oppose ~**에** 반대하다

❸ 보충 해설 학습

✔ 표시 뒤에는 학습 포인트가 되는 구문 및 문장에 실린 다른 주요한 내용을 간단명료하게 해설해 놓았습니다.

3 MP3 파일을 들으며 리스닝 훈련을 한다.

원어민의 발음을 익히고 리스닝 실력까지 키우도록 합니다. (본책 유닛명 오른쪽의 QR코드를 스캔하면 MP3를 들을 수 있습니다.)

Point 2 ▸ 천일비급에 쓰이는 기호

기본 사항 | ···

000	기본 예문	**p.p.**	과거분사	**C**	보어
=	동의어, 유의어	**v**	동사원형 · 원형부정사	**M**	수식어
↔	반의어	**S**	주어	**/, //**	끊어 읽기 표시
( )	생략 가능 어구	**V**	동사		
[ ]	대체 가능 어구	**O**	목적어		
to-v	to부정사	**IO**	간접목적어		
v-ing	동명사 또는 현재분사	**DO**	직접목적어		

글의 구조 이해를 돕는 기호들 | ···

( )	앞의 명사를 수식하는 형용사구/생략어구	**( )**	삽입어구
[ ]	선행사를 수식하는 관계사절		
●	관계사절에서 원래 명사가 위치했던 자리		
▭	어구나 절을 연결하는 접속사 등		
S′	종속절의 주어/진주어	**V′**	종속절 · 준동사구 내의 동사
O′	종속절 · 준동사구 내의 목적어/진목적어		
C′	종속절 · 준동사구 내의 보어	**M′**	종속절 · 준동사구 내의 수식어
S₁(아래첨자)	중복되는 문장 성분 구분		

기호 사용의 예 | ···

Healthy eating is really important // if you want to become fit and healthy.
    S   V   C   S′   V′   O′

(to become fit and healthy의 to부정사구는 if가 이끄는 부사절 내에서 목적어 역할이고, to부정사구에서 become은 동사 역할, fit and healthy는 보어 역할을 한다는 뜻)

일러두기 | ···

- 해석은 직역을 원칙으로 하였고, 직역으로 이해가 어려운 문장은 별도로 의역을 삽입함.
- 본 책에서의 끊어 읽기 표시(/, //)는 문장의 구조 분석을 위한 의미 단위를 기준으로 함.
  (원어민이 문장을 말할 때 끊는 부분(pause)과는 일치하지 않을 수 있음.)
  어구의 끊어 읽기는 /로 표시하고, 구조상 보다 큰 절과 절의 구분은 //로 표시함.
- 수식을 받는 명사(또는 선행사), 형용사, 동사는 글씨를 굵게 하거나 기울여 눈에 띄게 함.

문장 독해의 출발점, **동사**

UNIT 01 주어+동사

---

001 The rain **stopped**.
S   V
비가 그쳤다.

✔ 주어만 있으면 문장이 되는 기타 동사 : hurt 아프다, sleep 잠자다, shine 빛나다, disappear 사라지다, die 죽다, live 살다, begin 시작하다, rise(-rose-risen) 오르다; 일어나다; 뜨다, remain 남다; 남아있다, stay 머무르다, stand 서 있다, occur (일이) 일어나다, 발생하다, lie(-lied-lied) 거짓말하다 등
e.g. The cat **disappeared**. 고양이가 **사라졌다**. / The sun **rose**. 해가 **떴다**. / Don't **lie**. **거짓말하지** 마라.

---

002 The boy **fell down**.
S   V
소년은 넘어졌다.

✔ 구동사: fall down, grow up처럼 동사 뒤에 부사나 전치사가 함께 쓰인 것
✔ SV문형에 잘 쓰이는 구동사: wake up 깨어나다, grow up 자라다, stand up 일어서다, sit down 앉다, run away 도망가다, get up (잠자리에서) 일어나다, break down 고장 나다, fall down 넘어지다, come back 돌아오다[가다](= return), come in 들어오다 (= enter), eat out 외식하다, show up 나타나다 등

---

003 I **can't go**. My back **hurts**.
S   V   S   V
나는 갈 수 없다.   내 등이 아프다.

---

004 The boy **(on the left)** / **suddenly** fell down / **on the wet floor**.
S   M(전명구: 형용사구)   M(부사)   V   M(전명구: 부사구)
소년이   (왼편의)   /   갑자기 넘어졌다   /   젖은 바닥에서.

---

005 I can't go / **to school**. My lower back / hurts **badly**.
S V M(전명구: 부사구) M(형용사)   S   V M(부사)
나는 갈 수 없다 /   학교에.   내 등 아랫부분이   /   몹시 아프다.

---

006 **Our new** teacher **(from Canada)** / will arrive **soon**.
M M S   M(형용사구)   V M(부사)
우리의 새 선생님은   (캐나다에서 오신)   /   곧 도착하실 것이다.

---

007 **Some** animals **(like bats and owls)** / sleep **during the day**.
M S   M(형용사구)   V M(부사구)
몇몇 동물들은   (박쥐와 올빼미 같은)   /   낮 동안 잠을 잔다.

---

008 **The prize winner's** eyes / **shone with excitement**.
M S   V   M(부사구)
그 수상자의 눈이   /   흥분으로 빛났다.

009　I wake up / **late on weekends.**
　　　S　　　V　　　M(부사)　　M(부사구)

나는 잠에서 깬다 / 　　주말마다 늦게.

✔ 〈on+요일[때]s〉: ~마다(= every 요일[때])　*e.g.* **on** Sunday**s** = **every** Sunday 일요일**마다**

010　The fog disappeared. We can see / **well now.**
　　　　　S　　　　V　　　　S　　V　　M(부사)M(부사)

안개가 사라졌다.　　우리는 볼 수 있다 / 　이제 잘.

011　He grew up / **in a good family** / **with two brothers.**
　　　S　　V　　　　M(부사구)　　　　　　M(부사구)

그는 자랐다 / 　훌륭한 가정에서 / 　두 명의 남자 형제와 함께.

Check up　Answers ·· ● 본책 p.25

1　<u>Children</u> **grow up** so fast these days. **아이들은 자란다** | 요즘에 아이들은 매우 빠르게 자란다.
2　<u>Accidents</u> **happen** all the time. **사고는 일어난다** | 사고는 언제나 일어난다.
3　<u>A car</u> suddenly **appeared** around the corner. **차 한 대가 나타났다** | 차 한 대가 길모퉁이를 돌아 갑자기 나타났다.

UNIT
02　주어＋동사＋보어

012　His name is **Jake.** He is **a firefighter.**
　　　S　　V C(명사 보어) S　V　C(명사 보어)
　　　　　=　　　　　　　　　=

그의 이름은 제이크이다.　　그는 소방관이다.

✔ 그의 이름 = 제이크 / 그 = 소방관

013　The boy is / **a good swimmer.**
　　　　S　　V　　　　　C
　　　　　　　=

그 소년은 ~이다 / 　수영을 잘하는 사람.

014　One (of the brothers) / is / **a manager** (in a bank).
　　　S　　　　　　　　　=　　V　　　C　　　　M

한 명은 　　(그 형제들 중) / ~이다 / 관리자 　　(은행의).

✔ 문장 끝의 〈전치사＋명사〉구는 앞의 명사를 수식하는 형용사 역할을 하거나 부사 역할을 한다. 여기서는 앞의 명사인 a manager를 수식하는 '형용사구'이다.

015　These mobile apps are / **practical and informative.**
　　　S　　　　　V　　　　C(형용사 보어)

이 모바일 앱들은 ~이다 / 　실용적이고 유익한.

016 Batteries are / **necessary** for electric vehicles.

S — V — C — M

배터리는 ~이다 / 전기 차량에 필수적인.

● 본책 p.26

Check up **Answers**

1 **soft, calm** | 이 노래들은 차분하고 잔잔하다.

2 **lovely** | 그녀의 정원에 있는 모든 것은 사랑스러웠다.

✔ -ly로 끝나는 형용사
- 명사+-ly: friendly 친절한, lovely 사랑스러운, elderly 나이든, costly 값비싼 등
- 기타: lonely 외로운, lively 활기찬, deadly 치명적인, likely 일어날 듯한, timely 시기적절한 등

017 The students **kept** silent / during the exam.

S — V — C(형용사) — M(부사구)

학생들은 조용한 채로 있었다 / 시험(을 보는) 동안.

✔ ≒ The students **were** silent during the exam.

018 Autonomous driving / **will become** common / soon.

S — V — C — M(부사)

자율주행이 / 흔해질 것이다 / 곧.

✔ ≒ Autonomous driving **will be** common soon.

019 Old bananas / **turn** brown in color.

S — V — C — M(부사구)

오래된 바나나는 / 색깔이 갈색이 된다.

✔ ≒ Old bananas **are** brown in color.

Check up **Answers**

● 본책 p.27

1 **similar,** 그녀의 원피스는 내 것과 비슷해 보였다.

2 **strange,** 네 목소리가 이상하게 들려. 아프니?

해설 보어 자리에는 부사가 올 수 없다. 우리말 해석이 '~하게'로 된다고 하더라도 형용사를 써야 하는 것에 주의한다.
Your voice sounds *strangely*. (×)

UNIT
03 주어＋동사＋목적어

020 I lost **my money** / somewhere last week.

S V O(목적어) — M — M

나는 돈을 잃어버렸다 / 지난주에 어디선가.

✔ last week(지난주(에))은 명사구지만 부사로도 쓰인다.

021 I do **the cleaning** / every other day.
S V O   M
나는 청소한다   /   이틀에 한 번.

✔ every other day(이틀에 한 번)는 명사구지만 부사로도 쓰인다. (= every two days)
✔ 흔한 동사들이 만드는 빈출 표현
- **do** homework[the dishes, the shopping, the cleaning, the cooking, the laundry] 숙제[설거지, 쇼핑, 청소, 요리, 빨래]를 하다
- **go** home[to school, to the doctor, shopping, swimming, fishing, hiking] 집[학교, 병원, 쇼핑, 수영, 낚시, 하이킹]에 가다
- **make** decisions[money, plans] 결정을 내리다. 돈을 벌다, 계획을 세우다
- **take** a vacation[a shower, a test, a nap, a break, a trip] 휴가 가다, 샤워를 하다, 시험을 보다, 낮잠을 자다, 휴식을 취하다, 여행을 가다

022 I don't make / **music** (for eyes). I make / **music** (for ears). –Adele
S V O S V O
나는 만들지 않는다 / 음악을 (눈을 위한). 나는 만든다 / 음악을 (귀를 위한).

023 I **turned off** / the alarm (on my cell phone).
S V O(목적어)
나는 껐다 / 알람을 (내 휴대폰의).

✔ on my cell phone은 앞의 명사 the alarm을 수식하는 형용사구이다.

024 The teacher **put off** / the due date (of the homework).
S V O
그 선생님은 미루셨다 / 마감일을 (숙제의).

025 I **get along with** / all (of my team members).
S V O
나는 잘 지낸다 / 모두와 (나의 팀원들).

✔ 기타 주요 구동사
- turn down ~을 거절하다
- turn[hand] in ~을 제출하다
- look up to ~을 존경하다
- look forward to ~을 기대하다
- agree with ~에 동의하다
- call for ~을 요구하다
- wait for ~을 기다리다
- major in ~을 전공하다
- look after ~을 돌보다
- look for ~을 찾다
- consist of ~로 구성되다
- deal with ~을 처리하다[다루다]

026 We **discussed** the situation / for an hour.
S V O(목적어) M
우리는 그 상황에 대해 논의했다 / 한 시간 동안.

✔ discuss about (×)

027 The sun's light / **reaches** the earth / in around eight minutes.
S V O M
태양 빛은 / 지구에 도달한다 / 약 8분 만에.

✔ reach at (×)
    cf. arrive(도착하다)는 '~에 도착하다'라는 의미를 나타낼 때 뒤에 at/in을 쓴다.
       I **arrived at** the airport in time. 나는 제시간에 공항에 **도착했다**.
✔ 〈in+시간〉: (현재를 기준으로) ~(시간) 만에[후에]

028 Read the sentences // [and] **answer** the questions.

<u>V₁</u>　<u>O₁</u>　<u>V₂</u>　<u>O₂</u>

문장들을 읽어라　//　그리고 질문들에 답하라.

✔ answer to (×)
　cf. answer가 명사일 경우 뒤에 〈to+명사〉의 형태를 만들 수 있으므로 주의한다.
　I can give **an answer to** your question. 내가 네 질문에 답할 수 있다.

029 This cartoon character / **resembles** a panda.

<u>S</u>　<u>V</u>　<u>O</u>

이 만화 캐릭터는　/　판다곰과 닮았다.

✔ resemble with (×)
✔ 자동사로 착각하기 쉬운 기타 타동사
　• marry ~와 결혼하다　　• approach ~에 다가가다　　• contact ~에게 연락하다
　• call[phone] ~에게 전화하다　• address ~에게 연설하다　• oppose ~에 반대하다
　• survive ~에서 살아남다　　• suit ~에게 어울리다

Check up **Answers** ·· ● 본책 p.29

1　enter the classroom
2　attended the class meeting yesterday

UNIT 04 주어+동사+간접목적어+직접목적어

030 He lent **her** / **his iPad.**

<u>S</u>　<u>V</u>　<u>IO</u>　<u>DO</u>
　　　(간접목적어) (직접목적어)

그는 그녀에게 빌려주었다 / 자신의 아이패드를.

031 Don't tell **people** / **your plans.** Show **them** / **your results.**

<u>V</u>　<u>IO</u>　<u>DO</u>　<u>V</u>　<u>IO</u>　<u>DO</u>

사람들에게 말하지 마라 / 당신의 계획을.　그들에게 보여줘라 / 당신의 성과를.

✔ them = people

032 She teaches **foreign visitors** / **Korean language and culture.**

<u>S</u>　<u>V</u>　<u>IO</u>　<u>DO</u>

그녀는 외국인 방문객들에게 가르친다 / 한국의 언어와 문화를.

Check up **Answers** ·· ● 본책 p.30

1　IO: me, DO: his math notes, 그는 내게 자신의 수학 노트를 주었다.
2　IO: my friends, DO: some old pictures of mine, 나는 내 친구들에게 나의 옛 사진 몇 장을 보여주었다.
3　IO: her, DO: flowers, 나는 그녀에게 꽃을 절대 사주지 않는다. 그녀는 그것들에 알레르기가 있다.

033 I **gave** my big sister / a late birthday present.
 S   V   IO   DO
    나는 내 큰언니에게 주었다   /   늦은 생일선물을.

→ I **gave** a late birthday present **to** my big sister.

034 Grandma often **makes** me / pretty sweaters.
 S   V   IO   DO
    할머니는 종종 내게 만들어 주신다   /   예쁜 스웨터를.

→ Grandma often **makes** pretty sweaters **for** me.

035 One (of my classmates) / **told** us / a funny story.
 S   V   IO   DO
    한 명이   (내 학급 친구들 중)   / 우리에게 말해주었다 / 재미있는 이야기를.

→ One of my classmates **told** a funny story **to** us.

036 He **sent** me / a text message / this morning.
 S   V   IO   DO   M
    그는 나에게 보냈다   /   문자 메시지를   /   오늘 아침에.

→ He **sent** a text message **to** me this morning.

037 I will **keep** you / a good seat (in the front row).
 S   V   IO   DO
    제가 당신에게 남겨둘게요   /   좋은 자리를   (맨 앞줄에 있는).

→ I will **keep** a good seat in the front row **for** you.

038 The teacher **asked** / the team leader / a few questions.
 S   V   IO   DO
    선생님은 물으셨다   /   팀 리더에게   /   몇 가지 질문을.

→ The teacher **asked** a few questions **of** the team leader.

U N I T
0 5   주어＋동사＋목적어＋보어

039 We consider / **her a great volleyball player.**
 S   V   O(목적어)   C(명사 보어)
            └────= ────┘
    우리는 여긴다   /   그녀가 대단한 배구선수라고.

her = a great volleyball player
She is a great volleyball player.
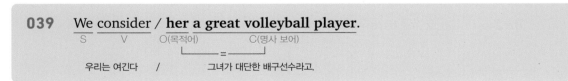
보어 앞에 to be를 쓰는 경우도 볼 수 있는데, to be가 없을 때와 해석은 같다.
We consider her (to be) a great volleyball player.

040 Most people think / **the mosquito an unwelcome guest.**
　　　S　　　V　　　　　O　　＝　　　C
대부분의 사람들은 생각한다 / 모기가 달갑지 않은 손님이라고.

✔ The mosquito is an unwelcome guest.

041 Difficulties make / **you a stronger person.**
　　　S　　　V　　　　O　　＝　　C
어려움들은 되게 한다 / 네가 더 강한 사람이.

✔ You are a stronger person.

042 We call / **the world a global village.**
　　S　V　　　　O　　＝　　C
우리는 부른다 / 세계를 지구촌이라고.

✔ The world is a global village.

043 My family named / **the cat Lucy.**
　　　S　　　V　　　　O　＝　C
우리 가족은 이름을 지어주었다 / 그 고양이에게 루시라는.

✔ The cat was Lucy.

044 She thought / **her grandson lovely.**
　　S　　V　　　　O(목적어)　　C(형용사 보어)
그녀는 생각했다 / 자기 손자가 사랑스럽다고.

✔ 손주의 성질: 사랑스러움
Her grandson was lovely.

045 Many people believe / **the rumor true.**
　　　S　　　V　　　　O　　C
많은 사람들이 생각한다 / 그 소문이 사실이라고.

✔ The rumor is true.

046 I found / **the box of chocolates empty.**
　S　V　　　　O　　　　C
나는 알게 됐다 / 그 초콜릿 상자가 비어 있다는 것을.

✔ The box of chocolates was empty.

047 The smell of food / makes **me hungry.**
　　　S　　　　　　V　　O　C
음식 냄새는 / 내가 배고프게 한다.

✔ I am hungry.

048 Vitamin C keeps / **our skin smooth and healthy.**
　　S　　　V　　　　O　　　　C
비타민 C는 (~한 상태로) 지켜준다 / 우리의 피부를 매끄럽고 건강한 상태로.

✔ Our skin is smooth and healthy.

049 Please leave / **the window open** / for fresh air.

           V   O   C   M

(~한 상태로) 두세요 /   창문을 연 상태로   /   신선한 공기를 위해.

✔ The window is open for fresh air.

Check up **Answers** ·· ● 본책 p.33

A 1 O: people, C: happy or sad | 색깔은 사람들을 행복하거나 슬프게 할 수 있다.
   2 O: me, C: awake | 그 커피는 나를 어젯밤에 깨어있도록 했다. (나는 커피 때문에 어젯밤 계속 깨어있었다.)

B 1 아내는 당신이 현명한 사람이 되게 한다.
   2 우리 엄마는 이 지역이 안전하다고 생각하신다.

Chapter Exercises 01

A 1 ① | 그녀는 즉시 일어섰다.
   2 ③ | 나는 지난 일요일에 동물원에서 많은 동물들을 보았다.
   3 ⑤ | 우리는 새로 오신 선생님이 아주 친절하고 상냥하시다는 것을 알게 되었다.
   4 ② | 한국은 1945년에 독립국이 되었다.
   5 ④ | 보스턴에 있는 내 가장 친한 친구는 크리스마스마다 내게 카드를 보낸다.

B 1 delicious | 이 피자는 아주 맛있는 냄새가 난다.
     해설 동사 smells의 보어 자리이고 부사는 보어가 될 수 없으므로 형용사 delicious가 적절하다.
   2 smoothly | 그녀는 무대 위에서 부드럽게 춤추고 있었다.
     해설 이 문장에 쓰인 동사 dance는 주어만 있으면 문장이 되는 SV문형의 동사이다. 따라서 동사를 수식하는 부사 smoothly가 적절하다.
   3 impossible | 폭풍우가 어제 야외 경기를 불가능하게 만들었다.
     해설 문맥상 동사(made)의 목적어(outdoor games)를 보충 설명하는 형용사 보어가 와야 한다.
   4 me an umbrella | 비가 오고 있다. 어머니께서 내게 우산을 가져다주실 것이다.
     해설 〈주어+동사+간접목적어+직접목적어〉의 어순

C 1 Peter's mother cooked us dinner.
   2 My friends consider me a considerate person.

UNIT 06 현재시제가 나타내는 때 · 의미

050 Your idea **sounds** great.
   S   V   C
네 생각이 좋은 것 같다. 〈현재 상태〉

✔ **현재시제로 자주 쓰이는 동사**: 주로 '상태'를 뜻한다.
be ~이다, live 살고 있다, have 가지고 있다, belong 속해 있다,
think 생각하고 있다, believe 믿고 있다, know 알고 있다,
love, like 사랑하고[좋아하고] 있다 / want, hope 원하고[바라고] 있다.
feel ~ 느낌이 들다, see 보이다, smell 냄새가 나다, hear 들리다, sound ~처럼 들리다, taste ~맛이 나다 등

051 Final exams **start** / *this Wednesday.*
   S   V   M(미래부사구)
기말시험은 시작할 것이다 /   이번 주 수요일에. 〈미래 일정〉

✔ **현재시제로 미래를 나타내는 동사**: 보통 '이동, 시작, 끝'을 의미하는 것들이다.
go, come, leave, depart, arrive, start, begin, end, finish 등
✔ **현재시제와 같이 쓰여 미래를 뜻하는 부사(구)**: next week 다음 주에, tomorrow morning 내일 아침에, later 후에,
later this afternoon 이따가 오늘 오후에, the day after tomorrow 모레, tonight 오늘 밤, in ten minutes 10분 후에,
soon 곧 등

052 He **needs** help / with his math homework.
   S   V   O   M
그는 도움이 필요하다 /   그의 수학 숙제에 대해. 〈현재 상태〉

053 The train (for Busan) / **leaves** *at 6:30 p.m. today.*
   S   V   M   M
기차는   (부산행) /   오늘 저녁 6시 30분에 출발할 것이다. 〈미래 일정〉

Check up Answers ·· ● 본책 p.38

1 **현재** | 그는 모든 사람에게 친절하고 상냥한 것 같다.
2 **미래** | 그 백화점의 할인 판매는 다음 주에 끝날 것이다.

054 He sometimes **bites** / his fingernails.
   S   M   V   O
그는 때때로 물어뜯는다 /   자신의 손톱을. 〈습관〉

✔ 반복적인 일은 빈도를 나타내는 부사와 같이 자주 쓰인다.
✔ **주요 빈도부사의 의미와 위치**
• 빈도부사는 어떤 일이 얼마나 자주 일어나는지를 뜻한다.

Most often(100%)   **Least often (0%)**
   always   usually   often/frequently   sometimes   seldom/rarely   never
   항상   대개   흔히, 자주   때때로   거의 ~않다   한 번도 ~않다

• 빈도부사의 일반적인 위치는 주어와 동사 사이이며, be동사나 조동사가 있으면 그 뒤에 온다.
e.g. She **usually** gets up late. 그녀는 **대개** 늦게 일어난다.
She is **always** late. 그녀는 **항상** 늦는다.

055 The sun **rises** in the east / |and| **sets** in the west.
　　　　S　　V₁　　　M　　　　　　V₂　　　M
해는 동쪽에서 뜨고　/　서쪽으로 진다. 〈언제나 사실인 것〉

056 **Do** you often **get** colds / in winter?
　　　　S　M　　　　O　　　M
　　　　　V
너는 종종 감기에 걸리니　/　겨울에? 〈반복적인 일〉

057 I **review** / my daily to-do list (in my planner) / every night.
　S　　V　　　　　　O　　　　　　　　　　　　　M
나는 검토한다 / 매일 해야 할 일 리스트를　(나의 계획표에 있는) / 매일 밤. 〈일상〉

058 A stitch (in time) / **saves** nine. – Proverb
　　　S　　　　　　V　　O
한 땀의 바느질이 (제때의) / 아홉 땀의 바느질을 덜어준다. 〈속담〉
↳ 문제를 즉각 처리하면 훨씬 더 수월하게 해결할 수 있다.

✔ nine = nine stitches
✔ 아래 예문들도 언제나 사실인 것이므로 현재시제를 쓴다.
　e.g. Exercise **makes** our bodies strong and healthy. 운동은 우리 몸을 강하고 건강하게 만든다.
　　　　Vegetarians **don't eat** meat. 채식주의자들은 고기를 먹지 않는다.

UNIT
0 7 과거시제 · 미래시제

059 I **charged** my cell phone / *yesterday*.
　S　　V　　　　O　　　　M(과거부사)
나는 내 휴대폰을 충전했다 / 어제.

060 I **will show** you / my new sneakers / *next time*.
　S　　V　　IO　　　DO　　　　　M(미래부사구)
나는 너에게 보여줄 것이다 / 내 새 운동화를 / 다음번에.

061 Ms. Kang **taught** us social studies / *last semester*.
　　S　　V　　IO　　DO　　　　　M(과거부사구)
강 선생님은 우리에게 사회(과목)를 가르쳐 주셨다 / 지난 학기에.

✔ 주요 과목명
Korean language 국어, English 영어, Mathematics(= Math(s)) 수학, Science 과학, Korean history 국사, Music 음악,
Fine arts 미술, Physical Education (P.E.) 체육, Moral education 도덕 등

062 He **will do** well / on the exam / *tomorrow*. He **studied** hard / for it.
　S　V　　M　　　M　　　M(미래부사)　S　　V　　M　　M
그는 잘 할 것이다 / 시험에서 / 내일. 그는 열심히 공부했다 / 그것을 위해.

✔ it = the exam

1 **take** | 나는 요즘 공원에서 산책을 한다.
> 해설 일상 등 반복적인 일은 현재시제로 표현.

2 **will be** | 다음 주 월요일에는 날씨가 흐리고 부분적으로 비가 올 것이다.
> 해설 미래부사구(next Monday)가 미래의 일을 표현하므로 미래시제가 적절. 이때의 It은 날씨를 나타내는 비인칭 주어 ▶UNIT 52

3 **finished** | 나는 두 시간 전에 숙제를 끝냈다.
> 해설 과거부사구(two hours ago)가 있으므로 과거시제가 적절.

UNIT 08 현재진행형이 나타내는 때 · 의미

063 He **is typing** an essay / right now.
　　　S　　　V　　　　O　　　　　M
그는 과제를 입력하고 있다 / 바로 지금. 〈현재 하고 있는 동작〉

064 I'm **getting up** / at 6 a.m. / these days.
　　　S　　V　　　　　M　　　　M
나는 일어나고 있다 / 아침 6시에 / 요즘. 〈일시적인 일〉

cf. I usually **get up** / at 6 a.m.
　　　S　　M　　V　　　　M
나는 보통 일어난다 / 아침 6시에. 〈습관〉

✔ 현재 하고 있는 동작처럼 말하는 순간과 동시에 일어나고 있는 일이 아님에 주의
✔ *cf.* 습관은 현재, 과거, 미래의 상당 기간 동안 변하지 않고 계속되는 일을 나타내므로, 일시적으로 잠시만 계속되는 일(곧 바뀌게 되는 일)을 나타내는 진행형과는 대조된다.
✔ 현재진행형과 같이 자주 쓰이는 부사(구)
　• 현재 진행 중인 동작: (right) now (바로) 지금 / at present, at the moment 바로 지금
　• 일시적인 일: this week[year, month, semester] 이번 주[해, 달, 학기] / these days 요즘 / nowadays 오늘날에는 등

065 A: **Are** you **surfing** the Internet?
　　　　　　S　　　　　　　O
　　　　V
너는 인터넷을 검색하고 있니? 〈현재 하고 있는 동작〉

B: Yes, I'm **looking for** / information (on private tours).
　　　　　S　　V　　　　　　　O
응, 나는 (~을) 찾고 있어 / 정보를 (개인 여행에 관한).

066 I live in Seoul // but I'm **living** / here in Busan / this year.
　　　S　V　　M　　　　S　V　　　　M　　　　　M
나는 서울에 산다 // 그러나 (지금은) 살고 있다 / 이곳 부산에 / 올해에는. 〈일시적인 일〉

✔ 원래 사는 곳은 서울이지만 올해 일시적으로 부산에 살고 있음을 의미

067 These days, / video games **are becoming** too close / to reality.
　　　M　　　　　S　　　　V　　　　　C　　　　M
요즘에는, / 비디오 게임이 너무나 가까워지고 있다 / 현실에. 〈최근 변화하고 있는 일〉

068 I'm **making** a presentation / *this Friday*.
　　　S　V　　　　O　　　　　　M
나는 발표를 하기로 되어 있다 / 이번 주 금요일에. 〈확정된 미래의 일〉

069 She **is going to give** me a ride / to the station.
    S   V   IO DO   M

그녀는 나를 (차로) 데려다주려고 한다   /   역에. 〈계획〉

070 We **are leaving** / on vacation / *next week*.
    S   V   M   M

우리는 떠날 예정이다   /   휴가를   /   다음 주에. 〈확정된 미래〉

071 A: Are you busy / *this evening*?
       V   S   C   M

너는 바쁘니   /   오늘 저녁에?

    B: Yes, I **'m going to see** Jennifer.
             S   V   O

응. 나는 제니퍼를 만나려고 해. 〈계획〉

Check up | **Answers** .... ● 본책 p.41

1 **현재** | 우산을 가져가. 밖에 비가 오고 있어.
2 **미래** | 앤은 모레 우리 집에 올 예정이다.
   해설 the day after tomorrow(모레)는 미래를 나타내는 부사구

UNIT
09 과거진행형 · 미래진행형

072 He **was taking** an online class / at that time.
    S   V   O   M

그는 온라인 수업을 받고 있었다   /   그때.

073 She **will be taking** an exam / at this time tomorrow.
    S   V   O   M

그녀는 시험을 치르고 있을 것이다   /   내일 이 시간에는.

074 What **were** the students **doing** / during the lunch break?
  의문사   S   M
                   V

학생들은 무엇을 하고 있었니   /   점심시간 동안?

075 I **will be sitting** on a plane / this time next week.
  S   V   M   M

나는 비행기에 타고 있을 것이다   /   다음 주 이 시간에는.

076 Chris **has lived** in London / *for ten years*.
　　　S　　　V　　　　　M　　　　　　M
크리스는 런던에서 살아왔다　/　십 년 동안. (→ 지금도 런던에 살고 있음)

cf. Chris **lived** in London / *for ten years*.
　　　S　　V　　　M　　　　　M
크리스는 런던에서 살았다　/　십 년 동안. (→ 과거에 십 년 동안 런던에 살았지만 지금은 살고 있지 않음)

077 He's **been** sick / with a stomachache / *since this morning*.
　　　S　V　C　　　　　M　　　　　　　M
그는 아파왔다　/　복통으로　/　오늘 아침부터.

　✔ 여기서 He's는 He has의 줄임말. He is의 줄임말로도 쓰임.
　　e.g. **He's** an engineer. 그는 엔지니어이다.
　✔ since는 접속사, 전치사 둘 다로 사용되며, since가 '시간'을 나타내는 접속사로 쓰일 경우 since가 이끄는 절에는 반드시 과거시제를, 주절에는 현재완료(have/has p.p.)를 써야 한다. ▶ **UNIT 45**
　　e.g. You **have changed** a lot *since* we last **met**. 우리가 마지막으로 만난 이후로 너는 많이 변했다.

078 We **have felt** full / *all day* / after a heavy breakfast.
　　　S　　V　　C　　M　　　　　M
우리는 배가 부르다　/　온종일　/　푸짐한 아침 식사를 한 후에.

079 A: *How long* / **have** you **known** Mr. Harris?
　　　　　　　　S　　V　　　O
얼마 동안　/　당신은 해리스 씨를 알고 지냈나요?

B: *For three years.*
3년 동안이요.

080 I **have taken** the KTX / *three times*.
　　　S　　V　　　O　　　M
나는 KTX를 타봤다　/　세 번.

081 A: **Have** you *ever* **eaten** / at that restaurant?
　　　　　　S　　M　　　　　M
　　　　　　　V
너는 먹어본 일이 있니　/　저 식당에서?

B: Yes, I've **eaten** there / *once*.
　　　　S　V　　　M　　M
응, 거기서 먹어본 일이 있어　/　한 번.

082 A: Do you know / much (about Bruce)?
　　　　S　　V　　　　O
너는 아니　/　많은 것을　(브루스에 대해)?

B: No, I don't. I **have** *never* **talked** with him.
　　　S　V　　S　　　M　　　　M
　　　　　　　　　V
아니, 잘 몰라.　나는 그와 한 번도 얘기해 본 일이 없어.

083   I **have ridden** a roller coaster / *before*, // but I didn't like it.
S₁   V₁   O₁   M   S₂   V₂   O₂

나는 롤러코스터를 타 본 일이 있다   /   전에,   // 하지만 나는 그것을 좋아하지 않았다.

✔ it = a roller coaster

084   I **have** *just* **taken** a shower.
S   M   O
V

나는 방금 샤워했다.

085   He **has completed** his work / *now*.
S   V   O   M

그는 자기 일을 마무리했다   /   지금.

086   **Have** they **arrived** *already*? I'm still not dressed!
S   M   S   M   C
V   V

그들이 벌써 도착했니?   난 아직 옷을 입지 못했는데!

✔ still은 의문, 긍정, 부정문에 모두 쓰이며 뜻도 같다.

087   Some (of the best days (of our lives)) / **haven't happened** / *yet*.
S   V   M

일부는   (최고의 날들 중에서 (우리의 삶의))   /   일어나지 않았다   / 아직.

✔ yet이 의문문에 쓰이면 '벌써'를 의미한다. 즉, 위의 **086** Have they arrived already? 문장에서 already 대신 yet이 사용되어도 같은 뜻이다.

088   I **have spent** / all my pocket money.
S   V   O

나는 써버렸다   /   내 모든 용돈을.

✔ 문맥에 따라 현재완료는 완료된 일이 현재 미치는 '결과'를 나타낼 수도 있다.
즉, 이 문장은 '완료'와 '결과' 두 가지 의미로 모두 해석할 수 있다.
I **have spent** all my pocket money. = I don't have any money.

✔ 과거완료 〈had p.p.〉와 현재완료 〈have/has p.p.〉
과거완료는 have 대신 과거형 had가 쓰인 것에서 알 수 있듯이, 과거를 나타내는 표현이다.
과거의 어느 시점에 초점을 맞추어 (더 이전에 일어난 특정 동작이) 과거 시점까지 계속되거나, 막 끝났는지 등을 설명한다.
James **had lived** in London **before** he was 10 years old. 제임스는 열 살이 되기 전까지 런던에서 살았다.
James **has lived** in London **since** he was 10 years old. 제임스는 열 살 때부터 런던에 살고 있다.

A **1** ○ | 세종대왕은 1443년에 한글을 창제했다.

   2 ○ | 이번 주말에 날씨가 어떨까요?

   3 ×, **has been** | 그는 2000년 이래로 건축가이다. 그는 내년에 은퇴할 것이다.

   해설 계속을 나타내는 전치사 since가 쓰여 현재완료가 적절.

B **1** ⓑ | 나는 오늘 아침에 기분이 훨씬 더 좋다.

   2 ⓒ | 나는 그날 서울역까지 전철을 탈 예정이다.

   3 ⓒ | 박물관은 30분 후에 폐관한다.

   4 ⓐ | 어젯밤에 나는 잠을 푹 잤다.

   5 ⓒ | 곧 팀은 건강을 위해 매일 아침 수영을 하려고 한다.

C **1** ⓑ | 나는 전에 제주도에 여러 번 가봤다.

   2 ⓐ | 우리 아버지는 은행에서 20년 넘게 근무해오셨다.

   3 ⓒ | 그 밴드는 막 새 앨범을 발표하였다.

   4 ⓓ | 우리 담임 선생님은 나에게 늘 친절하셨다.

UNIT
11 **can / may**

089 = am able to
I **can** run 100 meters / in 15 seconds.
S 조동사 동사원형 O M
나는 100미터를 달릴 수 있다 / 15초 안에.

✔ be able to는 can보다 더 격식 있는 표현이다.

090 = isn't able to
She **can't** see anything / without her glasses.
S 조동사 동사원형 O M
그녀는 어떤 것도 볼 수 없다 / 안경 없이는.

✔ isn't able to = is unable to

091 = was able to
Mozart **could** write music / from the age of 4.
S 조동사 동사원형 O M
모차르트는 음악을 쓸 수 있었다 / 4살 때부터.

092 = wasn't able to
I **couldn't** understand / the concept (of the theory).
S 조동사 동사원형 O
나는 이해할 수 없었다 / 개념을 (그 이론의).

093 will can (×)
Soon, / drones **will be able to** deliver packages / to your house.
S 조동사 동사원형 O M
곧, / 드론이 소포를 배달할 수 있을 것이다 / 너의 집까지.

094 = may
You **can** borrow my sports uniform / for P.E. class.
S 조동사 동사원형 O M
네가 내 체육복을 빌려가도 좋아 / 체육수업을 위해. 〈허락하기〉

✔ can vs. may
'허락, 제안, 요청'을 의미할 때 보편적으로 사용되는 것은 can이다. 좀 더 격식 있는 표현으로 may를 사용한다.

095 = Could[May] I 조동사
Can I use your pen? I'll give it back / after class.
조동사 S 동사원형 O S O M
동사원형
너의 펜을 써도 되니? 내가 그것을 돌려줄게 / 수업 후에. 〈허락 구하기〉

✔ it = your pen (앞서 말한 것과 동일한 펜)
cf. one: 앞서 말한 것과 동일한 종류
✔ 허락을 구하는 좀 더 공손한 표현으로 Do[Would] you mind if I use your pen?도 가능하다.
✔ Can[Could, May] I ~?(허락 구하기)에 대한 응답 예
– Sure. / Of course. / Yes, you can.
– I'm sorry(, but) you can't. / I'm afraid you can't.
May I ~?로 물었어도 can을 이용하여 응답하는 것이 보통이다.

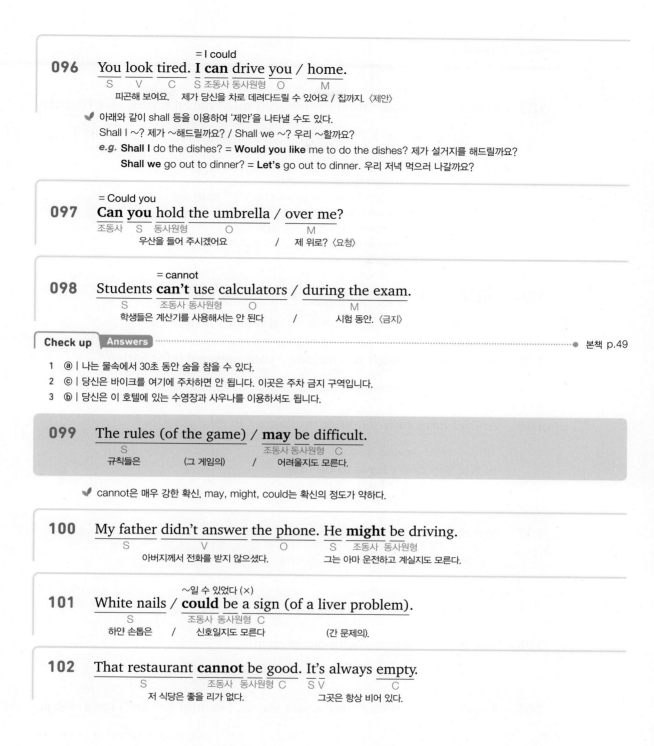

096 = I could

You look tired. **I can** drive you / home.
S   V   C   S 조동사 동사원형 O   M
피곤해 보여요.   제가 당신을 차로 데려다드릴 수 있어요 / 집까지. 〈제안〉

아래와 같이 shall 등을 이용하여 '제안'을 나타낼 수도 있다.

Shall I ~? 제가 ~해드릴까요? / Shall we ~? 우리 ~할까요?

e.g. **Shall I** do the dishes? = **Would you like** me to do the dishes? 제가 설거지를 해드릴까요?
     Shall we go out to dinner? = **Let's** go out to dinner. 우리 저녁 먹으러 나갈까요?

097 = Could you

Can you hold the umbrella / over me?
조동사   S   동사원형   O   M
우산을 들어 주시겠어요   /   제 위로? 〈요청〉

098 = cannot

Students **can't** use calculators / during the exam.
S   조동사 동사원형   O   M
학생들은 계산기를 사용해서는 안 된다   /   시험 동안. 〈금지〉

Check up **Answers** ·· ● 본책 p.49

1 ⓐ | 나는 물속에서 30초 동안 숨을 참을 수 있다.
2 ⓒ | 당신은 바이크를 여기에 주차하면 안 됩니다. 이곳은 주차 금지 구역입니다.
3 ⓑ | 당신은 이 호텔에 있는 수영장과 사우나를 이용하셔도 됩니다.

099 The rules (of the game) / **may** be difficult.
S   조동사 동사원형 C
규칙들은   (그 게임의)   /   어려울지도 모른다.

cannot은 매우 강한 확신, may, might, could는 확신의 정도가 약하다.

100 My father didn't answer the phone. He **might** be driving.
S   V   O   S 조동사 동사원형
아버지께서 전화를 받지 않으셨다.   그는 아마 운전하고 계실지도 모른다.

101 ~일 수 있었다 (×)

White nails / **could** be a sign (of a liver problem).
S   조동사 동사원형 C
하얀 손톱은   /   신호일지도 모른다   (간 문제의).

102 That restaurant **cannot** be good. It's always empty.
S   조동사 동사원형 C   S V   C
저 식당은 좋을 리가 없다.   그곳은 항상 비어 있다.

must / should

---

103 I borrowed a book / from the library. I **must** return it / by next Thursday.
S V O   M   S 조동사 동사원형 O   M
나는 책을 빌렸다 / 도서관에서. 나는 그것을 반납해야 한다 / 다음 주 목요일까지. 〈의무·필요〉

✎ **by vs. until**
 1. by: '일회성'의 동작이나 상태가 완료되는 기한 '~까지'
  e.g. You should finish your homework **by** six. (숙제 끝내기: 일회성 동작)
   너는 네 숙제를 여섯 시**까지** 끝내야 한다.
 2. until: '계속'되던 동작이나 상태가 끝난 시점 '~까지 (줄곧)'
  e.g. I studied for the exam **until** midnight. (공부하는 것: 계속되던 동작)
   나는 자정**까지** 시험공부를 했다.

---

104 I'm not ready to go. I still **have to** brush my teeth.
S V C M S 조동사 동사원형 O
나는 갈 준비가 되지 않았어. 나는 아직 이를 닦아야 해. 〈의무·필요〉

---

105 Your password **must not** include / your personal information.
S 조동사 동사원형   O
당신의 비밀번호는 포함해서는 안 된다 / 당신의 개인정보를. 〈금지〉

---

106 A: **Do** I **have to** write down my name / in this survey?
   S   동사원형 O   M
  조동사 제 이름을 적어야 하나요 / 이 설문 조사에? 〈의무·필요〉
  B: No, You **don't have to** do that.
    S 조동사 동사원형 O
  아뇨, 그러실 필요 없어요. 〈불필요〉

---

107 You **must** be tired / after your long trip.
S 조동사 동사원형 C   M
너는 틀림없이 피곤할 것이다 / 긴 여행 이후에. 〈강한 확신〉

✎ 반대 의미는 cannot (~일 리가 없다)
 ↔ You **cannot** be tired. 너는 피곤**할 리가 없다**.

---

108 She **must** be happy / with our present.
S 조동사 동사원형 C M
그녀는 틀림없이 기뻐할 것이다 / 우리의 선물에. 〈강한 확신〉

---

109 I have a runny nose / and a sore throat. I **should** go (and) see a doctor.
S V O₁   O₂ S 조동사 동사원형 O
나는 콧물이 나고 / 목이 아프다. 나는 의사를 보러(병원에) 가는 것이 좋겠다.

✎ 구어에서 〈go+and+동사〉는 '~을 하러 가다'의 의미를 나타내는데 and를 생략하기도 한다.
 e.g. **Go (and) get** me a spoon. 가서 내게 스푼 하나를 가져다줘.
 I'll **go (and) answer** the phone. 내가 전화 받으러 갈게.

110 You **ought to** apologize / to her. She is really angry at you.
<u>S</u> <u>조동사</u> <u>동사원형</u> <u>M</u> <u>S</u> <u>V</u> <u>C</u> <u>M</u>
너는 사과해야 한다 / 그녀에게. 그녀는 네게 정말로 화가 나 있다.

111 She **should not** eat / too late / at night. It is not good / for her health.
<u>S</u> <u>조동사</u> <u>동사원형</u> <u>M</u> <u>M</u> <u>S</u> <u>V</u> <u>C</u> <u>M</u>
그녀는 먹어서는 안 된다 / 너무 늦게 / 밤에. 〈금지〉 그것은 좋지 않다 / 그녀의 건강에.

112 We **had better** stop / and get some rest.
<u>S</u> <u>조동사</u> <u>동사원형1</u> <u>동사원형2</u> <u>O2</u>
우리는 멈추는 편이 더 좋겠다 / 그리고 약간의 휴식을 취하는 편이 (더 좋겠다).

113 You'd **better not** wear that jacket. It is quite warm today.
<u>S</u> <u>조동사</u> <u>동사원형</u> <u>O</u> <u>S</u> <u>V</u> <u>C</u> <u>M</u>
너는 저 재킷을 입지 않는 게 낫겠다. 〈금지〉 오늘은 꽤 따뜻하다.

Check up **Answers** .... ● 본책 p.51

1 **must not** | 너는 이것에 대해 누구에게도 말하면 안 된다. 그건 비밀이다.
2 **should** | 여기는 약간 춥다. 난방기를 켜는 게 좋겠다.
3 **don't have to** | 나를 셸리에게 소개해줄 필요 없어. 우린 이미 전에 만난 일이 있어.
4 **had better** | 속도를 늦추는 편이 더 좋겠어. 이 도로에는 속도 제한이 있어.
5 **cannot** | 그가 무례했을 리가 없다. 그는 항상 어르신께 예의가 바르다.

UNIT 13 will / would / used to

114 **Will you** open the window / for me?
<u>조동사</u> <u>S</u> <u>동사원형</u> <u>O</u> <u>M</u>
창문을 열어주시겠어요 / 저를 위해?

115 **Would you** join us for dinner / at our home / tomorrow?
<u>조동사</u> <u>S</u> <u>동사원형</u> <u>O</u> <u>M</u> <u>M</u> <u>M</u>
저희와 함께 저녁 식사를 하시겠어요 / 저희 집에서 / 내일?

116 A: **Would you like** a cup of coffee or tea?
<u>조동사</u> <u>S</u> <u>동사원형</u> <u>O</u>
커피나 차를 한 잔 드시겠습니까?

B: Coffee, please.
커피 주세요.

117 조동사
I'd like to learn more / about using this app.
<u>S</u> <u>동사원형</u> <u>O</u>
나는 더 배우고 싶다 / 이 앱을 사용하는 것에 대해.

118 She isn't here. **Would you like to** leave her a message?
<u>S</u> <u>V</u> <u>M</u> <u>조동사</u> <u>S</u> <u>동사원형</u> <u>O</u>
그녀는 여기 없습니다. 그녀에게 메시지를 남기시겠습니까?

119 **Would you like me to** help you / with the housework?

조동사　　S　동사원형　O　　　　　　　　　C

제가 도와드릴까요　　　　　/　　집안일을?

120 A: **Would you like to** go to see a movie with me / tonight?

조동사　　S　동사원형　　　　　　　　　　O

저와 영화 보러 가실래요　　　　　　　　　/　오늘 밤?

B: No, I think // I **'d rather** stay at home.

　　　S　V　　S'　조동사'　동사원형'　　　M'

　　　　　　　　　O

아뇨, 제 생각에 //　저는 집에 있는 게 좋을 거 같아요.

✔ I think의 목적어 자리에 명사절 I'd rather stay at home이 쓰였고, 명사절을 이끄는 접속사 that이 생략되었다. ▶UNIT 33

121 When I was younger, // I **would** often get up late / on weekends.

S'　V'　　C'　　S　조동사　　　　동사원형　M　　　　　M

내가 더 어렸을 때, //　나는 자주 늦게 일어나곤 했다　/　주말마다. 〈행동〉

122 I **used to** use plastic bags / for shopping. Now I use cloth bags.

S　조동사　동사원형　O　　　　　M　　　　　　S　V　　O

나는 비닐봉지를 사용하곤 했다　/　쇼핑을 위해. 〈행동〉 이제 나는 천 가방을 사용한다.

123 would (×)

It **used to** be a beautiful place / before all the graffiti.

S　조동사　동사원형　　C　　　　　　　M

그곳은 (예전에는) 아름다운 장소였다　/　모든 낙서 이전에. 〈상태〉

Check up **Answers** ⋯⋯⋯⋯⋯⋯⋯⋯⋯⋯⋯⋯⋯⋯⋯⋯⋯⋯⋯⋯⋯⋯⋯⋯⋯● 본책 p.53

1　ⓑ | 우리 할머니께서는 아침에 차 한 잔을 마시곤 하셨다.

2　ⓐ | 당신에 대해 제게 말씀해주시겠어요?

UNIT 14 조동사+have p.p.

124 He didn't show up / for the meeting / yesterday.

S　　V　　　　　M　　　　　M

그는 나타나지 않았다　/　회의에　/　어제.

It was a busy week // and he **must have forgotten** / about it.

S₁　V₁　C₁　　　　S₂　조동사　　have p.p.　　M₂

바빴던 주라서 //　그는 잊어버렸음이 틀림없다　/ 그것에 대해서.

✔ 첫 번째 It은 비인칭 주어 it으로 해석하지 않으며, 두 번째 it은 the meeting을 의미한다. ▶UNIT 52

125 Minji didn't answer / my text message. She **must have been** in class.

S　　V　　　　O　　　　　　S　조동사　have p.p.　M

민지는 답장하지 않았다　/　내 문자 메시지에.　그녀는 수업 중이었음이 틀림없다.

126 He **can't have slept** / through all the noise.

S　조동사　have p.p.　　　　M

그는 잠을 잤을 리가 없다　/　그 소음 속에서.

127

A: Where is my candy? I put it on my desk.
　　V　　S　　　　S　V　O　　M
내 사탕이 어디 있지?　　　난 그것을 책상 위에 두었는데.

B: Tom **could have eaten** it.
　S　조동사　　have p.p.　O
톰이 그것을 먹었을 수도 있어.

128

Ann didn't look very well. She **may have been** ill.
　S　　V　　　C　　　S　조동사　have p.p.　C
앤은 별로 안색이 좋아 보이지 않았다.　　그녀가 아팠을지도 모른다.

129

His chair is empty. He **might have gone** / to the bathroom.
　S　　V　C　S　조동사　have p.p.　　　　M
그의 자리가 비어 있다.　　그는 갔을지도 모른다　/　　화장실에.

130

The file disappeared. I **should have saved** it.
　S　　V　　　S　조동사　have p.p.　O
파일이 사라졌다.　　나는 그것을 저장했어야 했는데. (→ 저장하지 않아서 후회스럽다.)

131

You **should have practiced** / the presentation / more.
　S　조동사　　have p.p.　　　　O　　　　M
너는 연습했어야 했는데　/　그 발표를　/　더 많이. (→ 하지 않아서 유감이다.)

You made many mistakes.
　S　V　　O
너는 많은 실수를 했다.

132

I **shouldn't have bought** / the smartphone case.
S　조동사　　have p.p.　　　　O
나는 사지 말았어야 했는데　/　스마트폰 케이스를. (→ 사서 후회스럽다.)

My friend gave me the same one.
　S　　V　IO　DO
내 친구가 내게 똑같은 것을 주었다.

✔ one = smartphone case

133

He **shouldn't have played** games / all night.
S　조동사　　have p.p.　　O　　M
그는 게임을 하지 말았어야 했다　/　밤새도록. (→ 해서 유감이다.)

He keeps dozing off.
　S　V　　C
그는 계속해서 꾸벅꾸벅 졸고 있다.

Check up **Answers** .... ● 본책 p.55

1　**should have come** | A: 어젯밤 콘서트는 어땠니? / B: 멋졌어! 너도 왔어야 했는데.
2　**must have followed** | 그들의 화학 실험은 실패했다. 그들은 잘못된 절차를 따랐음이 틀림없다.
3　**must have been** | A: 우리 가족은 지난주에 캠핑을 하러 갔어. / B: 틀림없이 재미있었겠구나!
4　**should have made** | 이 식당은 사람들로 가득하다. 우리는 예약을 했어야 했는데.

A **1** ○ | 초인종이 울리고 있다. 아마 신디일 것이다.

　　해설 추측의 might

　　2 ✕, **don't have to[don't need to/need not]** | A: 우리가 지금 역에 가야 하나요? / B: 아니 그럴 필요 없어요. 아직 충분한 시간이 있어요.

　　3 ○ | 밤에는 악기를 연주하면 안 된다.

　　4 ✕, **shouldn't have eaten** | 나는 복통이 있다. 나는 그렇게 많이 먹지 말았어야 했다.

　　해설 '먹지 말았어야 했는데 (먹었다)'는 과거에 한 일에 대한 후회를 나타내므로, shouldn't have p.p.가 적절.

B **1** ⓓ | 당신은 자신의 삶을 창조해야 한다. 당신은 조각품처럼 그것(= 삶)을 조각해야 한다.

　　2 ⓑ | A: 제가 성함을 여쭤봐도 될까요? / B: 제 이름은 토니 잭슨입니다.

　　3 ⓒ | 그는 매우 어려운 과학 문제를 풀었다. 그는 천재임이 틀림없다.

　　4 ⓐ | 그는 열심히 연습했고, 그래서 그는 그 노래를 완벽하게 부를 수 있었다.

C **1** **should have arrived** | 영화에 너무 늦었다. 우리는 30분 전에 도착했어야 했다.

　　2 **may have read** | A: 그의 생일 선물로 이 책 어때? / B: 그는 그것을 읽었을지도 몰라. 다른 책을 골라보자.

　　　해설 read의 변화형은 read[riːd]-read[réd]-read[réd]

　　3 **had better ask** | 나는 의사 선생님께 내 무릎의 통증에 대해 여쭤보는 편이 더 좋겠다.

　　4 **may leave** | 당신은 시험을 마쳤으니, 방을 나가도 좋습니다.

UNIT 15 주어가 동작을 받는 표현, be p.p.

134 A tree **was struck** / by lightning.
　　　 S　　　 V　　　 전명구(by+행위자)
　　　 나무 한 그루가 맞았다　　/　　 번개에.

✔ ← Lightning struck a tree.
✔ 〈by+A〉는 중요한 정보가 아닌 경우 자주 생략되지만, 반대로 중요한 정보는 〈by+A〉가 없으면 내용이 불충분해지므로 써줘야 한다.

135 These herbs **are watered** / by my dad / once a week.
　　　　 S　　　　 V　　　　 M　　　　 M
　　　 이 허브들은 물이 주어진다　/ 우리 아빠에 의해 / 일주일에 한 번.

136 A: What language **is spoken** / in Singapore?
　　　　 S　　　 V　　　 M
　　　 어떤 언어가 사용되나요　　/　 싱가포르에서는?

　　　 B: English **is** commonly **spoken**.
　　　　 S　　　 V
　　　 영어가 흔히 사용됩니다.

✔ 싱가포르에서는 영어, 중국어, 말레이어를 사용한다.
✔ 여기서 what은 '어떤'이라는 의미의 의문사로 뒤의 명사 language를 수식한다.

Check up　Answers .... ● 본책 p.60

1　**was built** | 그 차고는 그의 아버지에 의해 지어졌다.
2　**took** | 내 남동생은 우리의 베트남 여행 중에 이 사진을 찍었다.
3　**was discovered** | 해왕성은 1846년에 발견되었다.

UNIT 16 시제 형태에 주의할 수동태

137 We **will be guided** / by an expert / in the Folk Village.
　　　 S　 V(조동사+be p.p.)　 전명구(by+행위자)　　 M
　　 우리는 안내받을 것이다　/　 전문가에 의해　/　 민속촌에서.

138 My favorite song / **is being played** / on TV.
　　　　 S　　　 V(진행형+be p.p)　 M
　　 내가 가장 좋아하는 노래가　/　 연주되고 있다　/ TV에서.

139 All the tickets / **have** already **been sold**.
　　　　 S　　 V(현재완료+be p.p)
　　 모든 티켓이　　/　 이미 팔렸다.

140 More information **can be found** / on our website.
　　　　　　　S　　　　　　　　　　V　　　　　　　　　M
　　　더 많은 정보가 발견될 수 있다　　　　　/　　우리 웹사이트에서.
↳ 저희 웹사이트에서 더 많은 정보를 찾을 수 있습니다.

141 Your order / **is going to be delivered** / by Thursday.
　　　　　　S　　　　　　　　　V　　　　　　　　　　M
　　　당신의 주문은　　/　　　배송될 것입니다　　　/　　목요일까지.
✔ = Your order is going to be delivered **no later than** Thursday.
✔ 여기서 by는 '~까지'를 의미하는 전치사이다. 수동태 문장에서 〈by+명사(구)〉가 모두 행위자를 의미하지는 않는다.

142 The computer / **isn't being used** / now.
　　　　　　　S　　　　　　　V　　　　　　　M
　　　그 컴퓨터는　　/　　사용되고 있지 않다　/　지금.

143 Garlic **has been used** / as food and medicine / for centuries.
　　　　　S　　　　V　　　　　　　　M　　　　　　　　　M
　　　마늘은 사용되어왔다　/　　　음식과 약으로　　　/　　수 세기 동안.

Check up **Answers** ....●본책 p.61

1 **보호받아야 한다**
2 **열리고 있다**

U N I T
1 7 **주의해야 할 수동태**

144 The musical / **is looked forward to** / by music lovers.
　　　　　　S　　　　　　　V　　　　　　전명구(by+행위자)
　　　그 뮤지컬은　　/　　　기대된다　　　/　　음악 애호가들에 의해.

145 The baby pandas / **will be taken care of** / by a special team.
　　　　　　S　　　　　　　　V　　　　　　전명구(by+행위자)
　　　새끼 판다들은　　/　　보살핌을 받을 것이다　/　특별한 팀에 의해.

Check up **Answers** ....●본책 p.62

1 ×, of by the cartoonist | 그 정치인들은 만화가에 의해 비웃음을 당했다.
2 ○ | 지원서는 월말까지 제출되어야 한다.
　　해설 밑줄 친 부분의 by는 '~까지'를 의미하는 전치사로 이 문장에서는 〈by+행위자〉가 생략되었다.

146 **It** is thought // that robots will play a key role / in medical care.
　　　　S(가주어)　V　　　　　S′　V′　　　　　　O′　　　　　　　M′
　　　~라고들 생각한다　//　로봇이 중요한 역할을 할 것이라고　/　의료 서비스에서.
　　S′(진주어)
✔ ← People think that robots will play a key role in medical care.

147 In Korean culture, / **it is believed** // that crows bring bad news.
          M   S(가주어)   V   S′(진주어)

한국 문화에서는,   /   ~라고들 생각한다   //   까마귀가 나쁜 소식을 가져온다고.

✔ ← In Korean culture, people believe that crows bring bad news.

148 She **is** very much **interested** / **in** music and sports.
    S   V   M(전명구)

그녀는 아주 많이 흥미가 있다   /   음악과 스포츠에.

149 I **am** often **surprised** / **at** the special effects (in movies).
    S   V   M

나는 종종 놀란다   /   특수 효과에   (영화 속의).

150 This monthly magazine **is filled** / **with** information (for teenagers).
         S   V   M

이 월간지는 가득 차 있다   /   정보로   (십 대들을 위한).

151 Golden Retrievers **are known** / **for** their gentle personalities.
       S   V   M

골든 리트리버는 알려져 있다[유명하다]   /   그것들의 온순한 성격으로.

Check up | **Answers** ● 본책 p.63

1 **with** | 지구 표면의 약 70%가 물로 덮여 있다.
2 **as** | 탁구는 '핑퐁'으로도 알려져 있다.
3 **with** | 많은 팬들이 그의 형편없는 공연에 실망했다.

UNIT 18   주어＋be p.p.＋목적어

152 All the kings (of Egypt) / **were given** the title of "Pharaoh."
       S   V   DO

모든 왕은   (이집트의)   /   '파라오'라는 칭호가 주어졌다.

✔ = The title of "Pharaoh" was given **to** all the kings of Egypt.
    ← They **gave** all the kings of Egypt *the title of "Pharaoh."*
      S   V   IO   DO
✔ 〈be p.p.＋목적어〉는 하나의 의미 덩어리로 묶는 것이 자연스럽다. 단, 목적어가 길 때는 목적어 앞에서 끊는다.
✔ the title과 "Pharaoh"는 동격 관계이다. ▶UNIT 56

153 We **were shown** / a documentary (on penguins) / at school.
    S   V   DO   M

우리는 보여졌다   /   다큐멘터리를   (펭귄에 관한)   /   학교에서.

✔ = A documentary on penguins was shown **to** us at school.
    ← The teacher **showed** us *a documentary on penguins* at school.
       S   V   IO   DO   M

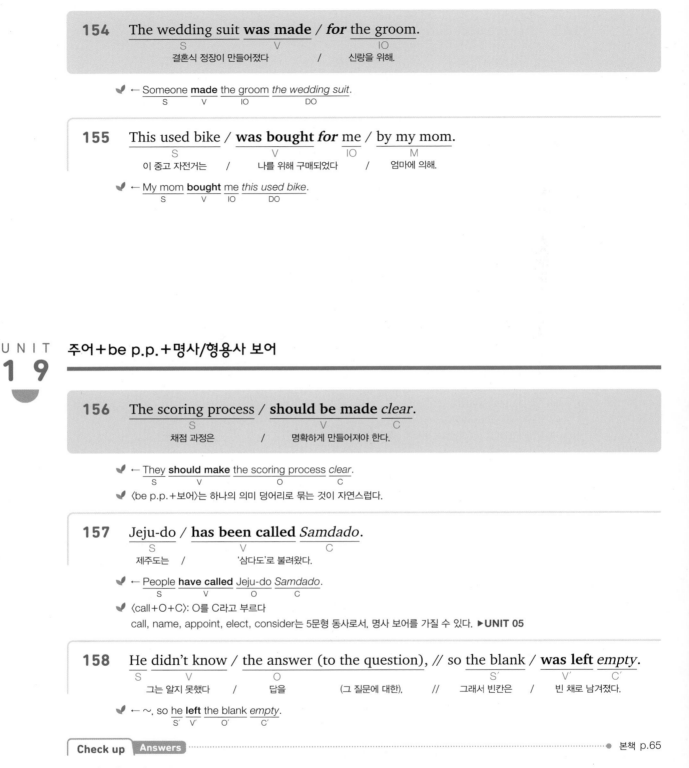

154 The wedding suit **was made** / *for* the groom.
S　　　　　V　　　　　　　　　IO

결혼식 정장이 만들어졌다　　/　　신랑을 위해.

✔ ← Someone **made** the groom *the wedding suit*.
S　　　V　　　IO　　　　DO

155 This used bike / **was bought** *for* me / by my mom.
S　　　　　　V　　　　　　IO　　　　　M

이 중고 자전거는　/　나를 위해 구매되었다　/　엄마에 의해.

✔ ← My mom **bought** me *this used bike*.
S　　V　IO　　　DO

UNIT 19 주어＋be p.p.＋명사/형용사 보어

156 The scoring process / **should be made** *clear*.
S　　　　　　V　　　　　C

채점 과정은　　/　명확하게 만들어져야 한다.

✔ ← They **should make** the scoring process *clear*.
S　　　V　　　　　O　　　　　C

✔ 〈be p.p.＋보어〉는 하나의 의미 덩어리로 묶는 것이 자연스럽다.

157 Jeju-do / **has been called** *Samdado*.
S　　　　　V　　　　　C

제주도는　/　'삼다도'로 불려왔다.

✔ ← People **have called** Jeju-do *Samdado*.
S　　　V　　　O　　　C

✔ 〈call＋O＋C〉: O를 C라고 부르다
call, name, appoint, elect, consider는 5문형 동사로서, 명사 보어를 가질 수 있다. ▶UNIT 05

158 He didn't know / the answer (to the question), // so the blank / **was left** *empty*.
S　　V　　　　　O　　　　　　　　　　　　S'　　　　V'　　C'

그는 알지 못했다　/　답을　　(그 질문에 대한),　//　그래서 빈칸은　/　빈 채로 남겨졌다.

✔ ← ~, so he **left** the blank *empty*.
S'　V'　　O'　　C'

Check up **Answers** .... ● 본책 p.65

1　has been kept secret
2　was named Elsa by her parents

A **1 만들어졌다** | 최초의 종이 화폐는 1400년 전 중국에서 만들어졌다.

2 방영될 것이다 | 그 드라마의 마지막 회는 다음 주 일요일에 방영될 것이다.

3 다운로드 될 수 있다 | 이 모바일 게임은 무료로 다운로드 될 수 있다.

4 읽히고 있다 | 그 책은 요즘 십 대들에 의해 널리 읽히고 있다.

B **1 at** | 그 과학자는 그 실험의 결과에 놀랐다.

2 in | 나는 집으로 가는 길에 소나기를 만났다.

3 with | 나는 그 영화의 결말에 만족한다.

4 with | 그의 방에 있는 선반들은 역사책들로 가득 차 있었다.

5 in | 우리 부모님은 교육 분야에 종사하고 계신다.

C **1 were served hot cocoa** | 그 여자는 우리에게 뜨거운 코코아를 제공했다.

→ 우리는 그 여자에 의해 뜨거운 코코아를 제공받았다.

2 should not be pronounced (by you) | 'bomb'의 마지막 'b'를 발음하지 말아야 한다.

→ 'bomb'의 마지막 'b'는 (당신에 의해) 발음되지 않아야 한다.

3 has been called the second heart (by people) | 사람들은 발을 제2의 심장으로 불러왔다.

→ 발은 (사람들에 의해) 제2의 심장이라고 불려왔다.

4 It is said (by people) that | 사람들은 최고의 복수는 크게 성공하는 것이라고 말한다.

→ 최고의 복수는 크게 성공하는 것이라고들 말한다.

동사의 또 다른 활용, **준동사**

주어로 쓰이는 to-v와 v-ing

159 **To listen to** another's opinion / requires patience.
　　　　S 　　　　　　　　　 V 　 O
다른 사람의 의견을 경청하는 것은　/　인내심을 필요로 한다.

✔ to-v는 동사의 성격을 갖기 때문에 뒤에 to-v 자체의 목적어, 보어, 수식어(부사구)가 올 수 있다.
✔ another's opinion은 listen to의 목적어

160 **Placing** cucumbers on a sunburn / is effective.
　　　　　S 　　　　　　　　　　V 　 C
햇볕으로 입은 화상에 오이를 놓아두는 것은　/　효과적이다.

161 **Not taking** regular breaks / during exercise / can lead to tiredness.
　　　　　　S 　　　　　　　　　　　　 V 　　 O
규칙적인 휴식을 취하지 않는 것은　/　운동 중에　/　피로로 이어질 수 있다.

✔ 동명사(v-ing)의 부정형: not[never]+v-ing (v하지 않는 것)

Check up **Answers** ⋯⋯⋯⋯⋯⋯⋯⋯⋯⋯⋯⋯⋯⋯⋯⋯⋯⋯⋯⋯⋯⋯⋯⋯⋯⋯⋯⋯⋯⋯⋯⋯⋯● 본책 p.72

1 **is** | 그런 책을 읽는 것은 시간 낭비가 아니다.
2 **is** | 아기들을 돌보는 것은 쉬운 일이 아니다.
　해설 to-v와 v-ing가 주어로 쓰이면 뒤에는 보통 단수동사가 온다.

162 **It** requires patience / **to listen to** another's opinion.
　　S(가주어)　V　　 O 　　　　　 S′(진주어)
(~은) 인내심을 필요로 한다　/　다른 사람의 의견을 경청하는 것은.

✔ to-v구 주어는 대부분의 경우 가주어 it을 대신 쓰고 to-v구는 문장 뒤로 보내는 형태를 취한다.

163 **It** is important / **not to let** mistakes spoil your life.
　　S(가주어) V 　 C 　　　　　 S′(진주어)　　　　 C
(~은) 중요하다　/　실수가 당신의 인생을 망치도록 하지 않는 것은.

✔ to-v의 부정형: not[never]+to-v (v하지 않는 것, v하지 않기)

164 **It** is unhealthy / **for children** to consume caffeine.
　　S(가주어) V 　 C 　　 의미상의 주어 　　 S′(진주어)
(~은) 건강에 좋지 않다　/　어린이들이 카페인을 섭취하는 것은.

165 **It** is essential / **for scientists** to challenge / old scientific theories.
　　S(가주어) V 　 C 　　 의미상의 주어 　　　　 S′(진주어)
(~은) 필수적이다　/　과학자들이 도전하는 것은　/　낡은 과학 이론들에.

Check up **Answers** ⋯⋯⋯⋯⋯⋯⋯⋯⋯⋯⋯⋯⋯⋯⋯⋯⋯⋯⋯⋯⋯⋯⋯⋯⋯⋯⋯⋯⋯⋯⋯⋯⋯● 본책 p.73

1 sounds interesting to learn a new language
2 Eating[To eat] seaweed soup on one's birthday is
　해설 주어로 쓰이는 to-v와 v-ing 뒤에는 보통 단수동사가 오므로 be를 is로 바꿔 쓴다.

목적어로 쓰이는 to-v와 v-ing I

166 I don't want / **to go** outside / on rainy days.
S   V   V   M'   M'
              O

나는 원하지 않는다 /   밖에 나가기를   /   비 오는 날에.

✔ 그 외 to-v를 목적어로 취하는 동사들
- **afford** to-v v할 여유가 있다
- **fail** to-v v하지 못하다
- **manage** to-v 간신히 v하다
- **refuse** to-v v할 것을 거절하다

167 In my new school, / I expect / **to make** a lot of friends.
M   S   V   V'   O'
                              O

새 학교에서,   / 나는 기대한다 /   많은 친구를 사귈 것을.

168 He promised / **not to be** late for school / again.
S   V   V'   C'   M'   M'
                        O

그는 약속했다 /   학교에 지각하지 않을 것을   / 다시는.

169 My family is planning / **to travel** abroad / this vacation.
S   V   V'   M'   M'
                          O

우리 가족은 계획하고 있다 / 해외로 여행할 것을 /   이번 휴가에.

170 My father quit **smoking** / a few years ago.
S   V   O   M

우리 아버지는 담배를 피우는 것을 그만두셨다 / 몇 년 전에.

✔ 그 외 v-ing를 목적어로 취하는 동사들
- **prevent** v-ing v하는 것을 막다
- **postpone** v-ing v하는 것을 미루다
- **suggest** v-ing v하는 것을 제안하다
- **imagine** v-ing v하는 것을 상상하다
- **delay** v-ing v하는 것을 연기하다

171 A: Would you mind / **changing** seats with me?
S   V'   O'   M'
    V   O

당신은 꺼리시나요 /   저와 자리를 바꾸는 것을?
↳ 저와 자리를 바꿔도 괜찮겠습니까?

B: Of course not.
물론 꺼리지 않습니다.
↳ 네, 그렇게 하세요.

✔ Of course not. = Of course I **don't** mind changing seats with you.
✔ 〈Would you mind v-ing ~?: v해도 괜찮겠습니까?〉라는 요청의 표현이다. mind의 원래 의미는 '꺼리다, 언짢아하다'이므로, 이에 대해 '괜찮다[상관없다]' 등의 긍정의 대답으로는 'Of course not.', 'No, not at all.' 'Certainly not.'과 같이 부정의 표현으로 하는 것에 유의한다.

172 I enjoy / **not doing** anything / and just **lying down** / in my free time.
S   V   V'1   O'1   V'2   M'
                        O

나는 즐긴다 /   아무것도 하지 않는 것을 /   그리고 단지 누워 있는 것을 /   나의 여가 시간에.

✔ lying은 동사 lie(거짓말하다)의 동명사[현재분사]형과 형태가 같으므로 해석에 유의한다.
- lie(-lay-lain-lying) 눕다
- lie(-lied-lied-lying) 거짓말하다

173 My friend denied / **telling** others my secret.
S   V   O

내 친구는 부인했다 / 다른 사람들에게 내 비밀을 말한 것을.

Check up Answers ·· ● 본책 p.75

1 **to go** | 우리는 기차로 여행갈 것을 선택했다.
2 **to trade** | 그 두 나라는 공정하게 교역할 것을 합의했다.
3 **becoming** | 우리는 이기적인 어른이 되는 것을 피해야 한다.
4 **to apply** | 고등학교 졸업반 학생들은 대학에 지원할 것을 준비하고 있다.
5 **persuading** | 상사와 나는 우리 고객들을 설득하는 것을 포기했다.
6 **to check** | 그들은 방문객들의 신분증을 확인할 것을 필요로 한다.
7 **participating** | 그 회사는 국제 대회에 참가하는 것을 미룰지도 모른다.

174 He is proud / **of getting** good grades / at school.
    S V   C   전   전치사의 목적어   M

그는 자랑스럽게 여긴다 / 좋은 성적을 받은 것을 / 학교에서.

175 Your music is too loud. I can't focus **on** / **doing** my homework.
     S   V   C   S V   전   전치사의 목적어

너의 음악 소리가 너무 커. 나는 ~에 집중할 수가 없어 / 내 숙제를 하는 것.

UNIT 22 목적어로 쓰이는 to-v와 v-ing Ⅱ

176 My parents like / **to jog[jogging]** along the river.
     S   V   O   M

우리 부모님은 좋아하신다 / 강변을 따라 조깅하는 것을.

177 Most students hate / **to write[writing]** an essay.
      S   V   O

대부분의 학생들은 싫어한다 / 에세이 쓰는 것을.

178 A puppy started / **to chase[chasing]** me / in the park.
     S   V   O   M

한 강아지가 시작했다 / 나를 쫓아오기를 / 공원에서.

179 The restaurant will continue / **to provide[providing]** gift boxes to its customers /
          S   V   O   M

그 레스토랑은 계속할 것이다 / 고객들에게 선물 상자를 제공하는 것을 /

until June.
  M

6월까지.

180 He forgot / **to charge** his cell phone. The battery is dead.
    S   V   O   S   V C

그는 잊었다 / 자신의 휴대전화를 충전할 것을. 배터리가 다 됐다.

✔ forget+to-v 〈미래성〉

181 I'll never forget / **seeing** the beautiful sunrise / at the beach.

나는 절대 잊지 않을 것이다 / 아름다운 일출을 본 것을 / 그 해변에서.

✔ forget+v-ing 〈과거성〉

182 Remember / **to bring** an umbrella. It will be rainy today.

기억하라 / 우산을 가져올 것을. 오늘 비가 올 것이다.

✔ remember+to-v 〈미래성〉
✔ 여기서 it은 '날씨'를 나타내는 비인칭 주어 ▶UNIT 53

183 I remember / **sending** the e-mail to him / yesterday.

나는 기억한다 / 그에게 이메일을 보낸 것을 / 어제.

✔ remember+v-ing 〈과거성〉

184 I tried / **to lose** weight / but didn't have good results.

나는 노력했다 / 체중을 감량하려고 / 그러나 좋은 결과를 얻지 못했다.

✔ try to-v: v하려고 노력하다[애쓰다]

185 A: I have a fever. Do you think // I should see a doctor?

나는 열이 있어. 너는 생각하니 // 내가 의사의 진찰을 받아야 한다고?

B: Why don't you try / **taking** this medicine / first?

~해보는 것이 어때 / 한번 이 약을 먹어보는 것을 / 우선?

✔ try v-ing: 시험 삼아[그냥] 한번 v해 보다
✔ think 뒤에는 명사절 접속사 that이 생략되어 있다. ▶UNIT 33

186 Please stop / **taking** pictures (of food)! You already have hundreds!

제발 멈춰 / 사진을 찍는 것을 (음식의)! 너는 이미 수백 장이 있잖아!

cf. We stopped / **to take** pictures / in the Seoul Forest.

우리는 멈췄다 / 사진을 찍기 위해서 / 서울숲에서.

✔ *cf.* 문장에서 to take 이하는 stopped의 목적어가 아니라 '목적'을 나타내는 부사적 용법으로 쓰인 to부정사구 ▶UNIT 29

Check up Answers .... ● 본책 p.77

1 ×, seeing | 나는 그녀를 전에 어디선가 봤던 것을 기억한다.
2 ○ | 그들은 2020년에 그 프로젝트를 진행하는 것을 시작했다.
3 ○ | 그는 소파를 혼자 옮기려고 노력했다.
4 ×, using | 나는 두 달 동안 소셜 미디어를 사용하는 것을 멈췄다.

주어를 보충 설명하는 to-v와 v-ing

187 A good study strategy / is **to study** in groups.
S ＝ V C (≒ studying in groups)
좋은 공부 전략 한 가지는 / 그룹으로 공부하는 것이다.

188 The key (to successful weight control) / is **exercising** regularly.
S ＝ V C (≒ to exercise regularly)
비결은 (성공적인 몸무게 조절의) / 규칙적으로 운동하는 것이다.

189 His plan was / **to give** me a surprise birthday party.
S V ＝ C (≒ giving me a surprise birthday party)
그의 계획은 ~이었다 / 나에게 깜짝 생일파티를 해주는 것.

190 A big problem (in modern families) / is **not having** enough conversation.
S ＝ V C (≒ not to have enough conversation)
한 가지 큰 문제는 (현대 가정의) / 충분한 대화를 갖지 않는 것이다.

Check up **Answers** ....●본책 p.78

1 **훌륭한 교사가 되는 것이다** | 나의 바람은 훌륭한 교사가 되는 것이다.
2 **제품의 가격에 관해 고객에게 이야기하고 있다** | 점원이 제품의 가격에 관해 한 고객에게 이야기하고 있다.
3 **스트레스를 받지 않는 것이다** | 건강에 가장 좋은 것은 스트레스를 받지 않는 것이다.
4 **지금 로마에서 일하고 있다** | 내 친구 중 한 명은 지금 로마에서 일하고 있다.

의문사+to-v

191 I don't know / **how to answer** these two questions.
S V O
나는 모른다 / 이 두 문제에 어떻게 답해야 할지를.

🔖 how to answer these two questions = how I should answer these two questions

192 You should learn / **when to speak** / and **when to remain** silent.
S V O₁ O₂
당신은 배워야 한다 / 언제 말해야 할지를 / 그리고 언제 침묵을 지켜야 할지를.

🔖 when to speak = when you should speak
when to remain silent = when you should remain silent
🔖 두 개의 〈의문사+to-v〉가 and로 연결되어 should learn의 목적어로 쓰였다.

193 He showed me / **where to buy** nice phone cases / online.
S　V　IO　DO

그는 나에게 보여줬다 / 어디서 괜찮은 핸드폰 케이스를 살 수 있는지를 / 온라인에서.

❤ where to buy nice phone cases online = where I can buy nice phone cases online

194 The question is / **what to do** with our money.
S　V　C

문제는 ~이다 / 우리 돈으로 무엇을 해야 할지[할 수 있는지].

❤ what to do with our money = what we should[can] do with our money

● 본책 p.79

Check up　Answers

1　**자신의 깨진 안경에 대해 누구를 탓해야 할지를** | 그는 자신의 깨진 안경에 대해 누구를 탓해야 할지를 알고 싶어 한다.
2　**그 기계를 효과적으로 사용하는 방법을** | 그녀는 그 기계를 효과적으로 사용하는 방법을 알았다.

Chapter Exercises 05　　본책 p.80

A 1 ○ | 나는 저녁 식사 이후 산책하는 것을 즐긴다.
　　2 ×, **helps** | 좋은 책을 읽는 것은 너의 작문을 도와준다.
　　　　해설 v-ing 주어는 보통 단수 취급
　　3 ○ | 유기농 음식을 먹는 것은 좋은 생각이다.
　　4 ×, **to get** | 나는 이번 기말고사에서 좋은 성적을 받기를 바란다.
　　　　해설 hope는 목적어로 to-v만을 취하는 동사
　　5 ○ | 내가 꿈꾸는 직업은 컴퓨터 프로그램을 개발하는 것이다.

B 1 **조각그림 퍼즐을 하는 것은** | 조각그림 퍼즐을 하는 것은 당신을 더 똑똑하게 만든다.
　　2 **태블릿으로 인터넷을 검색하는 것** | 내 취미는 태블릿으로 인터넷을 검색하는 것이다.
　　3 **사지 않기로 결정했다** | 나는 새 컴퓨터를 사지 않기로 결정했다. 그것은 너무 비싸다.
　　4 **졸업 후에 무엇을 해야 할지를** | 몇몇 학생들은 졸업 후에 무엇을 해야 할지를 알지 못한다.
　　5 **부모님에게서 돈을 빌린 것을 잊었다** | 그녀는 부모님에게서 돈을 빌린 것을 잊었다.
　　6 **침착하게 있을 것을 기억해야 한다** | 비상시에 침착하게 있을 것을 기억해야 한다.

C 1 to turn off
　　2 to fix
　　3 stealing

UNIT
25 명사를 수식하는 to-v

---

195 *A good habit* (**to have**) / is to drink water in the morning.
　　　　S　　　　　V'　　　V　　　　　　C　　　　　　M
　　　좋은 습관은　　　 (가져야 할)　 /　 아침에 물을 마시는 것이다.

✔ 〈명사+to-v ~〉가 주어라면 동사 앞에서 끊는다.
✔ to-v구가 보어 자리에 왔다. to-v(구)는 문장에서 주어, 보어, 목적어로 쓰일 수 있다. ▶UNIT 23

---

196 We all need / *friends* (**to support** us).
　　　　 S　　 V　　　 O　　　 V'　　　 O'
　우리는 모두 필요하다　/　친구들이　(우리를 지지해주는).

✔ 〈명사+to-v ~〉가 목적어라면 목적어 앞에서 끊는다.

---

197 Jeju-do is / *a beautiful island* (**to visit**) / in Korea.
　　　　S　 V　　　　　C　　　　　　 V'　　　 M
　제주도는 ~이다　/　아름다운 섬　(방문해야 할)　/　한국에서.

✔ 〈명사+to-v ~〉가 보어라면 보어 앞에서 끊는다.

---

198 Ferdinand Magellan was / *the first man* (**to go** around the world).
　　　　　　　　S　　　　 V　　　　 C'　　 V'　　　　 M'
　페르디난드 마젤란은 ~이었다　/　첫 번째 사람　　(← the first man went around the world)
　　　　　　　　　　　　　　　　　　　　　　　　(세계 일주를 한).

✔ 명사가 to-v의 동작을 하므로 〈주어+동사〉의 관계

---

199 I'd like / *something* (**to drink**).
　　　 S V　　　 O　　　 V'
　~이 있으면 좋겠어요 / 어떤 것　(← drink something)
　　　　　　　　　　　　　(마실).

✔ 명사가 to-v의 목적어이므로 〈목적어+타동사〉의 관계
✔ -thing, -one으로 끝나는 명사는 항상 뒤에서 수식을 받는데, 일반 형용사와 to-v가 같이 수식할 때는 〈명사+일반 형용사+to-v〉의 어순이 된다.
　e.g. I'd like *something* **cold to drink**. 차가운 마실 것이 있으면 좋겠어요.

---

200 The old lady needed / *a porter* (**to move** her luggage).
　　　　 S　　　　 V　　　 O　　　 V'　　 O'
　그 노부인은 필요로 했다　/　짐꾼을　(← a porter moved her luggage)
　　　　　　　　　　　　　　　　　　　(자신의 짐을 옮겨줄).

---

201 Between friends, / there are *no secrets* (**to hide**).
　　　　　 M　　　　　 V　 S　　　 V'
　친구 사이에는,　/　아무 비밀이 없다　(← hide no secrets)
　　　　　　　　　　　　　　　　　　(숨길).

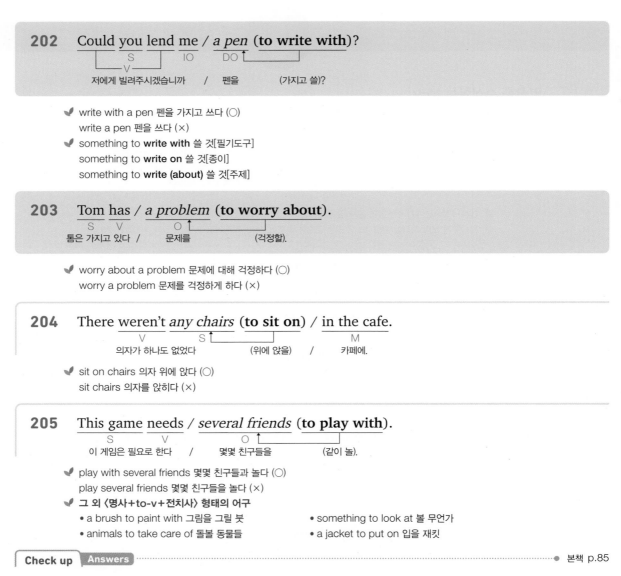

202 Could you lend me / *a pen* (**to write with**)?

S IO DO
V
저에게 빌려주시겠습니까 / 펜을 (가지고 쓸)?

- write with a pen 펜을 가지고 쓰다 (○)
  write a pen 펜을 쓰다 (×)
- something to **write with** 쓸 것[필기도구]
  something to **write on** 쓸 것[종이]
  something to **write (about)** 쓸 것[주제]

203 Tom has / *a problem* (**to worry about**).

S V O
톰은 가지고 있다 / 문제를 (걱정할).

- worry about a problem 문제에 대해 걱정하다 (○)
  worry a problem 문제를 걱정하게 하다 (×)

204 There weren't *any chairs* (**to sit on**) / in the cafe.

V S M
의자가 하나도 없었다 (위에 앉을) / 카페에.

- sit on chairs 의자 위에 앉다 (○)
  sit chairs 의자를 앉히다 (×)

205 This game needs / *several friends* (**to play with**).

S V O
이 게임은 필요로 한다 / 몇몇 친구들을 (같이 놀).

- play with several friends 몇몇 친구들과 놀다 (○)
  play several friends 몇몇 친구들을 놀다 (×)
- 그 외 〈명사+to-v+전치사〉 형태의 어구
  - a brush to paint with 그림을 그릴 붓
  - animals to take care of 돌볼 동물들
  - something to look at 볼 무언가
  - a jacket to put on 입을 재킷

Check up **Answers** ··· ● 본책 p.85

A 1 gave us problems to solve
  2 a knife to cut vegetables
  3 can be a good person to talk to

B 1 ○ | 대니는 생각해볼 흥미로운 아이디어를 갖고 있다.
  2 ×, live in | 그는 개 두 마리와 함께 살 집을 샀다.

명사를 수식하는 v-ing, p.p.

206 **Talking** *parrots* / can repeat a human's words.
S   V   O

말하는 앵무새들은 / 사람의 말을 따라 할 수 있다.

✔ Talking parrots = Parrots which can talk ▶ **UNIT 37**
✔ 〈v-ing[p.p.]+명사〉나 〈명사+v-ing[p.p.] ~〉는 문장에서 '명사'의 역할을 하여 하나의 큰 주어, 목적어, 보어를 만들므로 앞뒤를 끊어서 한 덩어리로 이해한다.

207 *The cell phone* (**ringing** noisily) / is my father's.
S   V'   M'   V

그 휴대전화는 / (시끄럽게 울리는) / 우리 아버지 것이다.

✔ The cell phone ringing noisily = The cell phone which is ringing noisily

208 Don't pour **boiling** *water* / over a tea bag. It will burn the tea.
V   O   M   S   V   O

끓는 물을 붓지 마라 / 티백에. 그것은 찻잎을 태울 것이다.

✔ boiling water = water which is boiling

209 *The man* (**sitting** in front of me / at the movies) / was snoring.
S   V'   M'   M'   V

그 남자는 / (내 앞에 앉은 / 영화관에서) / 코를 골고 있었다.

✔ The man sitting in front of me at the movies = The man who was sitting in front of me at the movies

210 A galaxy is / *a giant structure* (**containing** billions of stars).
S   V   C   V'   O'

우주는 ~이다 / 거대한 구조 / (무수한 별을 포함하는).

✔ a giant structure containing billions of stars = a giant structure which contains billions of stars

211 The **tackled** *player* / hurt his ankle.
S   V   O

태클 당한 선수가 / 발목을 다쳤다.

✔ The tackled player = The player who was tackled

212 *Clothes* (**bought** during the sale) / cannot be exchanged.
S   V'   M'   V

옷들은 / (세일 동안 구매된) / 교환될 수 없습니다.

✔ Clothes bought during the sale = Clothes which were[have been] bought during the sale

213 The cars had to stop // because there was a **fallen** *tree*.
S   V   V'   S'

그 차들은 멈춰야 했다 // 쓰러진 나무 한 그루가 있었기 때문에.

✔ a fallen tree = a tree which had fallen

214 I can see my face clearly / in the **cleaned** *window*.
S V O M

나는 내 얼굴을 또렷하게 볼 수 있다 / 닦인 창문에서.

✔ the cleaned window = the window which is cleaned

215 *Good habits* (**formed** in youth) / make all the difference. – Aristotle
S V' M' V O

좋은 습관이 (어린 시절에 형성된) / 모든 차이를 만든다.

✔ Good habits formed in youth = Good habits which are formed in youth

Check up **Answers** .... ● 본책 p.87

1 **waiting** | 버스를 기다리고 있는 사람들은 서로 수다를 떨고 있다.
2 **stuck** | 신발에 붙은 껌은 쉽게 제거되지 않을 것이다.
3 **smiling** | 웃고 있는 아기는 천사처럼 보인다.
4 **fried** | 샘은 곁들임 요리로 튀긴 감자를 주문했다.
5 **broken** | 수리공이 농장에 있는 부서진 울타리를 수리했다.

UNIT
2 7

감정을 나타내는 v-ing, p.p.

216 Football is / an **exciting** *sport*.
S V C

축구는 ~이다 / (우리를) 신나게 하는 스포츠.

217 **Excited** *fans* cheered the players / enthusiastically.
S V O M

(무언가에 의해) 신이 난 팬들은 선수들을 응원했다 / 열렬하게.

✔ 그 외 감정을 나타내는 v-ing, p.p.

- confusing 혼란스럽게 하는
- tiring 지치게 하는
- depressing 우울하게 하는
- surprising 놀라게 하는
- amusing 즐겁게 하는, 재미있는
- shocking 충격적인, 충격을 주는
- embarrassing 당황하게 하는
- encouraging 격려하는[고무적인]
- frustrating 좌절하게 하는
- pleasing[delighting] 기쁘게 하는
- thrilling 아주 신나게 하는
- fascinating 매혹시키는, 매혹적인
- relaxing 편안하게 하는

- confused 혼란스러운
- tired 지친
- depressed 우울한
- surprised 놀란
- amused 즐거워하는, 재미있어 하는
- shocked 충격을 받은
- embarrassed 당황한
- encouraged 고무된
- frustrated 좌절한
- pleased[delighted] 기쁜
- thrilled 아주 신이 난
- fascinated 매혹된
- relaxed 편안한

218 Biographies describe / the **amazing** *life stories* (of successful people).

　　　S　　　　V　　　　　　　　　　　　　　O

위인전들은 묘사한다　/　놀라운 인생 이야기들을　　　　　(성공한 사람들의).

219 At the magic show, / **amazed** *people* shouted loudly.

　　　M　　　　　　　　　S　　　V　　M

마술쇼에서,　　/　놀란 사람들은 크게 탄성을 질렀다.

Check up　**Answers** ·· ● 본책 p.88

1　**boring** | 나는 나의 지루한 매일의 일과를 좋아하지 않는다.
2　**bored** | 지루해진 아이가 꾸벅꾸벅 졸기 시작했다.
3　**frightening** | 번개가 친 후에, 무시무시한 천둥이 대개 뒤따른다.
4　**frightened** | 홍수 때문에, 두려워진 마을 사람들은 마을을 떠났다.

220 The food (at the restaurant) / was **disappointing**.

　　　S　　　　　　　　　　　　V　　　C　(← disappointing food)

음식은　　　　　(그 식당의)　/　실망스러웠다[실망감을 느끼게 했다].

221 I found / his speech **boring**.

　S V　　　　O　　　C　(← His speech was boring. ← boring speech)

나는 알았다　/　그의 연설이 지루하다는[지루함을 느끼게 한다는] 것을.

222 My parents looked / **satisfied** with the new house.

　　　S　　　V　　　C　　　　M

우리 부모님은 ~처럼 보였다　/　새집에 만족하신 것처럼.

223 The scary story kept me / **frightened** day and night.

　　　S　　　V　O　　C　　M

그 무서운 이야기는 나를 계속 ~하게 했다　/　밤낮으로 두려워하게.

Check up　**Answers** ·· ● 본책 p.89

1　**satisfied** | 관객들은 어젯밤 콘서트에 만족해했다. 해설 S-C
2　**annoying** | 우리는 밖에서 나는 소음이 짜증 나게 한다고 생각했다. 해설 O-C
3　**disappointing** | 그의 영어 시험 점수는 실망스러웠다. 해설 S-C
4　**interested** | 그 도전은 그가 수년간 계속해서 흥미를 가지게 했다. 해설 O-C
5　**amazing** | 영단어를 암기하는 그녀의 능력은 놀랍다. 해설 S-C

목적어를 보충 설명하는 to-v, v, v-ing, p.p.

224 The doctor **advised** / his patient / **to take** the medicine regularly.
S　　　　V　　　　O(=S′)　　　　C(=V′)
의사는 조언했다 　/ 자신의 환자가 　/ 　약을 정기적으로 복용하도록.

225 I **want** / my parents / **to spend** more time with me.
S　V　　O(=S′)　　　　C(=V′)
나는 원한다 / 우리 부모님이 / 　나와 더 많은 시간을 보내기를.

226 Praise **allows** / kids / **to build up** self-confidence.
S　　V　　O(=S′)　　　C(=V′)
칭찬은 ~하도록 해준다 / 아이들이 / 　자신감을 기르도록.

227 A dirty pillow can **cause** / your acne / **to get** worse.
S　　　　V　　　O(=S′)　　C(=V′)
더러운 베개는 야기할 수 있다 / 당신의 여드름이 / 더 심해지도록.

228 No one can **force** / me / **to do** something [that I don't want to do].
S　　　V　　O(=S′)　　C(=V′)
아무도 강요할 수 없다 / 내가 / 　무엇인가를 하도록 　[내가 하기를 원하지 않는].

✔ that I don't want to do는 something을 수식하는 목적격 관계대명사절 ▶UNIT 38

229 He **persuaded** / me / **to change** my mind / and **buy** a different present.
S　　V　　O(=S′)　　C(=V′)
그는 설득했다 　/ 내가 / 　마음을 바꾸도록 　/ 　그리고 다른 선물을 사도록.

✔ 두 개의 to-v가 병렬 연결될 때 접속사 뒤의 to-v에서는 반복되는 to가 흔히 생략된다. ▶UNIT 55

230 The movie was very sad. It **made** me **cry**.
S　　V　　C　S　V　O(=S′)C(=V′)
그 영화는 아주 슬펐다. 　　그것은 내가 울게 했다.

✔ It = The movie
✔ make는 목적어의 의지와 상관없이 어떠한 행위를 하도록 '강제'하는 반면, let은 목적어의 행위에 어느 정도의 자율성을 인정하여 '허가'하는 뉘앙스이다.

231 Have you ever **seen** / her **sing**? She's talented!
S　　　　O(=S′)C(=V′)　S　V　C
　　V
(← She sang.)
너는 본 일이 있니 / 그녀가 노래 부르는 것을? 그녀는 재능이 있어!

cf. I stopped / and **listened to** / a bird **singing**.
S　V₁　　　　V₂　　O₂(=S′)　C₂(=V′)　(← A bird was singing.)
나는 멈췄다 　/ 　그리고 귀 기울였다 　/ 　새가 지저귀고 있는 것에.

✔ *cf.* ⟨V+O+C(v-ing)⟩: v-ing가 보어 자리에 오면 동작이 진행되는 일부를 경험하거나 동작이 진행 중임을 강조한다.
He **kept** me **waiting** for an hour. 그는 내가 한 시간 동안 **기다리게 했다**.
I **heard** someone **calling** my name in the street. 나는 길에서 누군가가 내 이름을 **부르는 것을 들었다**.

232 Drinking lots of water / **helps** / your body **(to) burn** fat.

S V O(=S′) C(=V′)

많은 물을 마시는 것은 / 돕는다 / 당신의 몸이 지방을 태우도록.

✔ help는 O와 C가 능동 관계일 때, 목적어를 보충해주는 보어로 v(원형부정사) 또는 to-v를 취한다.
✔ Drinking lots of water는 동명사 주어로 뒤에 단수동사(helps)가 왔다. ▶UNIT 20

233 My mom **had** / me **clean** my room / before bedtime.

S V O(=S′) C(=V′) M

엄마는 (~하게) 하셨다 / 내가 방을 청소하게 / 자기 전에.

234 Don't **let** / the act (of worrying) / **steal** your joy (for today).

V O(=S′) C(=V′)

내버려두지 마라 / 행위가 (걱정하는) / 너의 즐거움을 뺏게 (오늘의).

235 He **heard** / a dog **bark** / behind the door.

S V O(=S′) C(=V′) M

그는 들었다 / 개가 짖는 것을 / 문 뒤에서.

236 I can **smell** / something **burning**! I'll check the kitchen.

S V O(=S′) C(=V′) S V O

나는 맡을 수 있어 / 뭔가 타고 있는 것을! / 내가 부엌을 확인해볼게.

✔ 지각동사의 목적어를 보충해주는 보어로 v-ing가 오면 '진행'의 의미를 강조한다.

Check up **Answers** ·· ● 본책 p.91

1 **use** | 나는 내 친구가 내 노트북 컴퓨터를 사용하게 해주었다.
2 **to go** | 우리 부모님은 내가 의대에 가길 원하신다.
3 **to come** | 그녀는 내가 다음날 일찍 오도록 부탁했다.
4 **break** | 우리는 낯선 사람이 그 집으로 침입하는 것을 보았다.

---

237 After the earthquake, / people **found** / their homes **destroyed**.

M S V O(=S′) C(=V′)

(← Their homes **were destroyed**.)

지진 이후에. / 사람들은 발견했다 / 자신들의 집이 파괴된 것을.

cf. I **found** / a cat **lying** on the ground.

S V O(=S′) C(=V′) M

(← A cat **was lying** on the ground.)

나는 발견했다 / 고양이 한 마리가 바닥에 누워있는 것을.

✔ O와 C가 수동 관계일 때는 목적어를 보충하는 보어 자리에 p.p.가 온다.
cf. O와 C가 능동 관계일 때는 목적어를 보충하는 보어 자리에 v-ing(또는 v)가 올 수 있다.

238 You should **keep** / the doors **locked** / in an empty house.

S V O(=S′) C(=V′) M

(← The doors **are locked**.)

너는 (~하도록) 두어야 한다 / 문들이 잠겨 있도록 / 빈집에서.

239 I **heard** / my name **called** / from the outside.

S V O(=S′) C(=V′) M

(← My name **was called**.)

나는 들었다 / 내 이름이 불리는 것을 / 밖에서.

240 My computer isn't working. I have to **get** it **fixed.**

S　　　　　V　　　　　　S　　V　　O(=S′) C(=V′)

(← My computer **is fixed.**)

내 컴퓨터가 작동하지 않는다.　　나는 그것이 수리되게 해야 한다.

↘ 나는 그것을 수리받아야 한다.

241 I **had** / my teeth **examined.**

S　V　　O(=S′)　　C(=V′)

나는 (~되도록) 했다 / 내 치아가 검사되도록.

↘ 나는 치아를 검사받았다.

✔ had 대신 got을 쓸 수도 있다. = I got my teeth examined.

242 Messenger users **had** / their personal information **hacked.**

S　　　　V　　　　　　　O(=S′)　　　　　　　C(=V′)

메신저 사용자들은 ~당했다 / 그들의 개인 정보를 해킹당한. 〈경험〉

✔ = Messenger users got their personal information hacked.

Check up　Answers ･･ ● 본책 p.92

1 **going** | 희망은 힘든 시기에도 우리가 계속 전진하게 한다.

　해설 '우리'가 '전진하는' 것이므로 능동의 의미인 v-ing가 적절

2 **picked** | 나는 혼잡한 역에서 소매치기 당했다.

　해설 〈get+O+C(p.p.)〉: O를 C당하다

3 **permed** | 나는 어제 머리가 파마 되게 했다. (→ 나는 어제 머리를 파마했다.)

　해설 〈have+O+C(p.p.)〉: O가 C되도록 하다

4 **heard** | 그녀는 그 소음 속에서 자신의 목소리가 들리게 할 수 없었다.

　해설 〈make+O+C(p.p.)〉: O가 C되도록 하다

Chapter Exercises 06

본책 p.93

A 1 **떨어진 나뭇잎** | 나는 떨어진 나뭇잎 위를 걷는 것을 몹시 좋아한다.

　해설 fallen leaves = leaves which have fallen

　2 **중고 물품을 파는 시장들은** | 중고 물품을 파는 시장들은 '벼룩시장'이라고 불린다.

　3 **놀란 동물들은** | 때때로 놀란 동물들은 매우 위험할 수 있다.

　4 **내 심장이 더 빠르게 뛰고 있는 것을 느꼈다** | 달리기 후에 나는 내 심장이 더 빠르게 뛰고 있는 것을 느꼈다.

　5 **당신이 동기 부여되도록 유지시켜줄 것이다** | 구체적인 계획은 당신이 동기 부여되도록 유지시켜줄 것이다.

B 1 **Satisfied** | 만족한 고객들은 기꺼이 더 높은 금액을 낸다.

　2 **touching** | 그 영화감독은 감동적인 이야기를 영화로 만들었다.

　3 **be** | 다른 사람들의 실패가 너에게 교훈이 되도록 해라.

　4 **leave** | 우리는 마지막 버스가 버스 정류장을 떠나는 것을 보았다.

C 1 **me something to eat**

　해설 〈give+간접목적어(me)+직접목적어(something to eat)〉의 어순으로 쓴다.

　2 **the first person to solve the math problem**

　3 **helps us (to) improve our strength and flexibility**

UNIT 29 부사 역할을 하는 to-v의 해석 I

243 People use iceboxes / **to keep** drinks and food cold.
S   V   O   M
사람들은 아이스박스를 사용한다 /   음료와 음식을 차갑게 유지하기 위해서. 〈목적〉

244 Make a shopping list / **not to spend** too much money.
V   O   M
쇼핑 목록을 만들어라 /   너무 많은 돈을 소비하지 않기 위해서. 〈목적〉

  🖖 to-v의 부정형: not[never] to-v (v하지 않기 위해서, v하지 않으려고)

245 He went to the bank / **in order to open** a bank account.
S   V   M   M
그는 은행에 갔다 /   계좌를 개설하기 위해서. 〈목적〉

  🖖 좀 더 격식 있게 표현하기 위해 so as (not) to-v를 사용하기도 한다.
  = He went to the bank **so as to open** a bank account.

246 **To get** a driver's license, / you should pass several tests.
M   S   V   O
운전면허를 따기 위해서. 〈목적〉 /   여러 개의 시험을 통과해야 한다.

  cf. **To get** a driver's license / is not easy / in Germany.
S   V   C   M
운전면허를 따는 것은 /   쉽지 않다 /   독일에서.

  🖖 *cf.* 문장에서 to-v구는 명사 역할을 하며 주어로 쓰였다. ▶UNIT 20

Check up **Answers** ●━━━━━━━━━━━━━━━━━━━━━━━━━━━━━━━ ● 본책 p.98

1 **새로운 것을 배우는 것은** | 새로운 것을 배우는 것은 우리 뇌에 좋다.
   해설 주어 자리에 쓰여 명사 역할을 하는 to-v구
2 **깨어 있기 위해** | 그는 깨어 있기 위해 어젯밤 커피 한 잔을 마셨다.
   해설 '목적'을 나타내는 부사 역할을 하는 to-v구

247 My mom was angry / **to see** my room (in a mess).
S   V   C   M
엄마는 화나셨다 〈감정〉 / 내 방을 보서서   (지저분한). 〈원인〉

  🖖 그 외 감정을 의미하는 어구+to-v
  • be pleased to-v   v해서 기쁘다   • laugh[cry] to-v   v해서 웃다[울다]
  • be shocked to-v   v해서 충격을 받다

248 We were happy / **to get** a discount (on movie tickets).
S   V   C   M
우리는 기뻤다 〈감정〉 / 할인을 받아서   (영화표에 대한). 〈원인〉

249 Kelly was sad / **to lose** her purse on the street.
S V C V' O' M'

켈리는 슬펐다 〈감정〉 / 길에서 지갑을 잃어버려서. 〈원인〉

250 He must be clever / **to solve** that difficult problem.
S V C V' O'

그는 똑똑한 것이 틀림없다 〈판단〉 / 그 어려운 문제를 푸는 것을 보니. 〈근거〉

✔ must be: ~임에 틀림없다 ▶UNIT 12
✔ 그 외 판단·추측을 나타내는 어구+to-v
- be right to-v v하는 것을 보니 옳다
- be good[nice] to-v v하는 것을 보니 훌륭하다
- be wise to-v v하는 것을 보니 현명하다
- be wrong to-v v하는 것을 보니 틀리다
- be brave to-v v하는 것을 보니 용감하다

251 My sister was careless / **to break** the dishes again.
S V C V' O' M'

내 여동생은 부주의했다 〈판단〉 / 또다시 접시를 깨뜨린 것을 보니. 〈근거〉

252 She was foolish / **not to listen to** his advice.
S V C V' O'

그녀는 어리석었다 〈판단〉 / 그의 조언을 듣지 않다니. 〈근거〉

Check up **Answers** ··· ● 본책 p.99

1 노부인에게 자리를 양보하다니 그는 예의가 발랐다.
2 그녀는 그 일자리를 얻지 못해서 실망했다.

UNIT
30

부사 역할을 하는 to-v의 해석 Ⅱ

253 The cause (of the problem) / was *difficult* **to find**.
S V C

원인은 (그 문제의) / 찾기 어려웠다.

✔ → To find the cause of the problem was difficult. (문장 주어를 to-v의 목적어로 보낸 뒤, to-v구 전체를 문장 주어 자리에 둠)
→ It was difficult to find the cause of the problem. (가주어–진주어 구문) ▶UNIT 20
✔ 그 외 형용사에 의미를 더해주는 to-v
- be convenient (for A) to-v (A가) v하기에 편리하다
- be interesting (for A) to-v (A가) v하기에 흥미롭다
- be comfortable (for A) to-v (A가) v하기에 편안하다
- be impossible (for A) to-v (A가) v하기에 불가능하다
- be pleasant (for A) to-v (A가) v하기에 즐겁다

254 Bad habits are *easy* **to make** / but *hard* **to break**.
S V C₁ C₂

나쁜 습관은 만들기에 쉽다 / 그러나 깨기에 어렵다.
↳ 나쁜 버릇이 들기는 쉬워도 없애기는 어렵다.

✔ → To make bad habits is easy but to break bad habits is hard.
→ It is easy to make bad habits but hard to break bad habits.
✔ 동일어구의 생략: but 이후에 반복되는 주어와 동사(bad habits are)가 생략된 문장이다. ▶UNIT 55

255 Sharp knives are *dangerous* / **for kids to use**.
S　　　V　　　C
날카로운 칼은 위험하다　　/　아이들이 사용하기에.

→ To use sharp knives is dangerous for kids.
→ It is dangerous for kids to use sharp knives.

256 These boxes are **too** *heavy* / **to carry**.
S　　V　　　C
이 상자들은 너무 무겁다　　/　옮기기에.
이 상자들은 너무 무거워서 옮길 수 없다.

〈too 형용사/부사 (for A) to-v〉 구문은 '결과'를 나타내는 〈so+형용사/부사+that ∼〉을 이용하여 나타낼 수도 있다. ▶UNIT 46
→ These boxes are **so** heavy **that** we cannot carry them.

257 Chimpanzees are *smart* **enough** / **to use** tools.
S　　　V　　　C
침팬지들은 충분히 똑똑하다　　/　도구를 사용할 만큼.

〈형용사+enough(부사)〉 vs. 〈enough(형용사)+명사〉
enough가 부사로 사용되어 '충분히'라는 의미로 형용사를 수식할 때는 형용사 뒤에 오고, 형용사로 사용되어 '충분한'이라는 의미로 명사를 수식할 때는 명사 앞에 온다.
e.g. I don't have **enough** *money* to buy this bag. 나는 이 가방을 살 만큼 **충분한** 돈이 없다.

258 He spoke **too** *quickly* / **for me to understand**.
S　V　　M
그는 너무 빠르게 말했다　　/　내가 이해하기에.
그가 말을 너무 빨리해서 나는 이해할 수 없었다.

→ He spoke **so** quickly **that** I couldn't understand him.

259 Three days is *long* **enough** / **for visitors to look around** this city.
S　　V　　　C
3일은 충분히 길다　　/　방문객들이 이 도시를 둘러보기에.

시간의 기간, 거리, 돈의 양 등은 복수형이지만 단수 취급한다.
e.g. Five kilometers **is** a long distance to run without training.
5킬로미터는 훈련 없이 뛰기에는 긴 거리이다.

260 **To tell the truth**, / the movie wasn't very good.
M　　　　　S　　V　　　C
사실대로 말하자면,　　/　그 영화는 썩 좋지 않았다.

이렇게 관용적 어구로 자주 쓰이는 to-v구는 문장의 앞이나 중간, 또는 끝에도 위치할 수 있는데, 대부분 콤마(,)를 두므로 쉽게 알아볼 수 있다.

261 **To begin with**, / let me thank everybody here today.
M　　　　V　O　　　C
우선,　　/　오늘 여기 계신 모든 분들께 감사드립니다.

Check up **Answers** .... 본책 p.101

1　**내가 배우기에 흥미롭다** | 영문법은 내가 배우기에 흥미롭다.
2　**네 스스로를 돌볼 만큼 충분히 나이가 들었다** | 너는 네 스스로를 돌볼 만큼 충분히 나이가 들었다.
3　**훌륭한 뮤지션인 것은 말할 것도 없이** | 케이트는 훌륭한 뮤지션인 것은 말할 것도 없이 영리하고 친절하다.

분사구문의 해석

---

262 **Taking** notes, / we listened to the teacher's explanation.

필기를 하면서, / 우리는 선생님의 설명을 들었다.

cf. **Taking** notes / is an essential part (of the learning process).

필기를 하는 것은 / 필수적인 부분이다 (배우는 과정의).

✔ = **Listening to** the teacher's explanation, we took notes. 〈동시동작〉
✔ *cf.* 문장의 동명사구(Taking notes)는 주어 역할을 한다. ▶UNIT 20

---

263 **Sitting** at the window, / she appreciated the scenery outside.

창가에 앉아서, / 그녀는 바깥 풍경을 감상했다.

✔ = **Appreciating** the scenery outside, she sat at the window.

---

264 She lay awake, / **recalling** the events of the day.

그녀는 잠이 깬 채 누워 있었다. / 그날 있던 일들을 회상하며.

✔ = **Lying** awake, she recalled the events of the day.

---

265 **Entering** the hotel room, / we unpacked our luggage.

호텔 방에 들어가고 나서, / 우리는 짐을 풀었다.

✔ ← We entered the hotel room, *and* unpacked our luggage. 〈연속동작〉

---

266 The train left Seoul at 9:00, / **arriving** in Busan at 12:00.

그 기차는 9시에 서울을 떠나서, / 12시에 부산에 도착했다.

✔ ← The train left Seoul at 9:00, *and* arrived in Busan at 12:00.

---

267 **Reaching** the top (of the mountain), / we took a photograph.

정상에 도착하고 나서 (산의), / 우리는 사진을 찍었다.

✔ ← We reached the top of the mountain, *and* took a photograph.

---

268 I fell asleep / **watching** television.

나는 잠들었다 / TV를 보다가.

✔ ← I fell asleep *while* I was watching television. 〈시간〉
✔ 분사구문은 문장의 앞, 중간, 뒤에 모두 올 수 있으며, 문장 앞이나 중간에 올 경우 콤마(,)로 구분해주지만 문장 뒤에 올 경우 콤마(,) 없이 오기도 한다.
✔ 분사구문은 〈S+V ~〉 부분과의 의미 관계에 따라 알맞은 시간, 원인 등을 나타내는 접속사를 사용하여 부사절 형태로 바꿀 수 있다.
　　▶UNIT 45~47

---

269 **Being** a foreigner, / she needs a visa / to stay here.

외국인이므로, / 그녀는 비자가 필요하다 / 여기[이 나라에] 머물기 위해서.

- ← *Because[Since, As]* she's a foreigner, she needs a visa to stay here. 〈이유〉
- 접속사 as: 부사절을 이끄는 접속사 as는 문맥에 따라 '~하는 동안에(동시동작)', '~이므로(이유)' 등의 의미로 해석할 수 있다.
- to stay here는 '목적'을 나타내는 부사적 용법의 to부정사구 ▶ UNIT 29

270 Don't expect different results / **doing** the same thing / over and over again.

다른 결과를 기대하지 마라 / 똑같은 일을 하면서 / 반복해서.

- 명령문이므로 주어(you)가 생략됨
- ← Don't expect different results *when* you do the same thing over and over again. 〈시간〉

271 **Wishing** to encourage her son, / she made a special dinner.

아들을 격려하고 싶었기 때문에, / 그녀는 특별한 저녁을 만들었다.

- ← *Because[Since, As]* she wished to encourage her son, she made a special dinner. 〈이유〉

272 **Not knowing** their language, / I couldn't help the lost foreign visitors.

그들의 언어를 몰랐기 때문에, / 나는 길 잃은 외국인 관광객들을 도울 수 없었다.

- ← *Because[Since, As]* I didn't know their language, I couldn't help the lost foreign visitors. 〈이유〉

UNIT 32 주의할 분사구문의 형태

273 **(Being) Observed** from outer space, / the earth appears blue.

우주에서 관찰될 때, / 지구는 파란색으로 보인다.

- ← *When* it is observed from outer space, the earth appears blue.
- 수동태(be+p.p.) 문장이 분사구문으로 바뀌면 Being p.p. 형태가 되는데, 이때 Being은 종종 생략된다.

274 **Drawn** by a famous painter, / the picture was sold at a high price.

유명한 화가에 의해 그려져서, / 그 그림은 비싼 값에 팔렸다.

- ← *Because[As, Since]* it was drawn by a famous painter, the picture was sold at a high price.

275 **Not chosen** as the president (of our class), / I was disappointed.

반장으로 선출되지 않았을 때[반장으로 선출되지 않아서] (우리 반의), / 나는 실망했다.

- ← *When* I was not chosen as the president of our class, I was disappointed.
- ← *Because[Since, As]* I was not chosen as the president of our class, I was disappointed.
- 분사구문은 '시간', '이유' 둘 다로도 해석이 가능하다.

276 <u>Borrowed</u>^{V'} from the library,^{M'} / <u>this novel</u> <u>has to be returned.</u>
　　　　도서관에서 빌렸기 때문에, 　　　/ 　　　이 소설은 반납되어야 한다.
　　　S　　　　V

✔ ← *Because[Since, As]* it was borrowed from the library, this novel has to be returned.

Check up　Answers ·· ● 본책 p.104

1　**Surprised** | 내 발소리에 놀라서[놀랐을 때], 그 토끼는 도망쳤다.
　[해설] ← *Because[Since, As]* it **was surprised** by my footsteps, the rabbit ran away.
　　　← *When* it **was surprised** by my footsteps, the rabbit ran away.

2　**Getting** | 버스에서 내릴 때, 나는 내 버스 카드를 떨어뜨렸다.
　[해설] ← *When* I **got off** the bus, I dropped my bus card.

Chapter Exercises 07　　　　　　　　　　　　　　　　　　　　　　　　　본책 p.105

A　**1 Brought** | 미국에서 자랐으므로, 그는 영어를 유창하게 말할 수 있다.
　2 knowing | 그의 전화번호를 몰랐으므로, 나는 그에게 연락할 수 없었다.
　3 Inventing | 백열전구를 발명해서, 토머스 에디슨은 유명한 발명가가 되었다.
　4 easy enough | 이 문제는 계산기 없이도 풀기에 충분히 쉽다.
　　[해설] 〈형용사 enough (for A) to-v〉: (A가) v할 만큼[v하기에] (충분히) ~한

B　**1** ⓑ | 너를 여기서 보게 되어서 나는 정말 놀랐다.
　2 ⓒ | 길에서 100달러 지폐를 발견한 것을 보니 그녀는 매우 운이 좋은 게 틀림없다.
　3 ⓐ | 인도네시아의 한 부족은 자신들의 언어를 적기 위해서 한글을 차용했다.
　4 ⓓ | 어떤 버섯들은 먹거나 만지기에 안전하지 않다.

C　**1** ⓐ | 거리를 걷고 있을 때, 나는 유기견 한 마리를 보았다.
　2 ⓑ | 준비가 되지 않아서, 그녀는 학급에서 연설하기가 긴장되었다.

TOP 10 WORDS OF CHILDHOOD WISDOM

01 Practice makes perfect. (63%)
연습이 완벽을 만든다.

02 Treat others how you'd like to be treated. (62%)
대접 받고 싶은 대로 남에게 대접하라

03 If at first you don't succeed try, try and try again. (54%)
처음에 성공하지 못하면, 시도하고 시도하고 다시 시도하라.

04 Manners cost nothing. (52%)
좋은 매너는 돈이 들지 않는다.

05 You can't judge a book by its cover. (45%)
겉보기로 판단해서는 안 된다.

06 Good things come to those who wait. (47%)
참는 자에게 복이 있다.

07 Two wrongs don't make a right. (41%)
악을 악으로 갚아 봐야 좋을 게 없다.

08 It's not the winning, it's the taking part that counts. (38%)
중요한 것은 이기는 것이 아니라 참여하는 것이다.

09 Never say never. (37%)
결코 아니라고 말하지 마라. (불가능은 없다, 좌절하지 말아라.)

10 There's no time like the present. (34%)
지금이 적기이다.

– 2014년 영국의 아동자선기관인 NSPCC의 설문 조사 결과로, 아이들이 자신의 삶을 형성하는 데 가장 큰 영향을 미치는 속담을 조사하였다.

문장의 확장, 절

UNIT 33 that절

277 **That** he told a lie // is obvious.
그가 거짓말을 했다는 것은 // 명백하다.

278 **It** is obvious // **that** he told a lie.
S(가주어) V C S'(진주어)
(~은) 명백하다 // 그가 거짓말을 했다는 것은.

279 **It** is a pity // **that** you missed / the beginning (of the concert).
S(가주어) V C S'(진주어)
(~은) 유감이다 // 네가 놓친 것은 / 시작을 (콘서트의).

280 Is **it** true // **that** you are moving away / next week?
V S(가주어) C S'(진주어)
(~이) 사실이니 // 네가 떠난다는 것이 / 다음 주에?

✔ 여기서 현재진행형(be+v-ing)은 미래의 의미 ▶UNIT 08

281 The astronomer said // **(that)** people would live / on other planets / someday.
S V
그 천문학자는 말했다 // 사람들이 살게 되리라는 것을 / 다른 행성에서 / 언젠가.

✔ 목적어 자리에 쓰인 명사절 접속사 that은 생략 가능하다.
✔ 주절이 과거시제이면 명사절에서 will은 과거형인 would가 되어야 한다.
The astronomer **said**, "People **will** live on other planets someday."
→ The astronomer **said** (that) people **would** live on other planets someday.
✔ 목적어로 that절을 취하는 대표 동사
• 알다, 생각하다: know, find, think, believe, remember 등
• 말하다: say, promise, agree, explain, show 등
• 명령, 요구, 제안, 주장 등: order, ask, require, request, suggest, insist 등

282 I told her // **(that)** I could come back to work / this Friday.
S V IO DO
나는 그녀에게 말했다 // 내가 업무에 복귀할 수 있다고 / 이번 주 금요일에.

283 I hope // **(that)** this new year will bring you / better luck.
S V DO
나는 바랍니다 // 이번 새해가 당신에게 가져다주기를 / 더 좋은 행운을.

284 Remember // **(that)** sometimes / silence is the best answer. —Dalai Lama
V
(~을) 기억하라 // 때때로 / 침묵이 최고의 답이라는 것을.

285 <u>Her contact</u> <u>reminded</u> <u>us</u> // <u>(that)</u> we had an appointment.
S · V · IO · DO

그녀의 연락은 우리에게 상기시켜주었다 // 우리가 약속이 있다는 것을.

✔ **appointment vs. plan vs. promise**
- appointment: 돈을 지불하거나 공적으로 정해진 일정(병원 예약, 미팅 등)
- plan: 일상적인 약속 및 계획
- promise: 상대방에게 무엇인가를 하겠다는 약속

  e.g. I have a doctor's **appointment** at 1 p.m. 나는 오후 1시에 병원 **예약**이 있다.
  I have **plans** with my friends tonight. 나는 오늘 밤에 친구들과 **약속**이 있다.
  She made a **promise** to come back at 1 o'clock. 그녀는 1시에 돌아오겠다고 **약속**했다.

286 <u>History</u> <u>shows</u> <u>us</u> // <u>(that)</u> language and communication evolve / through time.
S · V · IO · DO · M

역사는 우리에게 보여준다 // 언어와 의사소통이 발달한다는 것을 / 시간이 지나면서.

287 <u>Your problem</u> <u>is</u> // <u>that you think too much.</u>
S · V = · C

너의 문제는 ∼이다 // 네가 생각을 너무 많이 한다는 것.

288 <u>My wish</u> <u>is</u> // <u>that I get a new smartphone / on my birthday.</u>
S · V = · C

나의 소원은 ∼이다 // 내가 새 스마트폰을 받는 것 / 내 생일에.

Check up **Answers** ···•· 본책 p.111

1 ⓒ, 사실은 아무도 그 정답을 확실히 모른다는 것이다.
2 ⓑ, 나중에, 우리는 우리가 같은 고등학교에 다니는[다닌] 것을 알게 되었다.
3 ⓐ, 해수면이 높아지고 있다는 것이 많은 과학자들에 의해 보고되어 왔다.

UNIT **3 4** whether/if절

289 **Whether** <u>he will pass the exam</u> // <u>is not certain yet.</u>
S · V C M

그가 시험에 합격할지는 // 아직 확실하지 않다.

✔ ← **Will he** pass the exam?

290 <u>**It**</u> <u>is</u> <u>not certain</u> <u>yet</u> // <u>**whether[if]** he will pass the exam.</u>
S(가주어) V · C · M · S'(진주어)

(∼은) 아직 확실하지 않다 // 그가 시험에 합격할지는.

291 **Whether** <u>yawning is passed / from person to person</u> // <u>is not clear.</u>
S · V C

하품하는 것이 전염되는지는 / 사람 사이에 // 분명하지 않다.

✔ = **It** is not clear **whether[if]** yawning is passed from person to person.
✔ ← **Is yawning** passed from person to person?

292 **It** doesn't matter // **whether[if]** you succeed or fail. The attempt is valuable.
S(가주어) V S′(진주어) S V C
(~은) 중요하지 않다 // 당신이 성공하는지 실패하는지는. 시도가 가치 있다.

293 With a lie detector, / you can see // **whether[if]** someone is lying.
M S V O
거짓말 탐지기로, / 당신은 알 수 있다 // 누군가가 거짓말을 하고 있는지.

✔ ← **Is someone** lying?
✔ Yes/No 의문문 어순의 〈(조)동사+S′ ~?〉가 절이 되면서 〈S′+(조)동사 ~〉 어순이 된다.

294 He asked me // **whether[if]** I could share my thoughts (on the problem).
S V IO S′ V′ DO
그는 내게 물었다 // 내가 생각을 공유해줄 수 있는지 (그 문제에 대한).

295 Going on a school trip / depends on // **whether** it rains or not.
S V 전 S′ V′
전치사의 목적어
학교 소풍을 가는 것은 / (~에) 달려 있다 // 비가 올지 안 올지에.

✔ 동명사 주어(Going ~ trip)는 단수동사(depends)로 받는다. ▶UNIT 20
✔ 여기서 it은 '날씨'를 나타내는 비인칭 주어이다. ▶UNIT 52
✔ 자동사 depend와 전치사 on이 합쳐져 depend on(~에 달려 있다[의지하다])이라는 구동사가 된다.

296 The question is // **whether** there is life / on Mars.
S V V′ S′ M′
= C
문제는 ~이다 // 생명체가 있는지 / 화성에.

✔ ← **Is there** life on Mars?

297 The problem is // **whether** I can finish the assignment / on time.
S V S′ V′ O′ M′
= C
문제는 ~이다 // 내가 과제를 끝낼 수 있는지 / 제시간에.

Check up **Answers** ●·· 본책 p.113

1 ⓑ, 나는 그가 집에 있는지 모른다.
2 ⓒ, 내 관심사는 그녀가 올지 안 올지이다.
3 ⓐ, 그 계획이 효과적일지는 예측될 수 없다.

298　Why dinosaurs became extinct // is still unclear.
S / V / C

공룡들이 왜 멸종되었는지는　　//　　여전히 불확실하다.

- ← **Why did dinosaurs become** extinct?
- 의문사절이 주어인 경우에도 가주어 it을 문장 앞에 두고, 의문사절을 문장 뒤로 보낼 수 있다.
  It is still unclear **why dinosaurs became extinct**.
  가주어　　　　　　　　　　진주어

299　Do you know // **what** the name (of this flower) is?
S / V / O

너는 아니　//　(이 꽃의) 이름이 무엇인지?

- ← **What is** the name of this flower?

300　How people treat you // tells you about them.
S / V / O / M

사람들이 당신을 어떻게 대하는지가　//　당신에게 그들에 대해 말해준다.

- ← **How do people treat** you?

301　Someone asked me // **what** LOL stood for.
S / V / IO / DO

누군가 내게 물었다　//　LOL이 무엇을 의미하는지를.

- ← **What did LOL stand** for?
- LOL(lol)은 주로 미국의 인터넷 상에서 웃음을 나타내는 표현으로 'laugh out loud(크게 웃다)' 또는 'lots of laughs(많은 웃음)' 등의 약자이다.

302　A: I was wondering // **where** you bought that shirt. It's really nice.
S / V / O / S V C

나는 궁금했어　//　네가 그 셔츠를 어디에서 샀는지.　그것은 정말로 멋져.

B: Oh, really? Yeah, I actually bought it / on the Internet / just last week!
S / V O / M / M

아, 그래?　나는 사실 그것을 샀어　/　인터넷에서　/　바로 지난주에!

- ← **Where did you buy** that shirt?

303　Scientists discovered // **what** causes cancer.
S / V / O

과학자들은 발견했다　//　무엇이 암을 유발하는지.

- ← **What causes** cancer?
- '암을 유발하는 인자'는 변치 않는 일반적 사실이므로, 시제 일치를 적용하지 않고 현재시제(causes)가 쓰였다. ▶UNIT 06

304　Who made the sculpture // is still unknown.
S / V / C

누가 그 조각품을 만들었는지는　//　아직까지 알려지지 않았다.

- ← **Who made** the sculpture?
- = It is still unknown who made the sculpture.

305 Let's choose // **which of us** will bring a tent / on the trip.

V
선택하자 // 우리 중에 누가 텐트를 가지고 올지 / 여행에.

← **Which of us will bring** a tent on the trip?

Check up Answers ━━━━━━━━━━━━━━━━━━━━━━━━━━━━━━━ 본책 p.115

1 **why the First World War broke out** 해설 ← Why did the First World War break out?
2 **where the bus stop is** 해설 ← Where is the bus stop?
3 **what happened to him** 해설 ← What happened to him?

UNIT 36 의문사절 Ⅱ

306 I don't know // **how** the YouTube algorithm works.

나는 모르겠다 // 어떻게 유튜브 알고리즘이 작동하는지.

← **How does the YouTube algorithm work**?

307 The question was // **how long** the battery would last.

문제는 ~였다 // 그 배터리가 얼마나 오래 지속될 것인지.

← **How long would the battery last**?
그 외에 how 뒤에 오는 형용사/부사
• how soon ((시간)) 얼마나 곧 • how fast ((속도)) 얼마나 빨리

308 Can you guess // **how much water** we should drink everyday?

추측할 수 있겠니 // 얼마나 많은 물을 우리가 매일 마셔야 하는지?

← **How much water should we drink** everyday?

309 **How hard** climbing Everest is // is beyond your imagination.

에베레스트를 등반하는 것이 얼마나 힘든지는 // 당신의 상상 이상이다.

← **How hard is climbing Everest**?

310 Find out // **how often** the information is updated.

알아봐라 // 얼마나 자주 정보가 갱신되는지.

← **How often is the information updated**?

311 The number (of growth rings) / shows // **how *old*** the tree is.
S ／ V ／ O
수가　　　　　　　　　(나이테의)　／　보여준다　//　그 나무가 몇 살인지를.

✔ ← How old is the tree?
✔ ⟨the number of+복수명사+단수동사⟩: ~의 수
the number가 주어의 핵심이 되는 부분이고 of 이하는 the number를 수식하는 ⟨전치사+명사⟩구이므로, 동사는 the number에 맞추어 단수동사를 쓴다.
cf. ⟨a number of+복수명사+복수동사⟩: 다수의 ~

312 We are discussing // **what *kind of cat*** we will raise.
S　V ／ O
우리는 논의 중이다　　//　우리가 무슨 종류의 고양이를 키울지를.

✔ ← What kind of cat will we raise?

313 The main thing is // **whose *name*** comes first / on our team report.
S　V ／ C ／ M
중요한 것은 ~이다　//　누구의 이름이 먼저 오는지　/　우리의 팀 보고서에.

✔ ← Whose name comes first on our team report?

314 **Which *major*** you choose // can affect your future.
S ／ V ／ O
네가 어떤 전공을 선택하는지는　　//　너의 미래에 영향을 미칠 수 있다.

✔ ← Which major do you choose?

315 A: **What** / *do you think* // the answer is?
의문사 ／ S　V ／ O
무엇이　/　네가 생각하기에　//　정답이니?

B: I think // (that) the answer is B.
S　V ／ O
나는 (~라고) 생각해 //　정답이 B라고.

✔ Do you think + **what is the answer**?
✔ think의 목적어 자리에 쓰인 명사절을 이끄는 that이 생략되었다. ▶UNIT 33

316 **How** / *do you believe* // the increasing population will affect society?
의문사 ／ S　V ／ O
어떻게　/　당신이 생각하기에　//　증가하는 인구가 사회에 영향을 미치겠습니까?

✔ Do you believe + **how will the increasing population affect society**?
✔ increasing은 뒤의 명사 population을 수식하는 현재분사(v-ing)이다. ▶UNIT 27

317 **Where** / *do you suppose* // the best place (for a date) is?
의문사 ／ S　V ／ O
어디가　/　네가 생각하기에　//　(데이트하기에) 가장 좋은 장소니?

✔ Do you suppose + **Where is the best for a date**?

A **1** <u>whether the reviews are good or bad</u>, **평가들이 좋은지 나쁜지** | 영화의 성공은 평가들이 좋은지 나쁜지에 달려 있다.

2 <u>that reading is good for relieving stress</u>, **독서가 스트레스 해소에 좋다는 것** | 독서가 스트레스 해소에 좋다고 한다.

3 <u>how far the nearest bank is</u>, **가장 가까운 은행이 얼마나 멀리 있는지** | 너는 가장 가까운 은행이 얼마나 멀리 있는지 아니?

4 <u>how he won the race</u>, **그가 어떻게 경주를 이겼는지** | 내 관심사는 그가 어떻게 경주를 이겼는지이다.

B **1** **who** | 누가 주스를 원하는지 말해줘.

해설 who가 의문사 주어로 쓰였다.

2 **which** | 너는 어떤 배우들이 MTV 시상식에 올지 추측할 수 있니?

3 **how** | 당신은 거미줄이 얼마나 강한지 믿지 못할 것이다.

C **1** that I was being chased by a monster

2 if we can find the answer on the Internet

3 What do you think I should do first

해설 의문사+do you think+S′+V′ ~?

U N I T
3 7

주격 관계대명사 who, which, that

318 I met *a professor* [**who** gave a lecture (on literature)].
S V O ⌐S' V' O'
나는 교수님 한 분을 만났다 [강연을 하신 (문학에 대해)].

✔ I met *a professor*. + **He/She** gave a lecture on literature.

319 To reduce acne, / choose *products* [**which** are oil-free].
M V O ⌐S' V' C'
여드름을 줄이기 위해서, / 제품을 선택해라 [유분이 없는].

✔ To reduce acne, choose *products*. + **They** are oil-free.

320 Helen Keller was *a great woman* [**who** got over many difficulties].
S V C ⌐S' V' O'
헬렌 켈러는 위대한 여성이었다 [많은 어려움을 극복한].

✔ Helen Keller was *a great woman*. + **She** got over many difficulties.

321 Honey is *a food* [**which** doesn't spoil].
S V C ⌐S' V'
꿀은 식품이다 [상하지 않는].

✔ Honey is *a food*. + **It** doesn't spoil.

322 I have not failed. I've just found *10,000 ways* [**that** won't work]. —Thomas Edison
S V S V O ⌐S' V'
나는 실패한 일이 없다. 나는 단지 만 가지 방법들을 발견한 것이다 [효과가 없을].

✔ I've just found *10,000 ways*. + **They** won't work.

Check up **Answers** ●● 본책 p.122

1 **who** | 나는 옆집에 사는 소녀를 보았다. 해설 선행사(the girl)가 사람
2 **which** | 나는 오전 11시에 시작하는 수업이 있다. 해설 선행사(a class)가 사람이 아님
3 **who** | 연구원은 한 주제를 연구하는 사람이다. 해설 선행사(someone)가 사람
4 **which** | 그는 바위 밑에 숨어 있는 뱀을 발견했다. 해설 선행사(a snake)가 사람이 아님

323 *The bus* [**that** goes to the shopping centers] / runs every half hour.
S ⌐S' V' M' V M
버스는 [쇼핑센터로 가는] / 30분마다 운행한다.

✔ *The bus* runs every half hour. + **It** goes to the shopping centers.

324 *The river* [**which** flows through the two countries] / is polluted.
S ⌐S' V' M' V
그 강은 [두 나라를 관통하여 흐르는] / 오염되었다.

✔ *The river* is polluted. + **It** flows through the two countries.

325 *The students* [who^{S'} were^{V'} absent^{C'} from class^{M'}] / were not allowed to participate
in the activity.

학생들은 　　　　　　[수업에 결석한] 　　　　　 / 　　 그 활동에 참여할 수 없었다.

> ✔ *The students* were not allowed to participate in the activity. + **They** were absent from class.

325 *The students* [who^{S'} were absent^{V' C'} from class^{M'}] / were not allowed to participate^{V　　　C}
in the activity.

학생들은　　　　　　　[수업에 결석한]　　　　　　 / 　그 활동에 참여할 수 없었다.

> ✔ *The students* were not allowed to participate in the activity. + **They** were absent from class.

Check up **Answers** ··· ● 본책 p.123

1 [who gave birth to four babies], is | 네 명의 아기를 낳은 여자가 지금 텔레비전에 나온다. 해설 선행사가 A woman(단수)
2 [that was 200 minutes long], was | 상영 시간이 200분인 그 영화는 (내용을) 이해하기에 어려웠다. 해설 선행사가 The film(단수)
3 [that never make a mistake], don't | 결코 실수를 하지 않는 사람들은 (앞으로) 전진하지 않는다. 해설 선행사가 People(복수)

UNIT
3 8

목적격 관계대명사 who(m), which, that

326 I ran into *an old friend* [who(m)^{O'S'} I missed^{V'} ● for years^{M'}].
　　　S　V　　　　　O

나는 우연히 옛 친구와 마주쳤다　　　　　 [내가 수년간 보고 싶어 한].

> ✔ I ran into *an old friend*. + I missed **him/her** for years.

327 Basketball is *the sport* [which^{O'S'} I like^{V'} ● most^{M'}].
　　　　S　V　　C

농구는 스포츠이다　　　 [내가 가장 좋아하는].

> ✔ Basketball is *the sport*. + I like **it** most.

328 *The shoes* [that^{DO'S'} I bought^{V'} him^{IO'} ●] / were on sale.
　　　S　　　　　　　　　 / 　V　　 C

신발은　　　 [내가 그에게 사준]　　　 / 　세일 중이었다.

> ✔ *The shoes* were on sale. + I bought him **them**.
> ✔ 목적어가 두 개인 문장(SVOO문형)에서는 목적격 관계대명사가 두 개 중 하나의 목적어 역할을 하고, 나머지 하나의 목적어는 동사 뒤에 그대로 남는다.

329 After graduation, / I visited *a teacher* [who^{O'S'} I admired^{V'} ●].
　　　M　　　　　S　V　　　O

졸업 후에,　　　 / 　나는 선생님 한 분을 찾아뵈었다　　 [내가 존경한].

> ✔ After graduation, I visited *a teacher*. + I admired **him/her**.

330 *The pill* [that^{O'S'} I took^{V'} ● last night^{M'}] / made me sleepy.
　　　S　　　　　　　　　　 / 　V　O　C

그 알약은　　　 [내가 어젯밤에 먹은]　　　 / 　나를 졸리게 만들었다.

> ✔ *The pill* made me sleepy. + I took **it** last night.

Check up **Answers** ··· ● 본책 p.124

1 whom | 그녀는 부모님이 좋아하시지 않는 사람과 결혼했다.
2 which | 네가 찾은 네잎클로버가 너에게 행운을 가져다줄 것이다.

331 She is ***the best student*** [**that** I have taught ● English].

그녀는 최고의 학생이다   [내가 영어를 가르쳤던].

 ☘ She is ***the best student***. + I have taught **her** English.

332 I found ***an interesting book*** [**that** I wanted to read ●].

나는 흥미로운 책을 찾았다   [내가 읽고 싶던].

 ☘ I found ***an interesting book***. + I wanted to read **it**.

333 He is ***the customer*** [**who** I sent ● a discount coupon].

그는 고객이다   [내가 할인쿠폰을 보낸].

 ☘ He is ***the customer***. + I sent **him** a discount coupon.

334 The store didn't have ***the jeans*** [**which** I wished to buy ●].

그 가게에는 청바지가 없었다   [내가 사기를 원한].

 ☘ The store didn't have ***the jeans***. + I wished to buy **them**.

335 I found ***the earbuds*** [(which[that]) I lost ● yesterday].

나는 초소형 이어폰을 찾았다   [내가 어제 잃어버린].

 ☘ I found ***the earbuds***. + I lost **them** yesterday.

336 ***The food*** [(which[that]) you eat ●] / can be a powerful form of medicine.

음식은   [당신이 먹는]   /   일종의 강력한 약이 될 수 있다.

 ☘ ***The food*** can be a powerful form of medicine. + You eat **it**.

337 ***Having someone*** [(who(m)[that]) you can trust ● completely] / is a great thing.

누군가를 갖는 것은   [당신이 전적으로 믿을 수 있는]   /   아주 멋진 일이다.

Check up **Answers** •• ● 본책 p.125

1 The cap [✔you are wearing] looks good on you. | 네가 쓰고 있는 모자는 너에게 잘 어울린다.
2 I lost the cell phone [✔my mom bought me last month]. | 나는 엄마가 지난달에 사주신 휴대전화를 잃어버렸다.
3 For your future career, think about subjects [✔you like to study] first. | 너의 장래 직업을 위해, 네가 공부하기 좋아하는 과목들에 대해 먼저 생각해봐라.

해설 1~3 모두 목적격 관계대명사 which[that]가 생략되었다.

관계대명사 whose

338 ***A person*** [**whose *spouse*** is a smoker] / may have a greater risk

S · V · C · V · O

사람은　　　　　[그 사람의 배우자가 흡연자인]　　/　　위험이 더 클 수도 있다

(of lung cancer).

(폐암의).

☞ ***A person*** may have a greater risk of lung cancer. + **His/Her *spouse*** is a smoker.

339 I apologized / to ***the woman*** [**whose *coffee*** I spilled ●].

S · V · 전 · 전치사의 목적어

나는 사과했다　　/　　그 여자에게　　[그녀의 커피를 내가 엎지른].

☞ I apologized to ***the woman***. + I spilled **her *coffee***.

340 A strawberry is / ***a unique fruit*** [**whose *seeds*** grow on the outside].

S · V · C · S' · V' · M'

딸기는 ~이다　　/　　독특한 과일　　[그것의 씨가 겉에서 자라는].

☞ A strawberry is ***a unique fruit***. + **Its *seeds*** grow on the outside.

341 ***The movie*** [**whose *plot*** I didn't understand ●] / wasn't a big hit.

S · O'·S' · V' · V · C

그 영화는　　　[그것의 줄거리를 내가 이해하지 못한]　　/　　크게 흥행하지 못했다.

☞ ***The movie*** wasn't a big hit. + I didn't understand **its *plot***.

Check up **Answers** ....●본책 p.126

1 **whose** | 나는 남자 형제가 배우인 친구가 있다. **해설** I have ***a friend***. + **His/Her brother** is an actor.
2 **whose** | 그녀는 가격이 적당한 카메라를 찾았다. **해설** She found ***a camera***. + **Its price** was reasonable.
3 **whom** | 개들이 신뢰하는 어떤 인간이든 신뢰할 수 있다.
　　해설 You can trust ***any human***. + **Dogs** trust **them**.
　　네모 뒤에 나오는 dogs를 any human과 소유 관계로 착각하지 않도록 주의한다.
4 **who** | 그녀는 선물을 통해 사랑을 보여주는 사람이다. **해설** She is ***someone***. + **She** shows love through gifts.

전치사＋관계대명사

342 That's ***the girl*** [***with*** whom I'm in love ●].

S · V · C · S'·V'

저 소녀가 바로 그 소녀이다　　　[내가 사랑에 빠진].

= That's ***the girl*** [(who(m)) I'm in love ***with*** ●].

S · V · C

☞ 〈전치사＋관계대명사〉 주의 사항
　① 관계대명사 who, that은 〈전치사＋관계대명사〉의 형태로 쓸 수 없다.
　② 전치사가 관계대명사절의 끝에 올 경우에만 목적격 관계대명사를 생략할 수 있으며,
　　〈전치사＋관계대명사〉 형태일 때는 관계대명사를 생략할 수 없다.

343 Don't talk about *things* [(that) you know nothing *of* ●].

V 전 전치사의
목적어

(~한) 것들에 대해서 말하지 마라   [네가 전혀 모르는].

✔ 이 경우 관계대명사 that은 생략이 가능하다.
✔ 관계대명사 that은 〈전치사+관계대명사〉 형태 불가
  cf. Don't talk about things *of* that you know nothing. (×)

---

344 *The jungle* [*in* which the tribe lived ●] / was full of strange plants.

S   V   C

정글은   [그 부족이 사는]   /   낯선 식물들로 가득 차 있었다.

✔ = *The jungle* (which[that]) the tribe lived *in* was full of strange plants. (which[that] 생략 가능)

---

345 The mind is *the root* [*from* which all things grow ●]. −Bodhidharma ((달마))

S V   C

마음은 뿌리이다   [그것으로부터 모든 것들이 자라는].

✔ = The mind is *the root* (which[that]) all things grow *from*. (which[that] 생략 가능)

Check up **Answers** ....• 본책 p.127

1 I got the job [✔I applied for last month]. | 나는 지난달에 지원한 일자리를 얻었다.
   해설 I got *the job*. + I applied *for* it last month.
2 The chair [✔he sat down on] was broken. | 그가 앉은 의자가 부러졌다.
   해설 *The chair* was broken. + He sat down *on* it.
3 That's the man [✔I made my complaint to]. | 저 사람이 내가 내 불만을 얘기했던 사람이다.
   해설 That's *the man*. + I made my complaint *to* him.

UNIT
4 1   관계부사 when, where, why, how

346 Dinner is *quality time* [**when** families can have a conversation].

S V   C   M' S' V' O'

저녁 식사는 귀중한 시간이다   [가족들이 대화를 나눌 수 있는].

✔ ← Dinner is *quality time*. + Families can have a conversation *at* that quality time.

---

347 The library is *an interesting place* [**where** students can find hidden treasures].

S V   C   M' S' V' O'

도서관은 흥미로운 곳이다   [학생들이 숨겨진 보물을 찾을 수 있는].

✔ ← The library is *an interesting place*. + Students can find hidden treasures *in* that interesting place.
✔ 여기서 interesting과 hidden은 각각 뒤에 오는 명사 place와 treasures를 수식하는 분사이다. ▶UNIT 26

---

348 This book gives *reasons* [**why** the Roman Empire failed].

S V   O   M' S' V'

이 책은 이유들을 제시해준다   [로마 제국이 실패한].

✔ ← This book gives *reasons*. + The Roman Empire failed *for* the reasons.

349 Spring is (*the time*) [when everything starts growing].

S V C
봄은 ~(때)이다   [모든 것이 자라기 시작하는 때].

✔ '시간, 장소, 이유'를 뜻하는 대표적인 선행사인 the time, the place, the reason은 생략되고 when, where, why만 남을 수 있다.

350 Is this (*the place*) [where you often hang out with your friends]?

V S C
이곳이 ~(장소)이니   [네가 친구들과 자주 시간을 보내는 장소]?

351 Can you tell me (*the reason*) [why you didn't call me yesterday]?

S IO DO

V
나에게 ~(이유)를 말해줄 수 있니   [어제 네가 내게 전화하지 않은 이유]?

✔ 일반적인 '장소, 시간, 이유'를 나타내는 관계부사의 선행사가 생략되면 관계부사절을 명사절처럼 해석할 수도 있다.

352 *The day* [(when) Korea became independent] / was August 15, 1945.

S V C
날은   [한국이 독립한]   /   1945년 8월 15일이었다.

353 One of *the reasons* [(why) you can get a cold] / is lack of vitamin C.

S V C
이유들 중의 하나는   [네가 감기에 걸릴 수 있는]   /   비타민 C의 부족이다.

✔ 주어의 핵심이 되는 단어는 One이므로 단수동사 is를 썼다. the reasons를 주어로 착각하지 않도록 주의해야 한다.

354 The cook never tells // how[the way] he makes his special sauce.

S V O
그 요리사는 절대 얘기하지 않는다 //   자신의 특별한 소스를 만드는 방법을.

355 A: Do you know *a way* [I can make friends easily]?

S O

V
너는 방법을 아니   [내가 쉽게 친구를 사귈 수 있는]?

B: Say "hello" to others first // and be nice to everyone.

V₁ O₁ M₁ V₂ C₂ M₂
다른 사람들에게 먼저 '안녕'이라고 말해 //   그리고 모든 사람에게 친절하게 대해.

✔ A = Do you know **how** I can make friends easily?
✔ 관계부사 how는 the way (that), the way in which로 대신할 수 있다.
  e.g. Digital devices have changed **the way (that)** people live. 디지털 기기는 사람들이 사는 방식을 바꿨다.
    Digital devices have changed **the way in which** people live.

356 It's important to know // how you manage the stress in your life.

S(가주어) V C S'(진주어)
아는 것이 중요하다   //   삶에서 스트레스를 해소하는 방법을.

✔ = It's important to know *the way* (that[in which]) you manage the stress in your life.
✔ how가 이끄는 절이 진주어 내에서 to know의 목적어 역할을 한다.

1 **where, [where I used to live]** | 내가 살던 동네는 아주 평화롭고 조용했다.

2 **how, [how you think and act]** | 생각하고 행동하는 방법을 바꾸는 데는 시간과 노력이 든다.

3 **why, [why you didn't hand in the report today]** | 오늘 보고서를 제출하지 않은 이유를 내게 말해줄 수 있니?
   [해설] 선행사 the reason 생략

4 **when, [when the accident happened]** | 그 사고가 발생한 시각은 여섯 시였다.

Chapter Exercises 09

A 〈보기〉 책상 위에 있던 펜이 사라졌다.

1 <u>Some people</u> [who travel overseas] | 해외로 여행하는 일부 사람들은 문화충격을 경험한다.

2 <u>all the money</u> [that he had earned] | 그는 자신이 벌어 온 모든 돈을 기부하기로 결심했다.

3 <u>people</u> [you can count on] | 당신이 믿을 수 있는 사람들과 함께 시간을 보내라.

4 <u>The clothing store</u> [where I often shop] | 내가 종종 쇼핑하는 옷가게가 문을 닫을 예정이다.

5 <u>The moment</u> [a human first set foot on the moon] | 인간이 처음 달에 발을 디뎠던 순간은 결코 잊히지 않을 것이다.

B 1 **has** | 세 마리의 개를 기르는 내 친구는 할 일이 많다.
   [해설] My friend가 주어이고 who ~ dogs는 주어를 수식하는 관계대명사절이므로 단수동사 has가 적절하다.

2 **in which** | 행동은 모든 사람이 자신들의 이미지를 보여주는 거울이다.
   [해설] Behavior is **the mirror**. + Everyone shows their image **in it**.

3 **why** | 수온 상승이 많은 물고기가 죽어가는 이유이다.
   [해설] 선행사 the reason이 생략되었다.

4 **whose** | 지갑을 도둑맞은 그 남자가 경찰을 불렀다.
   [해설] **The man** called the police. + His **wallet** was stolen.

C 1 where the first World Cup took place

2 which comes from fats

UNIT
4 2 콤마(,) 뒤의 관계대명사절

357 I finished reading ***the books***, // **which** I borrowed / from the library.
S ～ V ～ O ～ O'·S' V ～ M'
나는 책들을 읽는 것을 끝냈다. // 그런데 그것들은 내가 빌린 것이다 / 도서관에서.

cf. I finished reading ***the books*** [**which** I borrowed / from the library].
S ～ V ～ O ～ M'
나는 책들을 읽는 것을 끝냈다 [내가 빌린 / 도서관에서].

✔ **357** = I finished reading the books, ***and*** I borrowed ***them*** from the library.
읽어야 할 책을 모두 읽은 이미 분명한 상황에서의 표현이다. 즉, 관계대명사절은 '책들'에 대한 보충 설명에 해당한다.

✔ ***cf.*** 콤마가 없는 관계사절은 선행사인 '책들'이 어떤 책들인지를 밝혀주는 필수 정보이다. 즉, 도서관에서 빌린 책 외에 읽어야 할 책이 더 있을 수도 있는 상황에서의 표현이다.

358 The *Mona Lisa* was painted / by ***Leonardo da Vinci***, // **who** was also an engineer
S ～ V ～ M ～ S' V'
'모나리자'는 그려졌다 / 레오나르도 다 빈치에 의해, // 그런데 그는 또한 기술자이자 발명가였다.

and inventor.
C'

✔ = The *Mona Lisa* was painted by Leonardo da Vinci, ***and he*** was also an engineer and inventor.

✔ 콤마 뒤의 관계사절은 고유명사나 유일한 대상과 같은 특정한 사람, 사물을 보충 설명할 수 있다. 선행사인 Leonardo da Vinci가 누구인지 이미 분명한 상황이므로, 그에 대한 보충 설명만 나올 수 있다.

359 The teacher scolded ***my son***, // **who** was caught cheating / during his finals.
S ～ V ～ O ～ S' V' C' M'
선생님은 내 아들을 야단쳤다. // 왜냐하면 그가 부정행위를 하다 걸렸기 때문이다 / 기말 시험에서.

✔ = The teacher scolded my son, ***because he*** was caught cheating during his finals.

✔ 아들이 하나밖에 없을 때 콤마 뒤의 관계사절로 보충 설명할 수 있다. 즉 어떤 아들을 말하는지가 이미 분명한 상황인 것이다.

360 I miss ***my parents***, // **whom** I haven't seen / for months.
S ～ V ～ O ～ O'·S' V' M'
나는 내 부모님이 그립다. // 왜냐하면 나는 그들을 보지 못했기 때문이다 / 몇 달 동안.

✔ = I miss my parents, ***because*** I haven't seen ***them*** for months.

✔ my parents가 누구인지는 이미 분명하므로 그에 대한 보충 설명이 나온 것이다.

361 Last month I bought ***new clothes***, // **which** I don't like now.
M ～ S ～ V ～ O ～ O'·S' V' M'
지난달 나는 새 옷들을 샀다. // 하지만 나는 지금 그것들을 좋아하지 않는다.

✔ = Last month I bought new clothes, ***but*** I don't like ***them*** now.

✔ 지난달에 산 새 옷들을 지금은 모두 좋아하지 않는 상황에서 쓸 수 있는 표현이다.

362 I walk to school / with a friend (called ***Ann***), // **whose** house is next door to mine.
S ～ V ～ M ～ M ～ S' V' C'
나는 학교에 걸어서 간다 / 친구와 함께 (앤이라고 불리는), // 그리고 그녀의 집은 내 (집의) 옆집이다.

✔ = I walk to school with a friend called Ann, ***and her house*** is next door to mine.

✔ 선행사 Ann은 이미 누구인지 분명한 상황이므로 그에 대한 보충 설명이 나온 것이다.

✔ 과거분사구 called Ann이 명사 a friend를 뒤에서 수식하고 있다. ▶UNIT 26

✔ mine = my house

363 *The climbers*, / **who** reached the top (of the mountain), // were exhausted.
　　　　　S　　　　　　S'　　V'　　　　　O'　　　　　　　　　　V　　　C

등반가들은, / 그들은 (모두) 산 정상에 도착했는데, // 기진맥진했다.
↳ 등반가들은 (모두) 산 정상에 도착했고, 그들은 기진맥진했다.

✔ = The climbers reached the top of the mountain, **and they** were exhausted.
　　콤마 뒤의 관계사절은 등반가들 모두가 산 정상에 도착했고, 그들이 기진맥진했다는 것을 의미한다.
✔ 콤마 뒤의 관계사절은 주어와 동사 사이에 삽입되어 쓰이기도 한다.
✔ 콤마가 없는 관계사절은 '산 정상에 도착한' 등반가가 기진맥진했다는 것을 나타낸다. 즉, 산 정상에 도착하지 못한 다른 등반가들이 있는
　　상황에서의 표현이다.
　　cf. The climbers [**who** reached the top of the mountain] / were exhausted. 산 정상에 도착한 등반가들은 기진맥진했다.
　　　　S↑[　　　　　　　　　　　　　　] / 　V　　　C

---

364 *Deserts are getting bigger*, // **which** means / that the land (for farming) /
　　　　S　　　V　　　　　C　　　　　　　　S'　V'　　　　　　　　　　　　　　　　/
사막 지역이 점점 커지고 있다. // 그리고 이것은 의미한다 / 땅이 (경작할) /

is decreasing.
　　O'
감소하고 있다는 것을.

✔ = Deserts are getting bigger, **and it** means that the land for farming is decreasing.
　　　　　　　　　　　　　　　　　└──=──┘
　　it은 앞 절 전체의 내용을 가리킨다.
✔ 앞에 나온 어구나 절을 대신하는 which가 주격 관계대명사로 쓰이는 경우, 선행사를 단수 취급하여 관계사절 동사도 단수로 일치시킨다.

---

365 I wanted / *to finish my homework by yesterday*, // **which** was impossible.
　　S　V　　　　　　　　O　　　　　　　　　　　　　　　　　S'　V'　　C'
나는 원했다 / 어제까지 내 숙제를 끝내기를, // 하지만 그것은 불가능했다.

✔ = I wanted to finish my homework by yesterday, **but it** was impossible.
　　　　　　　└──────────=──────────┘
　　it은 앞에 나온 to부정사구(to finish ~ by yesterday)를 가리킨다.
✔ 선행사(to-v구)를 단수 취급하여 관계사절 동사로 was가 왔다.

Check up **Answers** ⋯⋯ ● 본책 p.135

1　ⓐ **해설** which가 이끄는 관계사절의 선행사는 바로 앞에 나오는 row가 아니라 five seats이므로 복수동사 are가 쓰였다.
　　　ⓑ → There are five seats in the front row which are not taken.
2　ⓑ **해설** ⓐ → I have a sister, who is entirely different from me in character.

UNIT
43 콤마(,) 뒤의 관계부사절

---

366 April 1 is called *April Fools' Day*, // **when** people play jokes on each other.
　　　S　　V　　　　C　　　　　　　　　　　　　　M'　S'　　V'　　O'　　　　M'
4월 1일은 만우절이라 불린다. // 그런데 그날에 사람들은 서로에게 장난을 친다.

　　cf. Do you know / the name of *the day* [(**when**) people play jokes on each
　　　　　└S─┘　　　　　　　O　　　　　　　　　　　M'↑[　　　　　　　　　　
　　　　　└V─┘
너는 아니 / 그 날의 이름을 [사람들이 서로에게 장난을 치는]?

other]?
　M'

✔ 366 = April 1 is called April Fools' Day, **and on that day** people play jokes on each other.
✔ 콤마 뒤의 관계사절이 선행사인 '만우절'에 관한 부가적인 정보를 제공하므로 관계사절이 없어도 의미가 통하지만, 콤마가 없는 관계사절
　은 선행사의 필수적인 정보를 제공하므로 삭제하면 문장의 의미 파악이 어렵다.

---

367 In my house, / there is **a small bedroom**, // **where** I placed a twin bed.
M V S S' V' O'
우리 집에는, / 작은 침실이 하나 있다. // 그리고 나는 그곳에 1인용 침대를 놓았다.

✔ = In my house, there is a small bedroom, **and** I placed a twin bed **there**.
✔ 집에 작은 침실이 하나밖에 없을 때, 그 침실에 대해 설명을 덧붙이는 것이다.

Check up **Answers** ●●● ● 본책 p.136

1 **and** | 우리는 파리를 방문했다. 그런데 그곳에는 에펠탑이 있다.
2 **because** | 나는 4년 전 오늘을 잊지 못한다. 왜냐하면 그때 내 아들이 태어났기 때문이다.

UNIT 44 관계대명사 what

368 **What** I like most about him // is his sense of humor.
O' S' V' M' V C
S
내가 그에 대해 가장 좋아하는 것은 // 그의 유머 감각이다.

✔ = **The thing which[that]** I like most about him is ~.
✔ 관계대명사 what이 이끄는 절이 문장 내에서 주어
✔ **관계대명사 which/that vs. 관계대명사 what**

관계대명사 which/that	관계대명사 what
1. 앞에 선행사가 있다.	1. 앞에 선행사가 없다.
2. 형용사절을 이끈다.	2. 명사절을 이끈다.
3. which/that+불완전한 구조	3. what+불완전한 구조

369 The axe forgets // **what** the tree remembers. –Proverb
S V O' S' V'
도끼는 잊는다 // 나무가 기억하는 것을.
↳ 어떤 일을 저지른 사람이 그 일을 당한 사람보다 쉽게 잊는다.

✔ = The axe forgets **the thing which[that]** the tree remembers.
✔ 관계대명사 what이 이끄는 절이 문장 내에서 목적어

370 Motivation is // **what** gets you started. Habit is // **what** keeps you going.
S V S' V' O' C' S V S' V' O' C'
동기부여란 ~이다 // 당신이 시작하게 하는 것. 습관이란 ~이다 // 당신이 계속하게 하는 것.
–Jim Rohn ((美 기업인))

✔ = Motivation is **the thing which[that]** gets you started. Habit is **the thing which[that]** keeps you going.
✔ 관계대명사 what이 이끄는 두 개의 절이 각각의 문장 내에서 보어

Check up **Answers** ●● ● 본책 p.137

1 **what** | 다른 사람이 네가 하길 바라는 것이 아니라, 네가 좋아하는 것을 해라.
   해설 앞에 선행사가 없고 문장 내에서 목적어 역할을 하는 절을 이끄는 what이 적절
2 **which** | 요즘 나를 괴롭히는 한 가지가 있다.
   해설 앞에 선행사 one thing이 있으므로 which가 적절

371 I'll order pizza // **when** my brother comes home.
S V O S' V' M'
나는 피자를 시킬 것이다 //   내 남동생이 집에 올 때.

✔ 시간/조건의 부사절에서는 현재시제로 '미래'를 나타낸다.
I'll order pizza when my brother **will** come home. (×)

372 Make hay // **while** the sun shines. −Proverb
V O S' V'
건초를 만들어라 //   태양이 비추는 동안.
↳ 기회가 왔을 때 잡아라.

✔ while은 대조를 나타내는 '～인 반면에'라는 뜻으로도 쓰인다. ▶**UNIT 47**
✔ during도 '～동안에'를 의미하지만 전치사이므로 뒤에 명사가 온다.
e.g. **during** vacation 방학 **동안에**

373 I haven't seen my aunt // **since** I became a middle school student.
S V O S' V' C'
나는 내 이모를 보지 못했다   //   내가 중학생이 된 이후로.

✔ since가 이끄는 부사절에는 과거부터 계속되고 있는 일이 시작된 시점을 나타내어 과거시제가 쓰이고, 주절에는 완료형이 많이 쓰인다.
✔ since와 as는 원인을 나타내는 '～이기 때문에'라는 뜻으로도 쓰인다. ▶**UNIT 46**

374 **As** you walk in the park, // you can also enjoy the view.
S' V' M' S V O
당신이 공원에서 산책할 때, //   당신은 또한 경관을 즐길 수 있다.

375 Boil the potatoes // **until** they are soft.
V O S' V' C'
감자를 삶아라 //   그것들이 부드러워질 때까지.

376 On the weekend, / I don't get up // **as soon as** I wake up.
M S V S' V'
주말에는, /   나는 (잠자리에서) 일어나지 않는다 //   잠에서 깨자마자.

✔ wake up은 단순히 잠에서 깨어 정신이 드는 것을 의미하고, get up은 잠에서 깼을 뿐만 아니라 하루를 시작하기 위해 잠자리에서 일어나는 것을 의미한다.

377 Bees won't attack you // **if** you don't move.
S V O S' V'
벌은 당신을 공격하지 않을 것이다 //   당신이 움직이지 않는다면.
cf. I will ask him // **if** he will come.
S V IO S' V' DO
나는 그에게 물을 것이다 //   그가 올 것인지를. 〈명사절: ～인지 아닌지〉

✔ **377** Bee won't attack you if you **won't** move. (×)
✔ ***cf.*** if 명사절은 주로 ask, know, find out, wonder 등의 동사 뒤에 목적어로 쓰인다. 명사절에서는 미래시제가 그대로 쓰인다.
▶**UNIT 34**

378 **Unless** you try, // you will miss the opportunity.
S'   V'   S   V   O
시도하지 않으면,   //   당신은 기회를 놓칠 것이다.

 Unless you **will** try, you will miss the opportunity. (×)

Check up **Answers** ··· ● 본책 p.139

A 1 **날씨가 나쁘면** | 날씨가 나쁘면 그 대회는 취소될 것이다.
   2 **네가 잠시 동안 나에게 너의 수학 공책을 빌려줄 수 있는지** | 나는 네가 잠시 동안 나에게 너의 수학 공책을 빌려줄 수 있는지 궁금하다.

B 1 **sits** | 모두가 책상에 앉았을 때 시험이 시작될 것이다.
   2 **will accept** | 나는 그가 내일 회의에서 우리의 제안을 받아들일지 모르겠다.
     [해설] 여기서 if절은 동사 don't know의 목적어 역할을 하는 명사절로 명사절에서는 미래시제로 미래를 나타낸다.
   3 **unless** | 인생은 자전거 타는 것과 같다. 당신이 페달 밟는 것을 멈추지 않으면 당신은 쓰러지지 않을 것이다.

원인/목적/결과의 부사절

379 I can't make my favorite sandwich // **because** we are out of eggs.
S   V   O   S'   V'   C'
나는 내가 가장 좋아하는 샌드위치를 만들 수 없다   //   우리는 계란이 다 떨어졌기 때문에.

380 Dreaming about pigs is a lucky sign / in Korea // **since** they represent wealth.
S   V   C   M   S'   V'   O'
돼지에 관한 꿈을 꾸는 것은 좋은 징조이다   /   한국에서   //   그것들이 부를 나타내기 때문에.

 동명사구 주어이므로 단수동사 is를 썼다. 동사 앞의 pigs를 보고 are를 쓰지 않도록 주의해야 한다. ▶UNIT 20

381 **As** she is an only child, // she sometimes feels lonely.
S' V'   C'   S   M   V   C
그녀는 외동딸이기 때문에,   //   그녀는 가끔 외로움을 느낀다.

 〈feel+형용사〉: ~하게 느끼다
 lonely는 형태상 -ly가 붙어서 부사처럼 보이지만, '외로운'이라는 의미의 형용사임에 유의한다.
 부사처럼 보이는 형용사
  friendly 친절한, lovely 사랑스러운, deadly 치명적인, costly 값비싼 등

Check up **Answers** ··· ● 본책 p.140

1 **나는 버스를 기다리면서** | 나는 버스를 기다리면서 음악을 들었다.
2 **나는 올해 체중이 많이 늘었기 때문에** | 나는 올해 체중이 많이 늘었기 때문에 다이어트를 하기로 결심했다.
3 **우리는 현실을 바꿀 수 없기 때문에** | 우리는 현실을 바꿀 수 없기 때문에, 우리가 현실을 바라보는 시야를 바꾸게 하라.
   [해설] since가 '~이후로'의 뜻으로 쓰일 때는 주로 since 부사절의 시제는 과거, 주절은 현재완료가 온다.
    양쪽 시제가 서로 다르지 않다면 '~ 때문에'의 뜻으로 쓰인 것이다.
4 **그녀가 베를린에 간 이후로** | 캐시는 베를린에 간 이후로 우리에게 전화하지 않았다.

382 Teachers use hand gestures // **so that** they can get more attention from students.
　　　　S　　V　　　O　　　　　　//　　S'　　V'　　　　　O'　　　　　　　M'
　　　　　　教사들은 손동작을 사용한다　　//　　　학생들에게서 더 많은 주의를 끌 수 있도록.

　　　✔ = Teachers use hand gestures **in order that** they can get more attention from students.
　　　　= Teachers use hand gestures **to get** more attention from students.

383 Peter drank extremely hot tea, // **so that** he burnt his tongue.
　　　　S　　V　　　O　　　　　　//　　S'　V'　　O'
　　　　　　피터는 너무 뜨거운 차를 마셨다.　　//　　그래서 그는 혀를 데었다.

384 She puts name tags on her things // **so (that)** she won't lose them.
　　　　S　V　　O　　　　M　　　　//　　S'　　V'　　　O'
　　　　　　그녀는 자기 물건들에 이름표를 붙인다　　//　　그것들을 잃어버리지 않기 위해서.

　　　✔ = She puts name tags on her things **not to lose** them.
　　　✔ them = her things

385 It snowed a lot yesterday, // **so** the ground is covered with snow.
　　　　S　V　　M　　M　　　　//　　S'　　　V'　　　M'
　　　　　어제 눈이 많이 왔다.　　//　　그래서 땅이 눈으로 덮여 있다.

　　　✔ 여기에서 It은 '날씨'를 나타내는 비인칭 주어로 해석하지 않는다. ▶UNIT 52

386 The story (in the book) / was [so] funny // [that] I couldn't put it down.
　　　　　　S　　　　　　V　　C　　　　S'　　　　O'　V'
　　　　이야기는　(그 책에 있는)　/　아주 재미있어서　//　나는 그것을 내려놓을 수가 없었다.

　　　✔ 〈so+형용사/부사 that ~〉이 일상회화에서 쓰일 때에는 that을 흔히 생략한다.
　　　✔ it = the book

387 He is [such] a kind boy // [that] everybody likes him.
　　　S　V　　　C　　　　　//　　S'　　V'　　O'
　　　그는 아주 착한 소년이라서　//　모든 사람이 그를 좋아한다.

　　　✔ so도 such처럼 명사를 넣어 문장을 만들 수도 있는데 단수명사가 올 경우 관사 a(n)의 위치가 달라진다.
　　　　= He is **so** kind a boy that ~.

388 My jeans shrank [so] much // [that] I couldn't put them on.
　　　　S　　V　　M　　　　//　　S'　　O'　V'
　　　　내 청바지가 너무 많이 줄어들어서　//　나는 그것을 입을 수 없었다.

389 **Though** it is very small, // the museum is worth a visit.
S′ V′ C′ S V C

그 박물관은 비록 매우 작지만, // 그곳은 방문할 가치가 있다.

390 **While** my friend likes rap songs, // I prefer rock music.
S′ V′ O′ S V O

내 친구는 랩송을 좋아하는 반면에, // 나는 록 음악을 더 좋아한다.

❤ while이 '~인 반면에'로 쓰이면 문장 뒤쪽으로 부사절이 이동할 때도 콤마(,)를 붙인다. while이 '~하는 동안에'의 의미인 경우, 문장 뒤로 부사절이 이동해도 콤마(,)를 붙이지 않는다.
e.g. I prefer rock music, **while** my friends likes rap songs.

391 The alarm woke me up // **even though** it wasn't very loud.
S O V S′ V′ C′

알람 소리가 나를 깨웠다 // 그것이 별로 시끄럽지 않음에도 불구하고,

392 **Although** some people think water unimportant, // it is necessary for our lives.
S′ V′ O′ C′ S V C M

비록 어떤 사람들은 물을 중요하지 않다고 생각하지만, // 그것은 우리의 생명에 필수적이다.

Check up **Answers** ●──── 본책 p.142

1 **그들이 일하는 동안** | 노동자들은 일하는 동안 안전모를 써야 한다.
2 **다른 학교들은 그렇지 않은 반면에** | 다른 학교들은 그렇지 않은 반면에 몇몇 학교들은 무료 점심을 제공한다.
　해설 while이 '~인 반면에'로 쓰이는 경우는 양쪽에 대조적인 내용이 나오고 '~하는 동안에'로 쓰일 때는 진행형과 자주 쓰인다.
　　특히 주어와 be동사를 생략하여 while v-ing를 쓰기도 한다.
　cf. Laborers must wear their safety hats while (they are) working.

Chapter Exercises 10
본책 p.143

A 1 ○ | 그는 미국에 갈 예정이다, 그런데 거기서 그의 형이 3년간 공부하고 있다.
　　해설 선행사는 the U.S. / where = and there ~
　2 ×, **which** | 그녀는 나에게 공부하는 법에 대해 많은 조언을 해 주었다. 그리고 그것이 매우 도움이 되었다.
　　해설 관계대명사 that은 보충 설명하는 절을 이끌지 않는다. 앞 내용을 선행사로 받는 which가 쓰여야 한다.
　3 ○ | 나는 아주 재미있는 만화를 봐서 웃음을 멈출 수가 없었다.
　4 ×, **sees** | 나는 누구든 이 지저분한 상태를 보기 전에 청소할 것이다.
　5 ×, **unless** | 무언가를 먹는다면(→ 먹지 않는다면), 너는 배고파질 것이다.
　6 ×, **what** | 옛말에 이르길, 올라가는 것은 반드시 내려와야 한다. (→ 오르막이 있으면 내리막도 있다.)

B 1 ⓒ | 내가 나가고 있을 때에 전화벨이 울렸다.
　2 ⓑ | 나는 일어난 이후로 두통이 있어 왔다.
　3 ⓓ | 나는 그 가방의 색깔이 맘에 들지 않는 반면에, 그것의 모양은 맘에 든다. (→ 나는 그 가방의 모양은 맘에 드는데 색깔이 맘에 안 든다.)
　4 ⓐ | 돼지는 고개를 들 수 없으므로 하늘을 볼 수 없다.

C 1 ⓐ | 나는 모자를 하나 써 봤다, 그런데 그것은 나에게 어울리지 않았다.
　　ⓐ 나는 모자를 하나만 써 봤는데, 그것은 나에게 어울리지 않았다.
　　ⓑ 나는 여러 개의 모자를 써 봤는데, 그것들 중 하나가 나에게 어울리지 않았다.
　2 ⓑ | 그녀는 방송국에서 일하는 남자 형제가 한 명 있다.
　　ⓐ 그녀의 하나뿐인 남자 형제는 방송국에서 일한다. → She has a brother, who works in a broadcasting station.
　　ⓑ 그녀의 남자 형제 중 한 명은 방송국에서 일한다.

UNIT 48 부정구문

393 I have **few** friends, // so I'm quite lonely.
　　　S　V　　　O　　　　 S′ V′　　　C′
　　　나는 친구가 거의 없다.　　//　　그래서 나는 꽤 외롭다.

　cf. I have **a few** friends, // so I'm not lonely.
　　　　S　V　　　O　　　　　S′ V′　　C′
　　　　나는 친구가 조금 있다.　//　그래서 나는 외롭지 않다.

394 *Plants* [that need **little** water] / can live in a desert environment.
　　　　S　　[that need water]　　　　 　V　　　　M
　　　　식물은　　[물이 거의 필요 없는]　/　　사막 환경에서 살 수 있다.

　cf. A sandcastle needs **a little** water / to stand up.
　　　　　S　　　V　　　O　　　　　 M
　　　　모래성은 약간의 물이 필요하다　/　서 있기 위해서.

❤ that ~ water는 Plants를 수식하는 주격 관계대명사절 ▶UNIT 37

395 Most spiders are **seldom** seen / during the day.
　　　S　　　　 V　　　　　　　　 M
　　　대부분 거미는 좀처럼 보이지 않는다　/　낮 동안에.

396 I can **hardly** believe // what I am hearing.
　　　S　　　 V　　　　O′ S′　　 O
　　　나는 거의 믿을 수가 없다　//　내가 듣고 있는 것을.

❤ 관계대명사 what이 이끄는 명사절이 동사 believe의 목적어로 쓰였다. ▶UNIT 44

397 The rumor (on the Internet) / is **far from** the truth.
　　　S　　　　　　　　　　　 V　　　　C
　　　그 소문은　　(인터넷에 있는)　/　결코 사실이 아니다.

398 I know **none** of the students (in my new class).
　　　S　V　　　　O
　　　나는 학생들을 아무도 모른다　　　(내 새로운 반에 있는).

❤ = I don't know **any** of the students in my new class.

399 I didn't read **all** the episodes (of the webtoon).
　　　S　　 V　　　　O
　　　나는 모든 회를 읽지는 않았다　　　(그 웹툰의).
　↳ 그 웹툰의 몇 회는 읽고 몇 회는 읽지 않았다.

❤ = I didn't read some episodes of the webtoon.

400 There are two computers in my house, // but **neither** works properly.
　　　 V₁　　S₁　　　　　　M₁　　　　　 S₂　 V₂　　M₂
　　　우리 집에는 두 대의 컴퓨터가 있다　//　그러나 둘 다 제대로 작동하지 않는다.

401

A: This soup is too spicy!
　　S　　　V　　　C

이 수프는 너무 매워!

B: Is it? It is **not** spicy **at all** / to me.
　　V S　 S 　V 　 C 　　　M 　　　　M

맵다고?　　그것은 전혀 맵지 않아　 / 　나에게는.

402

You will **not always** be strong // but you can always be brave. —Beau Taplin ((호주 작가))
S₁ └────V₁────┘ C₁　　 S₂ └──V₂──┘ C₂

너는 항상 강하지는 않을 것이다　　　//　　　하지만 항상 용감할 수는 있다.

403

Good things are **not necessarily** expensive.
　　S　　　　V　　　　　　　　C

좋은 것이 반드시 비싼 것은 아니다.

Check up **Answers** ·· ● 본책 p.149

1 부자가 항상 행복한 것은 아니다. 해설 not always: 항상 ～인 것은 아닌
2 그녀는 학교에 결코 늦지 않는다. 해설 far from: 결코 ～ 아닌
3 나는 두 명의 언니가 있는데, 그들 중 어느 쪽도 결혼하지 않았다. 해설 neither: (둘 중에) 어느 쪽도 ～가 아닌

UNIT
4 9 　비교구문 I

404

Attitude is equally **as important** / **as** ability (is important). —Walter Scott ((英 시인))
　S　　V　　　　　C　　　　　　　　　　　반복어구 생략

태도는 똑같이 중요하다　　 /　　능력(이 중요한)만큼.

405

In heavy traffic, / cars are **not as[so] convenient** / **as** subways (are convenient).
　　M　　　　　　S　　V　　　　　C　　　　　　　　　　반복어구 생략

교통체증이 심할 때, 　/　자동차는 편리하지 않다　 / 　지하철(이 편리한)만큼.

406

He speaks English **as naturally** / **as** (he speaks) Korean.
S　V　　O　　　M　　　　　반복어구 생략

그는 영어를 자연스럽게 말한다　　 / 　한국어(를 말하는 것)만큼.

407

Joanna prepared for the exam **not as[so] hard** / **as** I (prepared for the exam).
　S　　　V　　　　O　　　　　　M　　 = me　반복어구 생략

조안나는 시험을 열심히 준비하지 않았다　　 / 　나만큼.

✔ 두 번째 as 뒤의 반복어구 생략으로 인칭대명사 주어만 남을 때, 구어에서는 목적어 형태를 많이 사용한다.
　e.g. Mary is as old as he[**him**]. 메리는 그만큼 나이가 들었다.
　　　He works as hard as I[**me**]. 그는 나만큼 열심히 일한다.

408

My class has as many students / as **yours**.
　S　　　V　　　　O　　　　 = your class (you (×))

우리 반은 많은 학생이 있다　　 / 　너희 반만큼.

409 **These new shoes** are not as[so] comfortable / as **my old ones**.
  S   V   C   = shoes
           이 새 신발은 편하지 않다   /   내 낡은 것(=신발)만큼.

410 **Using** this printer is as easy / as **drinking** a cup of water.
  S   V   C
         이 프린터를 사용하는 것은 쉽다   /   물 한 잔 마시는 것만큼.

  ✔ 비교하는 대상은 문법적으로 대등해야 하므로 as 뒤에 동명사 drinking이 왔다.
  Using this printer is as easy as **to drink** a cup of water. (×)

411 An ostrich's eye is **bigger** / **than** its brain.
  S   V   C
         타조의 눈은 더 크다   / 그것의 뇌(가 큰 것)보다.

  ✔ ~ than its brain is big.

412 I find math lessons **more enjoyable** / **than** science lessons.
  S V   O   C
         나는 수학 수업이 더 재미있다고 생각한다   / 과학 수업(이 재미있는 것)보다.

  ✔ ~ than I find science lessons enjoyable.

413 Not trying is **worse** / **than** failing.
  S   V   C
         시도하지 않는 것은 더 나쁘다 / 실패하는 것보다.

414 Prevention is **better** / **than** cure.
  S   V   C
         예방이 더 낫다   /   치료보다.
  ↳ 미리 예방하면 치료할 필요도 없다. (유비무환)

415 Sometimes silence can be **more powerful** / **than** words.
  S   V   C
         때때로 침묵은 더 강력할 수 있다   /   말보다.

Check up **Answers** ·· 본책 p.151

1 그 배우의 여동생은 그만큼 유명하다. 해설 〈A as 형용사 as B〉: A는 B(가 ~한) 만큼 ~한
2 나는 그녀만큼 신중하지 않다. 해설 〈A not as[so] 형용사 as B〉: A는 B(가 ~한) 만큼 ~하지 않은
3 소리는 빛보다 더 느리게 이동한다. 해설 〈A more 부사 than B〉: A는 B보다 더 ~하게

U N I T
5 0   비교구문 II

416 Mount Everest is **the highest** / of the Himalayan mountains.
  S   V   C   M
         에베레스트 산은 가장 높다   /   히말라야 산맥 중에서.

417 Cheetahs run **the fastest** / of all the land animals.
  S   V   M   M
         치타는 가장 빨리 달린다   /   모든 육지 동물 중에서.

418 His team did **the best** presentation / in our class.
    S   V   O   M

그의 팀은 최고의 발표를 했다 / 우리 반에서.

419 Canada is **the coldest** country [(that) I have ever visited].
    S V   C

캐나다는 가장 추운 나라이다 [내가 지금까지 방문해본 곳 중에서].

✔ I have ever visited는 관계대명사 that이 생략된 목적격 관계대명사절 ▶UNIT 38

420 **Nothing** is as[so] **important** / as *teamwork*.
    S   V   C

어떤 것도 중요하지 않다 / 팀워크만큼.

= **Nothing** is **more important** / than *teamwork*.
    S   V   C

어떤 것도 더 중요하지 않다 / 팀워크보다.

✔ = *Teamwork* is the most important thing. 팀워크가 가장 중요하다.

421 **No** other hobby is **as interesting** / as *cooking* / to me.
        S   V   C

다른 어떤 취미도 흥미롭지 않다 / 요리만큼 / 나에게.

✔ = **No** other hobby is **more interesting than** *cooking* to me. 다른 어떤 취미도 내게 요리보다 더 흥미롭지 않다.
   = *Cooking* is the most interesting hobby to me. 요리는 내게 가장 흥미로운 취미이다.

422 **Nobody** can give you **wiser** advice / **than** *yourself*.
        S   V IO   DO

−Marcus Tullius Cicero ((고대 로마 정치가 · 저술가))

누구도 당신에게 더 현명한 조언을 해줄 수 없다 / 당신 자신보다.

✔ = *You* can give *yourself* the wisest advice. 당신이 당신 자신에게 가장 현명한 조언을 해줄 수 있다.

423 *Chinese* is spoken by **more** people / **than any other** language.
      S   V   M

중국어는 더 많은 사람에 의해서 쓰인다 / 다른 어떤 언어보다.

✔ = *Chinese* is the most spoken language. 중국어는 가장 많이 쓰이는 언어이다.

Check up **Answers** ·· ● 본책 p.153

1   ⓑ | 우리 학교에서 다른 어떤 나무도 이 나무만큼 크지 않다.
2   ⓐ | 우리 반에서 누구보다 수미가 더 재미있다.

✔ **최상급 관련 기타 구문**
  • 〈much, by far, the very＋최상급〉: 최상급 강조
   Positive thinking is ***by far* the most powerful** ability. 긍정적인 생각은 단연코 가장 강력한 능력이다.
  • 〈the＋서수＋최상급〉: …번째로 가장 ～인
   She is **the *second* most popular** teacher in our school after Mr. Lee.
   그녀는 우리 학교에서 이 선생님 다음으로 두 번째로 가장 인기가 있다.

424 I will be there / **as soon as possible**.
   S V   M   = as soon as I can

나는 그곳에 갈 것이다 / 가능한 한 빨리.

425 The fresher the fruit is, // the better it tastes.
C_1 S_1 V_1 C_2 S_2 V_2
과일은 신선하면 할수록, // 더 좋은 맛이 난다.

💚 〈the 비교급 ~, the 비교급 ...〉 구문의 형태
- 비교급 뒤의 〈S+V〉는 생략될 수 있다.
  A: When should we go on vacation this summer? 우리 이번 여름에 휴가 언제 갈까?
  B: The sooner (**we go**), the better (**it is**). 빠르면 빠를수록 더 좋지.
- more의 경우, 형용사/부사는 바로 뒤에 붙여 쓴다.
  The more generous we are, **the more** pleased we become. 우리가 관대하면 할수록, 우리는 더 기뻐진다.
- 비교급이 수식하는 명사가 있으면 〈the 비교급+명사〉와 같이 비교급 뒤에 명사를 붙여 쓴다.
  The more knowledge you gain, **the wider** your view become.
  당신이 많은 지식을 얻으면 얻을수록, 당신의 시야는 더 넓어진다.

426 When I get nervous, // my heart beats **faster and faster.**
S' V' C' S V M
내가 긴장될 때, // 내 심장은 점점 더 빠르게 뛴다.

427 When you make a speech, // speak **as clearly as you can.**
S' V' O' V
= as clearly as possible
네가 연설을 할 때, // 가능한 한 분명하게 말해라.

428 The more you listen to English, // the better you'll understand it.
M_1 S_1 V_1 O_1 M_2 S_2 V_2 O_2
네가 영어를 많이 들으면 들을수록, // 너는 그것을 더 잘 이해하게 될 것이다.

💚 it = English

429 More and more people are recycling / various waste materials.
S V O
점점 더 많은 사람들이 재활용하고 있다 / 여러 가지 폐기물을.

UNIT 51 가정법

430 If I **had** a good memory, // I **wouldn't take** notes.
S' 동사 O' S V O
과거형
만약 내가 좋은 기억력을 가지고 있다면, // 나는 메모를 하지 않을 텐데. 〈현재 사실과 반대되는 일〉

💚 = I **don't have** a good memory, so I **take** notes.

431 If my mom **were** not so tired, // she **could go** to the movies with me.
S' were C' S V M M
만약 엄마가 너무 피곤하지 않으시다면, // 나와 함께 영화를 보러 가실 수 있을 텐데. 〈현재 사실과 반대되는 일〉

💚 = My mom **is** so tired, so she **can't go** to the movies with me.

432 If the sun **were** the size of a beach ball, // the earth **might be** the size of a pea.
S' were C' S V C
만약 태양이 비치볼 크기라면, // 지구는 완두콩의 크기일 텐데.
〈현재나 미래에 일어날 수 없는 일〉

1 **만약 오늘 날씨가 좋다면** | 만약 오늘 날씨가 좋다면, 그 행사는 야외에서 개최될 텐데.
2 **우리는 비행기가 필요하지 않을 텐데** | 만약 우리가 날개를 가지고 있다면, 우리는 비행기가 필요하지 않을 텐데.

433 If you **had told** me the problem, // I **could have helped** you solve it.
S′ · had p.p. · IO′ · DO′ · S · V · O · C

만약 네가 내게 그 문제를 말했더라면, // 네가 그것을 해결하도록 내가 도울 수 있었을 텐데. 〈과거 사실과 반대되는 일〉

✔ = You **didn't tell** me the problem, so I **couldn't help** you solve it.
✔ it = the problem

434 If I **had been** the author (of the novel), // I **would have written** a happy ending.
S′ · had p.p. · C′ · S · V · O

만약 내가 작가였더라면 (그 소설의), // 나는 행복한 결말을 썼을 텐데. 〈과거에 불가능했던 일〉

435 I **wouldn't have gone** to the library // if I **had known** /
S · V · M · S′ · had p.p.

나는 도서관에 가지 않았을 텐데 // 만약 내가 알았더라면 /

(that) it was closed that day.
S′ · V′ · O′

그곳이 그날 문을 닫았다는 것을. 〈과거 사실과 반대되는 일〉

✔ = I **didn't know** (that) it was closed that day, so I **went** to the library.
✔ if절의 동사 had known의 목적어로 접속사 that이 생략된 형태의 명사절이 왔다. ▶UNIT 33

436 If I **had been born** during the Joseon dynasty, //
S′ · had p.p. · M′

만약 내가 조선 시대에 태어났더라면, //

what **would** my job **have been**?
의문사 · S · V

나의 직업은 무엇이었을까? 〈과거에 불가능했던 일〉

1 **만약 내가 쇼핑몰에서 너를 봤더라면** | 만약 내가 쇼핑몰에서 너를 봤더라면, 나는 너에게 인사할 수 있었을 텐데.
2 **나는 우산을 가지고 갔을 텐데** | 만약 내가 어제 비가 올 줄 알았더라면, 나는 우산을 가지고 갔을 텐데.

437 **Without** the Internet, / what **would** our lives **be** like?
M · 의문사 · S · V

인터넷이 없다면, / 우리의 삶은 어떠할까?

✔ = If it were not for[But for] the Internet, ~?

438 **Without** his timely warning, / we **could** not **have noticed** the danger.
M · S · V · O

그의 시기적절한 경고가 없었더라면, / 우리는 위험을 알아채지 못했을 텐데.

✔ = If it had not been for[But for] his timely warning, ~.

439 If it **had not been for** the traffic, // I **would have been** here / an hour ago.
S′ · V′ · M′ · S · V · M · M

교통정체가 없었더라면, // 나는 여기에 도착했을 텐데 / 한 시간 전에.

✔ = Without[But for] the traffic, ~.

440 $\underset{S}{\underline{\text{The score}}}$ $\underset{V}{\underline{\textbf{would have been}}}$ $\underset{C}{\underline{\text{higher}}}$ / $\underset{M}{\underline{\textbf{but for} \text{ some excellent goaltending.}}}$

점수는 더 높았을 텐데 / 몇몇 훌륭한 골 방어가 없었더라면.

= ~ **without[if it had not been for]** some excellent goaltending.

A **1** ×, **than human beings** | 개는 인간보다 코에 훨씬 더 많은 세포를 가지고 있다.

2 ×, **spoke** | 만약 우리가 얼굴 표정이나 몸짓 없이 말만 한다면, 사람들 사이의 의사소통은 지루할 텐데.

3 ○ | 샘은 우리 반의 다른 어떤 학생보다 더 높이 점프할 수 있다.

해설 〈비교급 than any other ~〉: 최상급 의미

4 ×, **a few** | 나는 그 영화를 몇 번 봐서 이제 영화 속의 모든 대사를 기억한다.

해설 셀 수 있는 명사(times)를 수식하고, 문맥상 긍정의 의미가 되어야 하므로 a few가 적절하다. 참고로, time은 보통 셀 수 없는 명사로 쓰이지만 횟수를 나타낼 때는 셀 수 있다.

B **1** ⓐ | 내 점수는 너의 것(=점수)만큼 높지 않다.

ⓐ 너의 점수는 내 것(=점수)보다 높다.

ⓑ 내 점수는 너의 것(=점수)만큼 높다.

해설 ⓑ는 두 사람의 점수가 같다는 의미

2 ⓑ | 시간은 사람이 쓸 수 있는 가장 소중한 것이다.

ⓐ 시간은 사람이 쓸 수 있는 다른 어떤 것만큼 소중하지 않다.

ⓑ 사람이 쓸 수 있는 다른 어떤 것도 시간보다 더 소중하지 않다.

3 ⓐ | 그는 제빵을 위해 필요한 모든 재료를 가지고 있지는 않았다.

ⓐ 그는 제빵을 위해 필요한 일부 재료를 가지고 있지 않았다.

ⓑ 그는 제빵을 위해 필요한 어떤 재료도 가지고 있지 않았다.

해설 not ~ all: 모두 ~인 것은 아닌 〈부분 부정〉 / not ~ any: 모두 ~가 아닌 〈전체 부정〉

C **1** The more, the smaller

2 had asked, have given

UNIT
5 2 it Ⅰ

441 A: Where's *my eraser*? **It** was on my desk a minute ago.
　　　　　　의문사　V　S　　　S　V　　　　M　　　　　M
　　　　　내 지우개가 어디 있지?　　　　그것은 조금 전에 내 책상 위에 있었는데.

　　　B: You left **it** / by your book.
　　　　　S　V　O　　　M
　　　　　네가 그것을 두었어 /　네 책 옆에.

　✔ 첫 번째 대명사 It은 단어 my eraser를 대신하고, 두 번째 대명사 it은 단어 your eraser를 대신한다.

442 I feel like riding a bike. I think // I would enjoy **it**.
　　　　S　V　　　O　　　　S　V　　S'　V'　O'
　　　　나는 자전거를 타고 싶다.　나는 생각한다 // 내가 그것을 즐길 것이라고.

　✔ 어구(riding a bike)를 대신하는 대명사 it
　✔ think 뒤에는 명사절 접속사 that이 생략되어 있다. ▶ UNIT 33

443 If you have the power (to make someone happy), // do **it**.
　　　　　S'　V'　　O'　　　　　　　　　　　　V　O
　　　　만약 당신이 힘이 있다면　　(다른 사람을 행복하게 만들어줄),　// 그것을 해라.

　✔ 어구(to make someone happy)를 대신하는 대명사 it

444 I slipped on a snowy road today. **It** was so embarrassing.
　　　　S　V　　　M　　　　　M　　S　V　　C
　　　　나는 오늘 눈길에서 미끄러졌다.　　그것은 아주 당혹스러웠다.

　✔ 문장 전체(I slipped on a snowy road today.)를 대신하는 대명사 It

[Check up Answers] ·· ● 본책 p.162

1 <u>the future</u> | 미래를 예측할 가장 좋은 방법은 그것을 창조하는 것이다.
2 <u>you support us</u> | 만약 당신이 우리를 지원해주신다면, 우리는 그것을 정말 감사할 것입니다.
3 <u>They lost all the games in the first round.</u> | 그들은 1차전의 모든 경기를 졌다. 그것은 그 코치를 화나게 만들었다.

445 A: What time is **it** now?
　　　　　　C　　　V　S　M
　　　　　지금 몇 시예요? 〈시간〉

　　　B: **It**'s 10:30.
　　　　　S　V　C
　　　　　10시 30분입니다. 〈시간〉

446 **It** rains a lot here in summer.
　　　　S　V　M　M　　M
　　　　이곳은 여름에 비가 많이 온다. 〈날씨〉

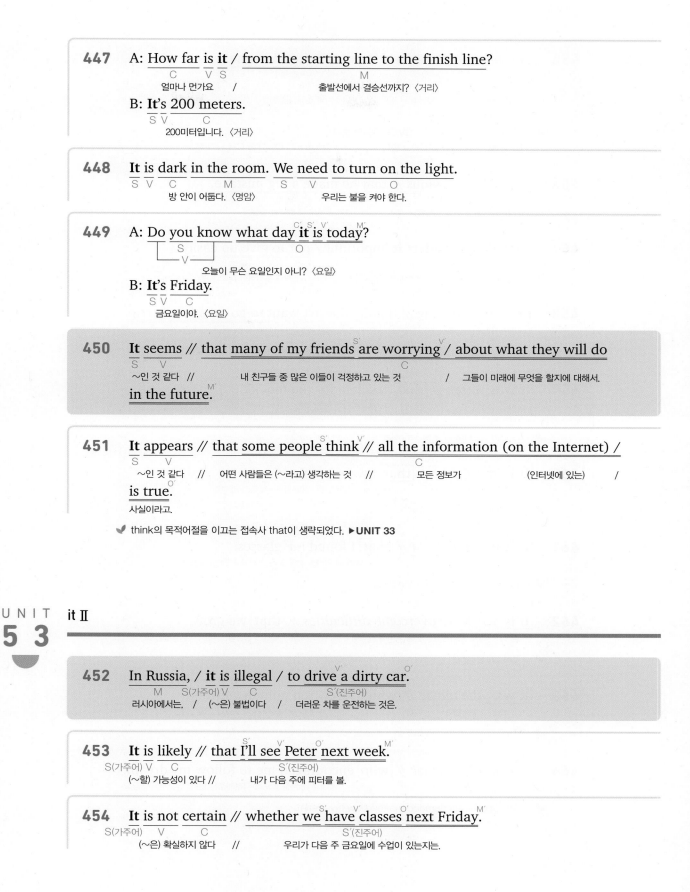

447
A: How far is **it** / from the starting line to the finish line?
C V S ⎯⎯⎯⎯⎯⎯⎯⎯⎯⎯⎯⎯⎯⎯⎯⎯ M ⎯⎯⎯⎯⎯⎯⎯⎯⎯⎯
얼마나 먼가요 / 출발선에서 결승선까지? 〈거리〉

B: **It**'s 200 meters.
S V C
200미터입니다. 〈거리〉

448
It is dark in the room. We need to turn on the light.
S V C M S V O
방 안이 어둡다. 〈명암〉 우리는 불을 켜야 한다.

449
A: Do you know what day **it** is today?
S V O
C′ S′ V′ M′
오늘이 무슨 요일인지 아니? 〈요일〉

B: **It**'s Friday.
S V C
금요일이야. 〈요일〉

450
It seems // that many of my friends are worrying / about what they will do
S V S′ V′ C′
~인 것 같다 // 내 친구들 중 많은 이들이 걱정하고 있는 것 / 그들이 미래에 무엇을 할지에 대해서.
in the future.
M′

451
It appears // that some people think // all the information (on the Internet) /
S V S′ V′ C′
~인 것 같다 // 어떤 사람들은 (~라고) 생각하는 것 // 모든 정보가 (인터넷에 있는) /
is true.
O′
사실이라고.

✔ think의 목적어절을 이끄는 접속사 that이 생략되었다. ▶UNIT 33

UNIT
53

it Ⅱ

452
In Russia, / **it** is illegal / to drive a dirty car.
M S(가주어) V C S′(진주어)
V′ O′
러시아에서는, / (~은) 불법이다 / 더러운 차를 운전하는 것은.

453
It is likely // that I'll see Peter next week.
S(가주어) V C S′(진주어)
S′ V′ O′ M′
(~할) 가능성이 있다 // 내가 다음 주에 피터를 볼.

454
It is not certain // whether we have classes next Friday.
S(가주어) V C S′(진주어)
S′ V′ O′ M′
(~은) 확실하지 않다 // 우리가 다음 주 금요일에 수업이 있는지는.

455 Praise makes **it** easier / to get close to someone.
S V O C O´(진목적어)
(가목적어)
칭찬은 (~을) 더 쉽게 만든다 / 누군가와 친해지는 것을.

☑ 그 외 가목적어를 써야 하는 SVOC문형의 동사
• **believe** *it* C O´ O´를 C라고 믿다　　• **leave** *it* C O´ O´를 C로 남겨두다

456 I thought **it** obvious // that he made a big mistake.
S V O(가목적어) C O´(진목적어)
나는 (~을) 명백하다고 생각했다 // 그가 큰 실수를 했다는 것을.

457 My father considers **it** important / not to give up easily.
S V O(가목적어) C O´(진목적어)
우리 아버지는 (~을) 중요하게 여기신다 / 쉽게 포기하지 않는 것을.

458 I find **it** surprising // that he doesn't want to go on a family trip.
S V O C O´(진목적어)
(가목적어)
나는 (~을) 놀랍다고 생각한다 // 그가 가족여행을 가고 싶어 하지 않는다는 것을.

459 It was *Sarah* // that was late for the movie.
바로 사라였다 // 영화 시간에 늦은 것은. 〈명사(주어) 강조〉

☑ ← *Sarah* was late for the movie.

460 It is *the T-shirt* // that I want to buy.
바로 그 티셔츠이다 // 내가 사고 싶은 것은. 〈명사(to-v의 목적어) 강조〉

☑ ← I want to buy *the T-shirt*.

461 It was *on the sofa* // that I found my glasses.
바로 소파 위였다 // 내가 내 안경을 찾은 곳은. 〈부사구(전명구) 강조〉

☑ ← I found my glasses *on the sofa*.

462 It is *when we overcome difficulties* // that we grow.
바로 우리가 어려움을 극복할 때이다 // 우리가 성장하는 때는. 〈부사절 강조〉

☑ ← We grow *when we overcome difficulties*.

463 It was *the movie* // which drew ten million viewers.
바로 그 영화였다 // 천만 관객을 끌어모은 것은. 〈명사(주어) 강조〉

☑ ← *The movie* drew ten million viewers.

464 It was *my teacher* // who encouraged me to follow my dream.
바로 내 선생님이셨다 // 내가 내 꿈을 좇도록 격려해주신 분은. 〈명사(주어) 강조〉

☑ ← *My teacher* encouraged me to follow my dream.

도치구문

465 *Not only* **was it** hot today, / but also humid.
부정어 포함 어구　V　S　C₁　　M　　　　　　C₂
오늘은 더웠을 뿐만 아니라　/　　　　습했다.

　✔ ← It was *not only* hot today, but also humid.
　✔ **대표적인 부정어(구)**
　　never 결코 ~않는 / little 거의 없는 / seldom, rarely 좀처럼 ~않는(not often) / hardly, scarcely 거의 ~ 아닌 /
　　not only ~뿐만 아니라 / not until ~이 되어 비로소 / in no time 즉시, 곧 / no sooner than ~하자마자

466 *Never* **will I waste** time (in) watching television / during the weekend.
부정어　조동사 S 동사원형　O　전　전치사의 목적어　　　　　M
　　　　나는 텔레비전을 보는 데 시간을 절대로 낭비하지 않을 것이다　/　주말 동안.

　✔ ← I will *never* waste time (in) watching television during the weekend.
　✔ watching television은 생략된 전치사 in의 목적어이다.

467 *Little* **did I imagine** // that my plan would go wrong.
부정어　did S 동사원형　　　　　　　O
　　　　나는 거의 상상하지 않았다　//　내 계획이 잘못될 거라고.

　✔ ← I *little* imagined that my plan would go wrong.

468 *Hardly* **did I think** // that he would fail.
부정어　did S 동사원형　　　　O
　　　　나는 거의 생각하지 않았다　//　그가 실패할 거라고.

　✔ ← I *hardly* thought that he would fail.

469 *Not until today* **did I realize** // it was my fault.
부정어 포함 어구　did S 동사원형　　　O
　　　　나는 오늘이 되어서야 비로소 깨달았다　//　그것은 내 잘못이었다는 것을.

　✔ ← I did*n't* realize (that) it was my fault *until today*.

Check up Answers ⋯⋯⋯⋯⋯⋯⋯⋯⋯⋯⋯⋯⋯⋯⋯⋯ ● 본책 p.166

1 **does she eat breakfast** | 그녀는 좀처럼 아침을 먹지 않는다.
2 **did he make a promise, but also he kept it** | 그는 약속을 했을 뿐만 아니라, 그것을 지켰다.

470 *Under the table* / **is the remote control**.
장소의 부사구　V　　　S
테이블 아래에　/　리모컨이 있다.

　✔ ← The remote control is under the table.

471 *Out of the windows* / **comes the delicious smell (of fresh bread)**.
방향의 부사구　V　　S
창문 밖으로　/　맛있는 냄새가 난다　(갓 만든 빵의).

　✔ The delicious smell of fresh bread comes out of the windows.

472 *There* **are thirty-two students** / in our class.
      V   S   M
서른두 명의 학생이 있다 / 우리 반에는.

- ✔ 〈There+be동사+S〉는 관용적으로 도치가 일어나는 구문이다. be동사 뒤에 나오는 주어(thirty-two students)가 복수이므로 복수동사 are가 쓰였다.
- ✔ 주어가 대명사인 경우 도치가 일어나지 않고 〈There+S+be동사〉의 어순이 된다.
  - ***e.g.*** *There* they are. 그들이 있다.
              S V

473 I like to watch soccer games, // [and] *so* **does my brother.**
    S₁ V₁   O₁   V₂   S₂
나는 축구 경기 보는 것을 좋아하고, // 내 남동생도 그렇다.

- ✔ ~, and my brother *likes to watch soccer games, too.*
- ✔ 동사가 일반동사인 경우에는 〈so+do/does/did+주어〉로 쓰고, be동사는 주어에 맞추고, 조동사는 그대로 쓴다.
  - ***e.g.*** My parents were born in Busan, and *so* **was I.** 우리 부모님은 부산에서 태어나셨고, 나도 그랬다.
      I can speak Chinese, and *so* **can my sister.** 나는 중국어를 할 수 있고, 내 여동생도 그렇다.

474 My grandmother is a good cook, // and *so* **is my mother.**
            S₁   V₁   C₁   V₂   S₂
우리 할머니는 훌륭한 요리사이시고, // 나의 어머니도 그렇다.

- ✔ = ~, and my mother *is a good cook, too.*

475 A: I haven't achieved my New Year's resolutions.
        S   V   O
난 내 새해 다짐들을 달성하지 못했어.

      B: *Neither* **have I.** But we'll do better next year.
               V   S   S   V   M   M
나도 그러지 못했어. 하지만 내년에 우리는 더 잘할 거야.

- ✔ B = I have**n't** achieved my New Year's resolutions, **either.** But we'll do better next year.
  - └───────── not either = neither ─────────┘

---

5 5 생략/공통구문

476 The sun *shines* in the daytime // [and] **the moon** (shines) **at night.**
        S₁   V₁   M₁   S₂   V₂   M₂
태양은 낮에 빛나고 // 달은 밤에 (빛난다). 〈동사 생략〉

477 He said / he *would write to me,* // [but] **he hasn't** (written to me).
     S₁ V₁   S'   V'   M'   S₂   V₂   M₂
그는 (~라고) 말했다 / 나에게 편지를 쓸 것이라고, // 그러나 그는 그러지 않았다(나에게 편지를 쓰지 않았다). 〈조동사 뒤 생략〉

478 I intended to *call him,* / [but] **forgot to** (call him).
    S₁ V₁   O₁   V₂   O₂
나는 그에게 전화할 생각이었는데, / (그에게 전화하는 것을) 잊어버렸다. 〈to-v의 v 이하 생략〉

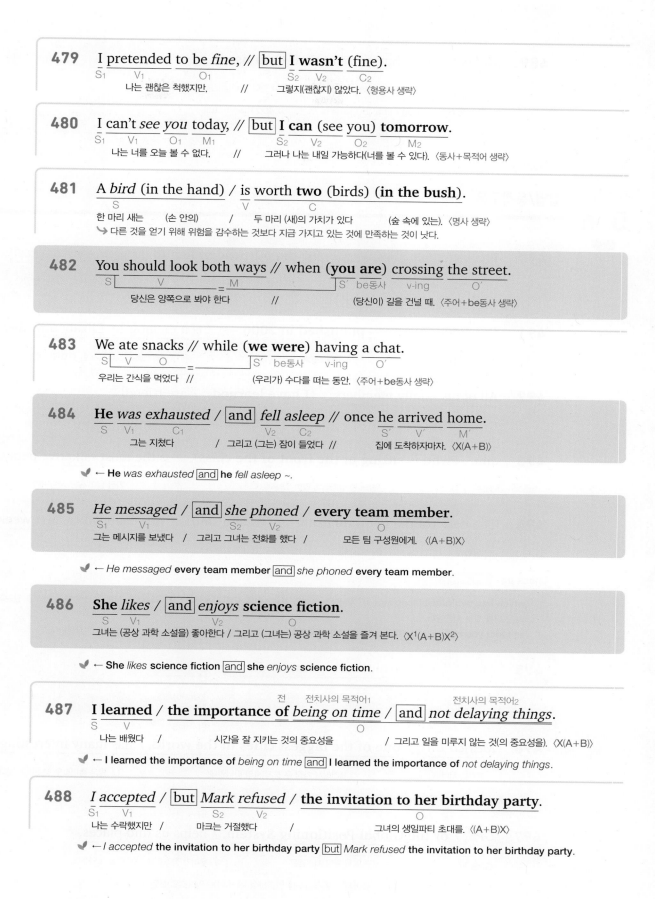

479 I pretended to be *fine*, // but I wasn't (fine).
S₁ V₁ O₁ S₂ V₂ C₂

나는 괜찮은 척했지만, // 그렇지(괜찮지) 않았다. 〈형용사 생략〉

480 I can't *see you* today, // but I can (see you) **tomorrow.**
S₁ V₁ O₁ M₁ S₂ V₂ O₂ M₂

나는 너를 오늘 볼 수 없다, // 그러나 나는 내일 가능하다(너를 볼 수 있다). 〈동사+목적어 생략〉

481 A *bird* (in the hand) / is worth **two** (birds) **(in the bush).**
S V C

한 마리 새는 (손 안의) / 두 마리 (새)의 가치가 있다 (숲 속에 있는). 〈명사 생략〉
↳ 다른 것을 얻기 위해 위험을 감수하는 것보다 지금 가지고 있는 것에 만족하는 것이 낫다.

482 You should look both ways // when (**you are**) crossing the street.
S V M S′ be동사 v-ing O′

당신은 양쪽으로 봐야 한다 // (당신이) 길을 건널 때. 〈주어+be동사 생략〉

483 We ate snacks // while (**we were**) having a chat.
S V O S′ be동사 v-ing O′

우리는 간식을 먹었다 // (우리가) 수다를 떠는 동안. 〈주어+be동사 생략〉

484 **He** *was exhausted* / and *fell asleep* // once he arrived home.
S V₁ C₁ V₂ C₂ S′ V′ M′

그는 지쳤다 / 그리고 (그는) 잠이 들었다 // 집에 도착하자마자. 〈X(A+B)〉
✔ ← **He** *was exhausted* and **he** *fell asleep* ~.

485 *He messaged* / and *she phoned* / **every team member.**
S₁ V₁ S₂ V₂ O

그는 메시지를 보냈다 / 그리고 그녀는 전화를 했다 / 모든 팀 구성원에게. 〈(A+B)X〉
✔ ← **He** *messaged* **every team member** and *she phoned* **every team member.**

486 **She** *likes* / and *enjoys* **science fiction.**
S V₁ V₂ O

그녀는 (공상 과학 소설을) 좋아한다 / 그리고 (그녀는) 공상 과학 소설을 즐겨 본다. 〈X¹(A+B)X²〉
✔ ← **She** *likes* **science fiction** and **she** *enjoys* **science fiction.**

487 **I learned** / **the importance of** *being on time* / and *not delaying things.*
S V 전 전치사의 목적어₁ 전치사의 목적어₂ O

나는 배웠다 / 시간을 잘 지키는 것의 중요성 / 그리고 일을 미루지 않는 것(의 중요성을). 〈X(A+B)〉
✔ ← **I learned the importance of** *being on time* and **I learned the importance of** *not delaying things.*

488 *I accepted* / but *Mark refused* / **the invitation to her birthday party.**
S₁ V₁ S₂ V₂ O

나는 수락했지만 / 마크는 거절했다 / 그녀의 생일파티 초대를. 〈(A+B)X〉
✔ ← *I accepted* **the invitation to her birthday party** but *Mark refused* **the invitation to her birthday party.**

489 She is *busier* / but *more excited* **than usual.**
$\underset{\text{S}}{}$ $\underset{\text{V}}{}$ $\underset{\text{C}_1}{}$ $\underset{\text{C}_2}{}$

그녀는 (평소보다) 더 바쁘지만 / (그녀는) 평소보다 더 신이 나 있다. ⟨X¹(A+B)X²⟩

✔ ← She is *busier* **than usual** but she is *more excited* **than usual.**

UNIT 56 삽입/동격구문

490 The vegetable juice was, / (**for the purpose of health**), / good but not tasty.
$\underset{\text{S}}{}$ $\underset{\text{V}}{}$ $\underset{\text{C}_1}{}$ $\underset{\text{C}_2}{}$

그 채소 주스는 (~였다), / (건강의 목적으로는), / 좋았지만 맛이 있지는 않았다.

---

491 *Eat, Pray, Love* / (— **published in 2006** —) / is a memoir by Elizabeth Gilbert.
$\underset{\text{S}}{}$ $\underset{\text{V}}{}$ $\underset{\text{C}}{}$

'먹고 기도하고 사랑하라'는 / (2006년에 발간된) / 엘리자베스 길버트가 쓴 회고록이다.

---

492 All of his family members, / (**I have learned**), / are friendly.
$\underset{\text{S}}{}$ $\underset{\text{V}}{}$ $\underset{\text{C}}{}$

그의 가족 구성원 모두는, / (내가 알게 된 바로는), / 친절하다.

---

493 Jim, / (**who is sitting at the front of the class**), // is the most talkative person.
$\underset{\text{S}}{}$ $\underset{\text{V}}{}$ $\underset{\text{C}}{}$

짐은 / (반의 맨 앞자리에 앉아 있는데), // 가장 말이 많은 사람이다.

---

494 The date (of the midterm exam), / (**as she said**), / was changed to next week.
$\underset{\text{S}}{}$ $\underset{\text{V}}{}$ $\underset{\text{M}}{}$

날짜가 (중간고사의), / (그녀가 말한 대로), / 다음 주로 변경되었다.

Check up **Answers** ●━━ 본책 p.170

1 (which has two official languages), **캐나다는 영어와 프랑스어를 모두 사용한다** | 캐나다는, 두 개의 공식 언어를 가지고 있는데, 영어와 프랑스어를 모두 사용한다.

2 (as I told you before), **그는 재미있고 창의적인 사람이다** | 그는, 내가 전에 네게 말했듯이, 재미있고 창의적인 사람이다.

---

495 *Aunt Ellie*, / **my mother's younger sister**, / is a nurse.
$\underset{\text{S}}{} \underset{=}{}$ $\underset{\text{V}}{} \underset{\text{C}}{}$

엘리 이모는, / 우리 엄마의 여동생인데, / 간호사이시다.

---

496 *Mexico City*, / **one of the biggest cities in the world**, / has many interesting sites.
$\underset{\text{S}}{} \underset{=}{}$ $\underset{\text{V}}{} \underset{\text{O}}{}$

멕시코 시티는, / 세계에서 가장 큰 도시 중의 하나인데, / 많은 흥미로운 장소들이 있다.

✔ ⟨one of the 최상급+복수명사⟩: 가장 ~한 것들 중 하나

---

497 *GPS*, / **or the Global Positioning System**, / helps us find places.
$\underset{\text{S}}{} \underset{=}{}$ $\underset{\text{V}}{} \underset{\text{O}}{} \underset{\text{C}}{}$

GPS, / 즉 지구 위치 확인 시스템은, / 우리가 장소들을 찾는 것을 도와준다.

✔ or는 '또는'이라는 의미로 주로 쓰이지만, 동격어구를 연결하여 '즉'이라는 의미로도 쓰인다.

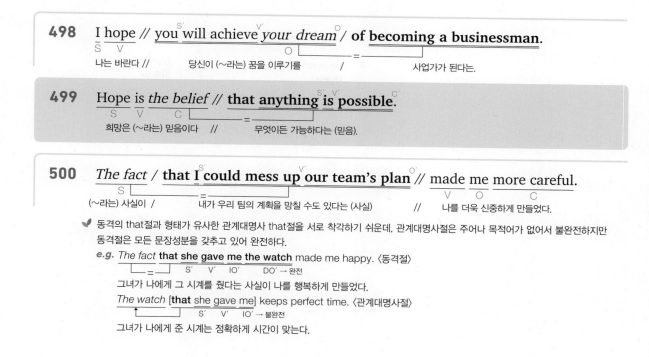

498 I hope // <u>you</u> will achieve *your dream* / of becoming a businessman.
   <u>S</u>   <u>S'</u> <u>V'</u> <u>O'</u>   └─ = ─┘

나는 바란다 //   당신이 (~라는) 꿈을 이루기를   /   사업가가 된다는.

499 Hope is *the belief* // **that anything is possible**.
   S   V   C   └─── = ───┘

희망은 (~라는) 믿음이다   //   무엇이든 가능하다는 (믿음).

500 *The fact* / **that I could mess up our team's plan** // made me more careful.
   S   └─── = ─────┘   V   O   C

(~라는) 사실이 /   내가 우리 팀의 계획을 망칠 수도 있다는 (사실)   //   나를 더욱 신중하게 만들었다.

동격의 that절과 형태가 유사한 관계대명사 that절을 서로 착각하기 쉬운데, 관계대명사절은 주어나 목적어가 없어서 불완전하지만 동격절은 모든 문장성분을 갖추고 있어 완전하다.

e.g. *The fact* **that she gave me the watch** made me happy. 〈동격절〉
   └── S′ V′ IO′   DO′ → 완전

그녀가 나에게 그 시계를 줬다는 사실이 나를 행복하게 만들었다.

The watch [**that** she gave me] keeps perfect time. 〈관계대명사절〉
   S′ V′ IO′ → 불완전

그녀가 나에게 준 시계는 정확하게 시간이 맞는다.

Chapter Exercises 12

본책 p.172

A **1** ⓔ | 그들이 밤새 줄을 선 것은 바로 어제였다.
　해설 yesterday 강조
2 ⓒ | 로빈은 다섯 개의 다른 언어를 말하고 쓸 수 있다고 한다.
　해설 that절이 진주어
3 ⓑ | 일요일이기 때문에 오늘은 우체국들이 문을 닫는다.
　해설 요일을 나타내는 비인칭 주어
4 ⓓ | 나는 스마트폰으로 은행 업무를 하는 것이 편리하다는 것을 알게 되었다.
　해설 to do ~ on my smartphone이 진목적어
5 ⓐ | 나는 내 새 가방이 좋다. 그것은 내 신발과 어울린다.
　해설 It = my new bag

B **1** 그녀는 거의 알지 못한다 | 그녀는 시골에서 사는 것의 장점들을 거의 알지 못한다.
2 제임스도 그랬다(제때에 제출했다) | 나는 보고서를 제때에 제출했고 제임스도 그랬다.
3 우리가 종이 빨대를 사용해야 한다는 생각은 | 우리가 종이 빨대를 사용해야 한다는 생각은 좋은 것 같다.
4 누군가가 창문들을 닫는 것을 잊은 것 같다 | 누군가가 창문들을 닫는 것을 잊은 것 같다.

C **1** (come over and have some pizza) | A: 와서 피자 좀 먹지 않을래? / B: 나도 그러고(가서 피자를 먹고) 싶지만, 지금 할 일이 있어.
2 (like math) | 그들 중 일부는 수학을 좋아하지만, 그들 중 다수는 그렇지 않다(수학을 좋아하지 않는다).

MEMO

MEMO